洪大容 筆談 資料集

홍대용 필담 자료집

최식 편저

국립공주대학교출판부

# 洪大容 筆談集의 상호 텍스트성

최 식
(공주대 한문교육과 부교수)

## 1. 홍대용 필담집의 형성 과정

1765년 洪大容(1731~1783)은 冬至副使 洪檍의 子弟軍官으로 연행에 참여하여 이듬해 2월 무렵 北京에서 杭州의 陸飛·嚴誠·潘庭筠을 7차례에 걸쳐 만나, 詩文과 尺牘을 왕래하고 天涯知己의 友誼를 나누며 형제를 맺고 돌아온다.

홍대용은 1766년 귀국 후, 연행의 체험과 항주 지식인들과의 교유를 『古杭文獻』과 『乾淨衕會友錄』[1]으로 정리하는데, 『古杭文獻』은 5월 15일에 4첩으로, 『乾淨衕會友錄』은 6월 15일에 3권으로 완성한다.[2]

홍대용의 연행과 『간정동회우록』[3]은 당시 커다란 파장을 초래한다. 특히 홍대용 주변의 인물들에게 상당한 영향을 끼쳤던 바, 이덕무는 홍대용과 金在行이 북경에서 항주 지식인들과 교유한 사실에 깊은 감명을 받고 『간정동회우록』을 바탕으로 『천애지기서』를 저술하며, 유득공의 『巾衍外集』도 관련이 깊다고 하겠다.[4] 그럼에도 홍대용의 연행과 『간정동회우록』을 바라보는 당대의 시각은 호의적인 것만은 아니다.

먼저, 金元行의 門下에서 수학하며 절친했던 金鍾厚와 홍대용의 '第一等人 논쟁'이 일어난다. 김종후는 북경에서 육비·엄성·반정균 등과 교유한 자체를 큰 잘못이라 지적했고, 홍대용은 비록 저들이 第一等人은 아니지만 그렇다고 천하게 여겨 상대하지 않을 수 있겠느냐며 맞선다.[5]

홍대용과 연행에 동참하고 필담에 동석한 김재행의 『浙杭尺牘』도 『간정동회우록』과 똑같은 처지에 놓인다. 당시 홍대용은 『절항척독』을 粧帖해 돌려주면서 부정적인 상황을 전하고 자신의 심정을 표현한다.[6] 심지어 『간정동회우록』도 秘藏하는 상황이니, 『절항척독』을 남에게 보여주지 말고 잘 보관하라고 당부한다.

---

1) 『乾淨衕會友錄』 3권 중 2권이 현재 숭실대 한국기독교박물관에 소장되어 있는데, '乾淨衕會友錄' 6자 중 가운데 3자를 지워진 상태인 '乾淨■■■錄'이다. 또한 원문의 내용에 수정·산삭한 흔적으로 보아 『간정동회우록』의 傳寫本이자 교정본에 해당한다.
2) 홍대용, 『湛軒書外集』 권1, 「與潘秋庯庭筠書」. "弟以四月十一日渡鴨水…, 以五月初二日歸鄕廬. 以其十五日, 諸公簡牘, 俱粧完共四帖, 題之曰『古杭文獻』, 以六月十五日, 而筆談及遭逢始末, 往復書札, 抄錄成共三本, 題之曰『乾淨衕會友錄』.": 『乾淨後編』 1, 「與秋庯書」 참조.
3) 『간정동회우록』은 당시에 『회우록』 또는 『간정록』으로 불려지는데, 『연암집』에서 확인된다. 박지원, 『燕巖集』 권1, 「會友錄序」: 『燕巖集』 권3, 「答洪德保書[第三]」. "奇遊一段, 已於『乾淨錄』中, 耳染目擩, 實如足踏, 不須更事探討."
4) 이덕무, 『清脾錄』 2, 「嚴鐵橋」. "湛軒編陸·嚴·潘三公筆談書尺, 爲『會友錄』. 又於錄中, 抄鐵橋語及詩若干首, 使余校勘, 藏于家. 柳惠風又輯三人詩, 爲『巾衍外集』."
5) 홍대용, 『湛軒書內集』 권3, 「與金直齋鍾厚書」. "彼杭人輩, 當衣冠淪喪之世, 爲鄕貢計偕之行, 其非第一等人則明矣. 雖然, 君子之與人, 亦各有取焉. 爾豈曾專在於第一等, 而其第二等以下, 一切鄙之不與哉?": 『乾淨後編』 1, 「與秀野書」: 『搢紳赤牘』, 「與秀野書」 참조.
6) 홍대용, 『湛軒書內集』 권3, 「金養虛在行浙杭尺牘跋」. "始吾輩歸後, 東人之務爲索論者, 謗議紛然. 嗚呼, 局於小者, 不足以語大, 拘於近者, 不足以語遠. 養虛其以此帖束之巾衍, 勿示非其人也."

『고항문헌』과 『간정동회우록』의 명칭도 문제가 발생한다. 육비가 『고항문헌』을 『杭友尺牘』으로, 『간정동회우록』을 『京華筆談』으로 바꿀 것을 제안하자,7) 홍대용은 제안을 수락하기에 이른다.8) 이후 『간정동회우록』은 자취를 감추고 『간정필담』이 새롭게 등장한다.

이후 홍대용은 朱文藻와 孫有義에게 보낸 편지에서 『간정필담』을 언급한다.9) 특히 '이제 煩蕪를 제거하고 3책으로 만들고, 말미에 엄성에게 보낸 마지막 편지를 붙였습니다.'는 대목은 주목할 만하다.10) 당시 홍대용은 『간정동회우록』의 문제를 인식하고 수정·보완하려고 지속적인 노력을 기울인 바, 『간정필담』은 『간정동회우록』의 내용을 수정하고 산삭한 저술이다. 더욱이 1767년 엄성의 죽음 이후 『간정필담』뿐만 아니라 『鐵橋話』와 『鐵橋遺唾』도 세상에 등장하게 된다.

실제로 『간정필담』은 엄성의 사후에 홍대용이 주도적으로 수정·보완하여 이루어지는데, 1772년 元重擧의 「乾淨筆談跋文」에서 확인된다. 따라서 『간정동회우록』 새롭게 『간정필담』으로 바뀌며, '會友錄'의 의미도 '筆談'으로 축소되고 만다.

『간정동회우록』은 홍대용의 단독 저술이 아니라, 김재행과 홍대용의 공동 저술로 보는 것이 타당하다. 홍대용이 북경에서 육비·엄성·반정균 등을 만나 1766년 2월 3일부터 29일까지 필담을 나누고 詩文과 尺牘을 왕래하는 자리에는 항상 김재행이 동참한다. 더욱이 『간정동회우록』의 편집 과정에서 김재행은 번다할까 염려하고 홍대용은 간단할까 걱정한다. 결국 語勢를 고려해서 본의를 잃지 않는 방향으로 편집은 마무리된다.11) 지금까지 잘 알려지지 않은 김재행의 역할이 「간정록후어」에 분명하게 포착된다.

반면, 『간정필담』은 홍대용이 주도한 저술로, 주문조나 손유의에게 보낸 편지에서 알 수 있듯이 엄성 死後에 한중 지식인의 교류와 기록을 대내외로 공개하는 성격이 강하다. 따라서 「간정록후어」도 빠지고 김재행의 비중도 상대적으로 줄어들며 문제를 초래할 만한 내용을 대폭 수정·삭제한다.

이후 1939년 홍대용의 후손 洪永善이 『담헌서』를 간행하는 과정에서 『간정동필담』이 출현하기에 이른다. 이는 이전의 『간정동회우록』이나 『간정필담』과도 다르며, 『간정필담』에 비해 분량이 대폭 늘어나고 내용도 매우 상세하다.

## 2. 『乾淨錄2』·『乾淨筆談』·『乾淨衙筆談』의 관계

근래 숭실대 한국기독교박물관 소장의 『간정록2』가 학계에 소개되면서 홍대용 필담집 연구는 전환점을 맞이한다. 이후 『간정록』은 『간정동회우록』에서 파생된 것이고, 다시 『간정록』에서 『간정필담』과 『간정동필담』이 나온 것으로 인정하고, 『간정록』을 『간정동회우록』의 교정본으로 간주하는 추세이다. 『간정록』이 『간정동회우록』의 교정본에 해당하지만, 교정사항을 면밀히 살펴보면

---

7) 陸飛, 『乾淨後編』 2, 「篠飮書」, "從蘭公處, 已得見致渠手札, 所云『古杭文獻』及『會友錄』, 具見不忘故人. 第文獻則不敢當, 飛意竟從老實, 題曰『杭友尺牘』, 乾淨衙名不雅, 擬易之曰『京華筆談』, 何如?": 『燕杭詩牘』, 「湛軒賢弟啓」: 『中土寄洪大容手札帖』 5, 「洪湛軒賢弟啓」 참조.
8) 홍대용, 『乾淨後編』 2, 「與篠飮書」. "簡帖及筆談, 幷當依命改題, 萬萬."
9) 홍대용, 『湛軒書內集』 권1, 「答朱朗齋文藻書」: 「答孫蓉洲書」 참조.
10) 홍대용, 『湛軒書內集』 권1, 「答朱朗齋文藻書」. "丙戌自京歸, 卽以七日筆話及往來簡札, 編次成書, 以天陛店在乾淨衙衚, 命之曰『乾淨筆談』, 伊時交會始末略具焉. 今刪其煩蕪, 寫作三冊, 尾附與鐵橋最後一書."
11) 홍대용, 『乾淨衙筆談』, 「乾淨錄後語」. "吾輩之語, 則平仲常患煩故多刪之, 余常患簡故多添之. 要以幹璇語勢, 不失其本意而已. 其無所妨焉, 則務存其本文, 亦可見其任眞推誠, 不暇文其辭也."

다른 특징이 드러난다.

『간정록2』는 2월 17일부터 23일까지를 수록하고 있는데, 『간정필담』[12]·『간정동필담』[13]과도 상이하다. 따라서 2월 1일부터 16일까지가 『간정록1』이고, 24일부터 29일까지 『간정록3』인데, 현재 전하지 않는다. 『간정록2』에서 주목할 사항은 赤墨·靑墨·黑墨을 사용하여 수정 또는 첨삭하여 교정한 내용이다. 이는 3차에 걸쳐 교정이 진행되었음을 의미하는데, 1차에는 적묵으로 誤脫字를 수정 또는 첨가하고, 2차에는 청묵으로 '○'·'●'·'-'로 표시하여 수정 또는 산삭하고, 3차에는 흑묵으로 '○'·'●'·'■'·'-'로 표시하여 교정하고 있다.

『간정록2』의 서두를 살펴보면, 교정사항이 『간정필담』과 『간정동필담』에 어떻게 수용되는지 확인할 수 있다.

| 간정록2 | 간정필담 | 간정동필담 |
|---|---|---|
| 十七日. | 十七日. | 十七日. |
| 蓐食出門, 馬夫門所出, 還入脫衣, 因下燎煨候僕從起發之久, 衙門始午矣. 乃曳去炮從向南傍, 雇車疾馳而至, 早食而往, 門者先報, 蘭公走出迎入, 過力闇所居之炕, 隔簾而呼曰:'嚴兄.' | 早食而往, 門者先報, 蘭公走出迎入, 過力闇所, 隔簾而呼曰:'嚴兄.' | 早食而往, 門者先報, 蘭公走出迎入, 過力闇所居之炕, 隔簾而呼曰:'嚴兄.' |
| 力闇答曰:'諾.' | 力闇曰'諾.' | 力闇曰:'諾.' |
| 蘭公曰:'洪碩士兄來啊.' | 蘭公曰'洪兄來.' | 蘭公曰:'洪碩士兄來啊.' |
| 力闇疾答應曰:'唯.' | 力闇疾應曰:'唯.' | 力闇疾應曰:'唯.' |
| 掀簾而出, 相揖而入. | 掀簾而出, 相揖而入. | 掀簾而出, 相揖而入. |
| 兩生所寓, 同屋而隔壁, 門皆向北, 吾輩自初會話者, 蘭公之寓也. | 兩君所寓, 同屋而隔壁, 門皆向北, 吾輩自初會話, 蘭公之寓也. | 兩生所寓, 同屋而隔壁, 門皆向北, 吾輩自初會話, 蘭公之寓也. |
| 坐定. 余曰:'昨日, 於金兄冬日之日也, 於弟夏日之日也.' | 坐定. 余曰:'昨日, 於金兄冬日之日, 於弟夏日之日.' | 坐定. 余曰:'昨日, 於金兄冬日之日也, 於弟夏日之日也.' |
| 皆未達. | 皆未達. | 皆未達. |
| 余又曰:'金兄苦日短, 弟則苦日長.' | 余又曰:'金兄苦日短, 弟則苦日長.' | 余又曰:'金兄苦日短, 弟則苦日長.' |
| 兩生始覺而皆笑. | 兩君皆笑. | 兩生始覺而皆笑. |

『간정록2』는 처음에는 적묵으로 '坑'을 '炕[캉]'으로 수정한다. 주지하듯이 '炕[캉]'은 중국을 대표하는 주거문화로 홍대용도 도처에서 언급한 바 있다. 따라서 '炕[캉]'을 제대로 알지 못하여 '坑'으로 기록한 사실에서 『간정록2』는 연행 경험이 없는 누군가에 의해 필사되었음을 의미한다. 이러한 사례는 과제제도와 관련한 '狀元'에도 그대로 드러난다. 우리나라는 통상 '壯元'으로 일컫지만, 중국은 '狀元'을 널리 사용한다. 아마도 홍대용은 중국식 표현을 그대로 살려 '狀元'으로 기록한 듯한데, 우리식 표현에 해당하는 '壯元'으로 필사해버린다. 따라서 '壯元'을 모두 '狀元'으로 수정했지만, 도리어 『간정필담』과 『간정동필담』에는 '壯元'으로 바뀐다. 또한 몇 군데 탈자를 적묵으로 첨가한 내용도 드러나고 있어, 『간정록2』는 『간정동회우록』의 전사본으로 판단된다.

다음에는 청묵으로 '蓐食出門~雇車疾馳而至'를 '-'로 표시하여 산삭하고, '過力闇所居之炕'에서 '所居之'를 '●'로 표시하여 산삭하고 다시 '所'를 첨가하며, '力闇答曰'에서 '答'을 '○'로 표시하여 산삭하며, '力闇疾答曰'에서 '答'을 '○'로 표시하고 '應'으로 수정하며, '吾輩自初會話者'에서 '者'에 '○'로 표시하여 산삭하며, '於弟夏日之日也'에서 '也'에 '○'로 표시하여 산삭하며, '兩生始覺而皆笑'에서 '始覺而'를 '○'로 표시하여 산삭하고 있다. 그런데 청묵으로 교정한 내용이 『간정

---

12) 『간정필담』은 2권인데, 2월 1일부터 21일까지가 상권이고 23일부터 29일까지가 하권이다.
13) 『간정동필담』은 2권인데, 2월 1일부터 19(21)일까지가 원편이고, 23일부터 29일까지가 속편이다.

필담』에 그대로 반영되고 있다. 이는 홍대용이 『간정록2』를 적묵과 청묵으로 교정하여 『간정필담』을 완성한 것으로, 『간정필담』이 정본이라 하겠다.

마지막에는 끝으로 흑묵으로 '藤食田門~雁車疾馳而至'를 '○'로 표시하여 산삭하고, '過力闇所居之炕'에서 '所居之'를 청묵으로 '●'로 표시하여 산삭한 내용을 복원하며, '力闇答曰'에서 '答'을 '○'로 표시하여 산삭하며, '力闇疾答曰'에서 '答'을 '○'로 표시하고 '應'으로 수정하며, '吾輩自初會話者'에서 '者'에 '○'로 표시하여 산삭하며, '於弟夏日之日也'에서 '也'에 청묵으로 '○'로 표시하여 산삭한 내용을 복원하며, '兩生始覺而皆笑'에서 '始覺而'를 청묵으로 '○'로 표시하여 산삭한 내용을 복원하고 있다. 결국 흑묵으로 '○'로 표시하여 산삭하고, 청묵으로 '○'로 표시하여 산삭한 내용을 모두 복원한 셈인데, 이것이 바로 『간정동필담』이다. 따라서 『간정동필담』은 홍대용이 교정한 『간정필담』과는 다른 이본으로, 아마도 후손 홍영선이 『담헌서』를 편찬하는 과정에서 출현한 것으로 판단된다. 비록 『간정필담』과는 상이한 내용이지만, 『간정동회우록』의 내용을 최대한 복원하고자 노력했음을 알 수 있다.

『간정록2』에서 적묵으로 수정 또는 첨삭하여 교정한 내용이 많은 대목은 「湛軒記」이다. 홍대용은 엄성과 반정균에게 담헌에 대한 시와 기문을 부탁했던 바, 2월 19일에 반정균이 「담헌기」를 작성해서 보낸다. 그런데 내용의 상당수가 적묵·청묵·흑묵으로 표시하여 산삭하고 적묵으로 새로운 내용을 첨가하여 수정하고 있다. 이는 『간정필담』과 『간정동필담』 및 『담헌서』「담헌기」에 그대로 수용되기에 이른다. 수정한 자세한 내용은 다음과 같다.

① 燕之外區曰朝鮮, 其俗知禮節解聲詩, 與他國異. 自唐迄今, 采風者有取焉. 丙戌春, 予來京師, 適洪君湛軒隨使入貢, 盖慕中國聖人之化, 欲得一友中國之奇士, 而不憚踔數千里以至也.

② 聞余名函亟來訪余, 主客以筆, 縱論劇談, 并以道義相勖, 成君子交, 嗚呼斯亦奇矣. 洪君博聞强記, 於書無所不窺, 律曆戰陣之法, 濂洛關閩之宗旨, 無不究心. 自詩文以及筭數, 無所不能. 與之處, 執古醇聽, 有儒者風, 此中國所罕見未易覯者, 而不意得之於辰韓荒遠之地也.

③ 一日語余曰: '某王京人, 不樂仕進心抱微尚, 退居于淸之壽村, 從田更與農人遊. 有屋數楹, 有閣有樓, 有沼有橋. 沼之中有舟可以方, 樓之外有樹可以蔭. 入此室處, 有玉衡之儀, 有候時之鐘, 有朱絃之桐. 將有爲也, 有蓍可占, 耕讀書之餘, 有弓可彎, 至樂在中, 不願於外. 有渼湖先生者, 吾師也, 顔其額曰湛軒, 而吾卽以爲字. 子其爲我記之.'

④ 予旣高其人, 又聞其峽欄檻之製池舘之勝, 爲之神往思欲一往, 欲求登望, 以盡領其趣, 而徒以遠在萬里之外, 卒不可得卒不可得, 歎恨不已. 昔有外國貢使, 聞倪高士搆淸閟閣, 求見不可, 再拜歎息而去, 余今日殆相類, 復相反也. 然命名然其名軒之義, 有可以知者.

⑤ 君子之道, 心則不淆, 物則不緇, 其躬淸明, 其室虛曰白, 卽謂之謂庶幾於湛字之說有合, 而洪君每與予, 論講性命之學, 其言大醇, 蓋深有得于湛字之義者. 予雖不文, 方將自勉于君子之道, 以求無負於良友, 幷欲以之義欲以洪君之文行, 示遍示中國之士. 然則記何敢辭亦何敢以枯禿之管固辭? 特未審渼湖先生聞余, 以爲何如也?

「담헌기」를 크게 5단락으로 구분하면, 모든 단락에서 수정한 사항이 드러난다. ①에선 '欲得一友中國之士'에다 적묵으로 '奇'를 첨가하여 '欲得一友中國之奇士'로 수정한다. ②에선 '亟'의 오자 '函'을 바로잡고, '主客以筆 縱論劇談'을 적묵으로 첨가하며, '此中國所罕見者'에서 '罕見'에다 '○'으로 표시하여 산삭하고 '未易覯'를 적묵으로 첨가하여 '此中國所未易覯者'로 수정한다. ③에선 '不樂仕進'에서 '不樂仕進'에다 '○'으로 표시하여 산삭하고 '心抱微尚'을 적묵으로 첨가하며, '從田更遊'에서 '從田更'에다 '○'으로 표시하여 산삭하고 '與農人'를 적묵으로 첨가하여 '與農人遊'로 수정하며, '讀書之餘, 有弓可張.'에서 '書'·'張'에다 'O'으로 표시하여 산삭하고 '書'·'張'을 적묵으로 첨가아여 '耕讀之餘, 有弓可彎.'으로 수정하고 '至樂在中, 不願於外.'를 적묵으로 첨가한다. ④에선 '其櫨栱欄檻之製, 爲之神往, 欲求登望, 卒不可得, 歎恨不已. 然命名之義'에서 '櫨栱欄檻之製, 爲之神往, 欲求登望, 卒不可得, 歎恨不已. 然命名'에다 'O'으로 표시하여 산삭하고 '池舘之勝, 思欲一往, , 以盡領其趣, 而徒以遠在萬里之外, 卒不可得. 昔有外國貢使, 聞倪高士搆淸閟閣, 求見不可, 再拜歎息而去, 余今日殆相類, 復相反也. 然其名軒'을 적묵으로 첨가하여 '其池舘之勝, 思欲一往, , 以盡領其趣, 而徒以遠在萬里之外, 卒不可得. 昔有外國貢使, 聞倪高士搆淸閟閣, 求見不可, 再拜歎息而去, 余今日殆相類, 復相反也. 然其名軒之義'로 대폭 수정한다. ⑤에선 '白'의 오자 '曰'을 바로잡고, '殆卽湛之謂歟'에다 'O'로 표시하여 산삭하고 '庶幾於湛字之說有合, 而'를 적묵으로 첨가하여 수정하며, '湛之義'에서 '字'를 적묵으로 첨가하여 '湛字之義'로 수정하며, '湛然'에다 'O'로 표시하여 산삭하고 '君子'를 첨가한다. 또한 '幷欲以湛之義, 示中國之士.'에서 '欲以湛之義, 示'에다 'O'로 표시하여 산삭하고 '欲以洪君之文行, 遍示'를 적묵으로 첨가하여 '幷欲以洪君之文行, 遍示中國之士.'로 수정하며, '然則記何敢辭'에 'O'로 표시하여 산삭하고 '亦何敢以枯禿之管固辭'를 적묵으로 첨가하여 수정한다.

1766년 2월 19일 반정균이 보낸 「담헌기」가 에 상당 부분 수정이 진행된다. 아마도 「담헌기」에 상당한 문제점이 있었다고 추정되는데, 이는 홍대용이 여러 차례 반정균에게 보낸 편지에 그 대략이 드러난다. 1766년 10월 무렵 보낸 편지에서 홍대용은 '有馬可以旋'와 '數處落字'를 거론하며 다시 써서 보내 달라고 부탁한 바 있고,14) 이듬해 10월 무렵에도 「담헌기」의 오자를 거론하고 편액을 해서로 써서 보내달라고 요청하며,15) 1771년 10월 무렵에도 엄성의 遺影과 遺稿 및 「담헌기」를 해서로 써서 보내달라고 거듭 부탁하기에 이른다.16) 그런데 「담헌기」에는 홍대용이 언급한 '有馬可以旋'가 없는 것으로 보아, 반정균이 이후 내용을 대폭 수정하여 「담헌기」를 작성하여 보낸 것으로 판단된다.

다음으로 『간정록2』에 산삭되어 『간정필담』과 『간정동필담』에 수록되지 않은 내용을 간략하게 언급하고자 한다. 『간정록2』·『간정필담』·『간정동필담』을 상호 비교·검토하면, 『간정록2』의 내용 중 상당수가 산삭되어 수록되지 않는다. 그 필담의 내용은 다음을 참고하면 알 수 있다.

> ① 난공이 "이 시는 두건의 기상이 많으니, 시인의 시는 아닙니다."라고 말하여, 내가 "두건은 무슨 말입니까?" 묻자, "수재는 두건을 두르니, 오활한 선비를 말합니다."라고 대답했다.
> 내가 "난형은 크게 부귀한 기상이 있습니다."라고 말하자, 난공은 "한미한 선비일 뿐인데, 어찌 부귀한 기상이 있겠습니까?"라고 대답했다.17)

> ② 난공이 "세력자에게 의지하는 습속은 동방 또한 그렇습니까?"라고 물어, 내가 "벼슬길에 세력자에게 의지하면 폐단이 있습니다. 오직 林下로 이름한 자는 이 지경에 이르지 않습니다. 다만 虛名만 있고 실상 없이 따르니 가장 혐오합니다."18)

---

14) 홍대용, 『乾淨後編』 1, 「與秋庫書」. "「湛軒記」中有馬可以旋一句, 語無着落, 豈以鄙記中可容旋馬云云, 而侄偬中未暇點檢耶? 又有數處落字, 而臨行悤悤, 未及奉正甚恨. 如蒙更寫一幅以惠則幸甚."
15) 홍대용, 『乾淨後編』 2, 「與秋庫書」. "前及「湛軒記」誤字, 記存否? 方謀扁揭, 望更寫惠, 字樣稍楷正, 以便刻可也." ; 『湛軒書外集』 권1, 「與秋庫書」 참조.
16) 홍대용, 『乾淨後編』 2, 「與秋庫書」. "鐵橋遺影遺稿及尊作「湛軒記」文, 楷寫一通事, 更乞另念."
17) 『간정록2』, 2월 17일. "蘭公曰: '此詩多頭巾氣, 非詩人之詩.' 余曰: '頭巾何謂也?' 蘭公曰: '秀才帶頭巾, 迂之謂耳.' 余曰: '蘭兄大有富貴氣像.' 蘭公曰: '寒士耳, 何富貴之有?'"
18) 『간정록2』, 2월 17일. "蘭公曰: '夤緣之習, 東方亦然乎?' 余曰: '仕路夤緣, 則有甚弊矣. 獨名爲林下者, 不至

①은 2월 17일 홍대용이 담헌과 관련하여 부탁한 시문 가운데 엄성이 지은 「愛吾廬八詠」을 받은 후, 반정균과 홍대용이 필담한 대목이다. 그런데 반정균이 엄성의 「愛吾廬八詠」을 시인의 시가 아니라 두건의 기상이 있는 오활한 선비의 시라고 농담을 건넨다. 이는 당시 필담의 분위기를 제대로 알지 못하는 사람이 보기에는 반정균이 엄성의 시를 폄하한 것으로 오해할 수 있다. 따라서 『간정록2』에는 청묵과 흑묵으로 표시하여 산삭했던 바, 『간정필담』과 『간정동필담』에 수록되지 않았던 셈이다.

②는 2월 17일 동방에서 현자를 천거하는 제도에 대해서 반정균과 홍대용이 문답한 내용이다. 바로 앞의 필담한 내용은 대략 이러하다. "천거한 사람은 모두 현자입니까?"라고 반정균이 묻자, 홍대용은 "어찌 그러하겠습니까?"라고 대답하자, 엄성은 "이름만 있고 실상이 없는 것은 도처가 다 그렇습니다."라고 동조한다. 그런데 갑자기 반정균이 동방에도 '攀援'의 습속이 있는지 물었고, 홍대용은 동방에도 '攀援'의 습속이 있다는 취지로 답변한다. 그런데 홍대용의 대답은 실제로 조선에서 그러한 일이 횡행한다는 사실을 인정한 셈이다. 따라서 조선의 치부를 중국 사람에게 보이는 것으로 민감한 사안일 수 있다. 이러한 이유로 청묵과 흑묵으로 산삭되기에 이른다.

『간정록2』는 『간정동회우록』이 전하지 않는 상황에서, 『간정필담』과 『간정동필담』의 형성 과정 및 이본 관계를 살피는데 중요한 자료로, 기존 연구도 여기에 초점을 맞추고 있다. 그런데 정작 『간정록2』의 범위를 벗어난 내용은 여전히 답보 상태이다. 일반적으로 『간정필담』과 『간정동필담』은 상호 보완적 성격을 지닌 것으로 이해한다.

다음에서 『간정필담』과 『간정동필담』을 살펴보면, 『간정필담』과 『간정동필담』이 상호 보완적 관계라는 사실을 확인할 수 있다.

| 간정필담 | 간정동필담 |
|---|---|
| 蘭公又曰: '弟有一册, 欲求二兄及三位大人, 隨意一書, 未識可否.' | 蘭公又曰: '弟有一册, 欲求二兄及三位大人, 隨意一書, 未識可.' |
| 余曰: '不難.' | 余曰: '不難.' |
| 蘭公曰: '二兄雖不欲爲弟作書, 弟亦必强求之. 但大人有貴冗, 恐不便也.' | |
| 余曰: '吾自當之, 毋多談.' | |
| 以其册納之懷中. | |
| 力闇又持三把東扇, 求三使筆. | |
| 余亦許之, 幷藏之而出. | |
| 至中門相揖而別. | 至中門相揖而別. |
| 歸舘, 始聞兩君, 各以二扇賞僕人. | 出洞至大路, 雇車至舘, 日已落矣. |

2월 8일 홍대용과 김재행이 천승점을 방문하여 엄성·반정균과 필담을 나누고 자리를 마치는 상황이다. 반정균은 홍대용과 김재행을 비롯하여 조선의 三使에게 글을 받고 싶다고 속내를 표현하자, 홍대용이 어렵지 않다고 답변한 내용이다. 그런데 『간정필담』에는 『간정동필담』에 없는 내용이 전한다. 반정균은 홍대용과 김재행이 글을 쓰고 싶지 않더라도 강요해서라도 받겠다는 농담까지 덧붙였고, 엄성은 부채를 가져와 삼사의 글씨를 요청하기까지 한다. 일반적으로 『간정동필담』은 분량도 많고 내용도 상세하다고 생각한다. 그러나 위의 내용처럼 『간정동필담』에 없는 내용이 『간정필담』에 수록된 경우도 있다.

---

至此. 唯有虛名而無實以應之, 最爲可厭耳.'"

| 간정필담 | 간정동필담 |
| --- | --- |
| 副使令廚房備送朝飯. | 副使令廚房備送朝飯. |
|  | 兩生曰: '不要吃飯, 已喫早食, 腹猶果然.' |
|  | 余曰: '旣爲終日之計, 則略進數匙, 兼領鄙等之情.' |
|  | 遂進飯床. 兩生各有從者, 幷各賜食. |
|  | 平仲曰: '菲薄之饌, 皆非適口, 還深愧悚.' |
| 蘭公曰: '過費盛饌, 甚是不安.' | 蘭公曰: '過費盛饌, 甚是不安, 謝謝.' |
|  | 以我國飯, 與浙米一樣, 頗頓喫而輟. |
| 力闇曰: '吃飯方來, 復承賜食, 不敢不飽.'<br>蓋飽以德耳.<br>誦: '旣醉以酒, 旣飽以德.'<br>力闇曰: '言飽乎仁義也.' | 力闇曰: '吃飯方來, 復承賜食, 不敢不飽. 旣醉酒, 又飽德, 言飽乎仁義也.' |

2월 4일은 엄성과 반정균이 홍대용과 김재행을 만나려고 옥하관을 방문한 날이다. 당시 부사 김선행은 주방에 일러 조반을 대접하는 내용이다.『간정필담』에는 부사의 조반 대접에 반정균과 엄성의 짧은 감사의 말을 수록하고 있다. 반면,『간정동필담』에는 엄성과 반정균이 처음에는 배부르다고 사양하다가 홍대용의 권유로 조반을 함께 먹는 정황이 상세하다. 따라서 당시 현장의 분위기를 오롯이 전하고 있다. 엄성이 감사의 뜻으로 읊은 구절[旣醉以酒, 旣飽以德.]은 바로『시경』의 내용으로 술에 흠뻑 취하고 덕에 배가 부르다는 내용이다.19) 그런데『간정동필담』은 이 구절을 '旣醉酒, 又飽德.'로 축약하여 의미 파악이 쉽지 않다. 도리어『간정필담』에 내용이 온전히 기록되어 참고할 수 있다.『간정동필담』이『간정필담』에 비해 분량도 많고 내용도 상세하지만, 정확한 내용과 의미를 파악하는데『간정필담』이 유용하다.

이와 같이,『간정필담』과『간정동필담』은 상호 보완적 관계로『간정동회우록』의 실체에 접근하는 단서를 제공한다.

끝으로『간정동필담』에 수록된「간정록후어」에 대한 내용이다. 홍대용은 1766년 10월 무렵 반정균에게 보낸 편지에서『회우록』의 완성한 사실과 함께「후어」를 적어 보낸 적이 있다.20) 그런데 그 내용은「간정록후어」와 매우 유사하다. 다음은 반정균에 대한 기록으로 그 내용이 수정되고 있다.

① 秋庫年最少, 蕭灑美姿容, 好修飾以爲潔. 性坦率, 信口諧謔, 風調絶人. 詞翰夙成, 操筆如飛, 頗自喜其才, 亦不欲匿己之過. 是以對人開心見誠, 不修邊幅, 爲最可愛也.

② 秋庫年最少, 蕭灑美姿容, 性穎發好諧謔. 詞翰英達, 操筆如飛, 直翩翩佳子弟爾. 氣味昭朗, 對人開心見誠, 不修邊幅, 爲可愛也.

①은 반정균에게 보낸 편지이고, ②는「간정록후어」이다. 육비와 엄성에 대한 내용은 동일한데, 유독 반정균은 내용이 조금 다르다. 편지에 따르면 1766년 10월 무렵 이미「후어」가 완성되었는데,「간정록후어」에는 내용이 수정되고 있다. 이는 1766년 6월 15일에『간정동회우록』을 완성한 시점에서 머지않아「후어」가 작성되었음을 의미한다. 그리고「간정록후어」는『간정록2』가『간정동회우록』의 전사본이자 교정본임을 고려한다면,『간정동회우록』을 수정·보완하여『간정필담』이

---

19)『시경』,「大雅」, <旣醉>. "旣醉以酒, 旣飽以德. 君子萬年, 介爾景福."
20) 홍대용,『乾淨後編』1,「與秋庫書」. "『會友錄』成, 摠記其梗槪于⑪下, 以應僑友之來問者. 又於諸公, 妄有評議, 以爲後語, 自以爲句句稱停, 不敢作一字諛辭. 知我罪我, 其在斯乎. 玆以數條呈覽焉. 其得失兩句, 又信筆題成, 僭附勉戒之意, 幸恕其愚妄而矜取其意也."

등장하는 무렵에 수정되었다고 여겨진다. 이는 『간정동회우록』에서 거리낌 없이 우스갯소리를 잘하는 반정균의 모습을 매우 사실적으로 표현한 대목과도 연관된다.21) 따라서 반정균에게 탐탁지 않은 내용이라, 자신의 才氣와 德器가 조선에서 구설수에 오르는 상황은 용인할 수 없는 문제이다. 「간정록후어」는 그러한 상황을 고려해서 『간정록』에서 적묵으로 위의 내용이 수정되고 청묵으로 「후어」 전체를 산삭하여 『간정필담』에는 수록되지 않은 것으로 판단된다. 그런데 『간정동필담』은 『간정록』에서 청묵으로 산삭한 내용을 최대한 복원하고 노력했던 바, 『담헌서』 편찬 무렵에는 『간정록』 3책을 바탕으로 완성되었기에 「후어」가 「간정록후어」로 전해지게 된 것으로 보인다.

따라서 『간정록2』는 『간정동회우록』의 전사본이자 교정본으로, 홍대용 필담집의 형성 과정을 이해하는데 매우 귀중한 자료이다. 1766년 『간정동회우록』(초고본)이 완성되고, 1767년 엄성의 죽음 이후 『간정동회우록』을 傳寫한 『간정록』을 교정하여 1772년 무렵에 『간정필담』(정본)이 완성되며, 1939년 홍영선이 『담헌서』를 편찬하면서 『간정록』(전사본이자 교정본)에서 산삭한 내용을 최대한 복원하여 『간정동필담』이 등장하게 된다. 더욱이 『간정필담』과 『간정동필담』은 상호 보완적 관계로 『간정동회우록』의 실체에 접근하는 단서를 제공한다.

## 3. 『天涯知己書』와 홍대용 필담집의 관계

앞서 이덕무는 홍대용이 『간정동회우록』에서 엄성의 말과 시를 초록하고 자신에게 교감시켰다고 기록한 바 있는데, 엄성의 말이 바로 『철교화』이다. 또한 이덕무는 『간정동회우록』을 바탕으로 『천애지기서』를 저술하는데, 홍대용의 『會友錄』 秘本이다.22) 『간정동회우록』은 홍대용의 주변 인물들을 중심으로 널리 읽혀진 듯한데, 홍대용과 김종후의 '第一等人' 논쟁으로 비화되자, 세상에 내놓지 못하고 秘藏할 수밖에 없는 처지로 전락한 셈이다.

실제로 『천애지기서』와 『철교화』는 『간정동회우록』의 전초본임에도 『간정필담』 및 『간정동필담』을 대상으로 상호 비교·검토한 연구는 여전히 부족하다. 따라서 홍대용 필담집과 『천애지기서』·『철교화』의 관계를 상세하게 살펴보고자 한다.

이덕무는 세상에서 비난하고 절친한 벗도 등을 돌리는 현실이지만, 북경에서 항주의 지식인들과 天涯知己를 맺은 일은 감격해서 눈물을 흘릴 정도라며 감탄한다.23) 그런데 저술 동기는 바로 朋友의 倫理이다. 이덕무는 『간정동회우록』이 초래한 뒤숭숭한 분위기에서 『천애지기서』를 저술하여 붕우의 윤리를 재차 강조하고, 『간정동회우록』을 읽고도 마음 아파하지 않는 인정 없는 사람과는 벗할 수 없다고 주장한다.24) 이는 『간정동회우록』을 제대로 읽어 보지도 않은 채 비방만

---

21) 홍대용, 『乾淨後編』 1, 「與秋庫書」. "前告『會友錄』中, 吾兄信口諧謔之談, 不能都歸刊落. 錄成後, 東方士友略有見之者, 莫不爲吾兄愛且惜焉. 愛之者, 愛其才氣之極於英達也, 惜之者, 惜其德器之近於輕淺也. 盖此二字, 弟已先獲於瞻望酬酢之際者, 所以眷眷奉效於臨別之贈也.": 『搢紳赤牘』, 「與潘秋庫書」: 『湛軒書外集』 권1, 「與秋庫書」 참조.

22) 이덕무, 『天涯知己書』. "今撮『會友錄』秘本, 幷載不佞評語, 爲此篇. 莊語諧語, 層見疊出, 眞奇書也, 異事也. 書牘亦有不佞評語, 而恨不抄載."

23) 이덕무, 『天涯知己書』. "洪大容, 字德保, 號湛軒, 博學好古. 乙酉冬, 隨其季父書狀官橞遊燕, 逢杭州名士嚴誠陸飛潘庭筠, 筆談書牘, 翩翩可愛, 結天涯知己而歸, 亦盛事也. 時金在行, 字平仲, 號養虛, 奇士也. 同入燕, 爲三人者所傾倒, 今觀其諸帖, 輪瀉相和之樂, 不愧古人, 往往感激有可涕者. 錄其尺牘及詩文, 抄刪筆談, 名曰『天涯知己書』, 以刺薄於朋友之倫者焉."

24) 이덕무, 『天涯知己書』. "炯菴曰: '朴美仲先生曰: 英雄與美人多淚. 余非英雄非美人, 但一讀『會友錄』, 則閣淚汪

을 일삼는 세상에 던지는 이덕무의 반론인 셈이다.

『천애지기서』는 「尺牘[附詩文]」(「愛吾廬八咏」·「養虛堂記」)·「筆談」으로 구분되는데, 특히 「필담」25)은 『간정동회우록』의 祕本에서 초록한 자료(傳抄本)이다. 『천애지기서』는 총 42조로 2월 15일까지 홍대용·김재행과 항주의 육비·엄성·반정균의 필담을 수록하고, 이덕무의 평어를 덧붙이고 있다.26) '炯菴曰'로 평어가 시작하는데, 실제 필담이 아닌 내용도 필담으로 처리한 부분도 있다. 이덕무의 평어는 '글로 써서 서로 묻고 대답하는' 필담의 방식을 십분 활용한 사례로, 연행의 현장에서 마주 앉아 필담에 동참하는 효과를 발휘한다.

더욱이 『간정록2』가 2월 17일부터 23일까지 수록한 상황에서 『천애지기서』는 2월 1일부터 15일까지 『간정동회우록』의 필담을 일정 정도 추정할 수 있다. 또한 『간정필담』과 『간정동필담』의 관계를 파악하는데 『천애지기서』는 매우 유용하다.

다음은 『천애지기서』에 대한 『간정필담』과 『간정동필담』의 관계를 보여주는 내용이다.

| 천애지기서 | 간정필담 | 간정동필담 |
|---|---|---|
| 蘭公曰: '力闇之兄, 九峯先生名果, 與吾鄉吳西林先生相好, 高雅絶俗, 非尋常諸生之比. 西林隱居修道, 無事不入城府, 有達官來見者, 必峻拒之, 不欲見俗官也. 莊存與侍郎·雷鋐通政官·錢維城侍郎, 皆先造門, 求觀著書, 終不得.' | 蘭公曰: '九峯先生名果, 大名士, 乃力闇兄之令兄. 二人, 時人比之機雲·軾轍, 詩文大集盈笥, 與吾鄉吳西林先生極相好. 年四十餘, 高雅絶俗, 非尋常諸生之比.' 余曰: '同氣之間, 有此師友之益, 其樂可知. 請問西林先生德行之大略.' 蘭公曰: '隱居修道, 無事不入城府. 有達官來見者, 必峻拒之, 莊存與侍郎·雷鋐通政官·錢維城侍郎, 皆先造門, 求觀著書, 而終不得.' | 蘭公曰: '九峯先生名果, 大名士, 乃力闇兄之令兄也. 二人, 時人比之機雲·軾轍, 詩文大集盈笥, 與吾鄉吳西林先生極相好. 年四十餘, 高雅絶俗, 非尋常諸生之比.' 余曰: '同氣間, 有此師友之益, 其樂可知也. 請問西林先生德行之大略.' 蘭公曰: '隱居修道, 無事不入城府. 有達官來見者, 必峻拒之, 一人與侍郎雷鋐通政官錢維城, 皆先造門, 求觀著書, 而終不得. 吾鄉前輩高尙之士, 如徐介·汪漷·王曾祥數人, 亦皆不隨流俗, 能自卓然不朽者也. 徐汪二人布衣, 革鼎後, 避世不仕. 王秀才三十餘, 卽棄擧子業, 不應試. 文章人品, 卓然可傳.' |
| 蘭公曰: '國朝, 吾鄉前輩高尙之士, 如徐介·汪漷·王曾祥, 皆不隨流俗, 能自卓然不朽者也. 徐汪二人布衣, 革鼎後避世不仕. 王乃秀才, 三十餘, 卽棄擧子業. 文章人品, 卓然可傳.' | 又曰: '國朝, 吾鄉前輩高尙之士, 如徐介·汪漷·王曾祥數人, 皆不隨流俗, 能自卓然不朽者也. 徐汪二人布衣, 革鼎後, 避世不仕. 王秀才三十餘, 卽棄擧子業, 不應試. 文章人品, 卓然可傳.' | |

반정균이 엄성의 형 嚴果와 항주의 선배들을 소개하는 대목이다. 그런데 『간정필담』과 『간정동필담』은 매우 유사하지만 조금 다른 내용이 있다. 『간정필담』이 반정균의 말을 구분한 것과는 달리, 『간정동필담』은 반정균의 말을 연결하고 있다. 이는 『천애지기서』를 보면, 반정균의 말이 '國朝'로 새롭게 시작한다. 따라서 반정균의 말은 『천애지기서』와 『간정필담』처럼 구분하는 것이 『간정동회우록』에 가깝다고 하겠다. 더욱이 『간정동필담』의 '一人與侍郎雷鋐通政官錢維城'은 문맥이 어색해서 내용을 알 수조차 없다. '한 사람이 시랑 뇌현·통정관 전유성과 함께'로 해석할 수밖에 없다. 그런데 『간정필담』에는 '莊存與侍郎·雷鋐通政官·錢維城侍郎'으로 전후 맥락이 분명하고, '장존여 시랑·뇌현 동성관·전유성 시랑'을 지칭하는 말이다. 이는 『천애지기서』를 살펴보면 더욱 분명해지며, 『간정필담』이 『간정동회우록』과 유사하다는 걸 추정할 수 있다.

---

汪. 若眞逢此人, 只相對嗚咽, 不暇爲筆談也. 讀此而不掩卷傷心者, 匪人情也, 不可與友也."

25) 이하 『천애지기서』는 『천애지기서(필담)』을 의미한다.
26) 아마도 『천애지기서』는 『간정동회우록』 필담 전체를 초록했을 것으로 판단되는데, 2월 16일부터 29일까지 내용은 전하지 않는다.

| 천애지기서 | 간정필담 | 간정동필담 |
|---|---|---|
| 蘭公曰: '塲戲有何好處?'<br>湛軒曰: '雖是不經之戲, 余則竊有取焉.'<br>蘭公曰: '豈非復見漢官威儀耶?' | 蘭公曰: '塲戲有何好處?'<br>余曰: '不經之戲, 然竊有取焉.'<br>蘭公曰: '取何事?'<br>余笑而不答.<br>蘭公曰: '復見漢官威儀.'<br>卽塗抹之. 余笑而頷之. | 蘭公曰: '塲戲有何好處?'<br>余曰: '雖是不經之戲, 余則竊有取焉.'<br>蘭公曰: '取何事?'<br>余笑而不答.<br>蘭公曰: '豈非復見漢官威儀耶?'<br>卽塗抹之. 余笑而頷之. |

홍대용과 반정균이 '塲戲'를 두고 필담한 내용으로 '漢官威儀'가 등장한다. 『간정필담』은 군더더기 없는 간략한 내용이지만, 『간정동필담』은 부정사나 의문사를 사용하여 당시 필담의 현장을 가감 없이 표현한다. 이는 『천애지기서』에서 그 내용이 확인되는데, 궁극적으로 『간정동필담』이 『간정동회우록』에 유사함을 보여준다.

다음은 『간정필담』에는 없고, 『천애지기서』와 『간정동필담』에만 수록된 내용이다. 그런데 『간정동필담』도 온전한 모습이 아니다.

| 천애지기서 | 간정필담 | 간정동필담 |
|---|---|---|
| 湛軒見蘭公曰: '兄形神比前頓減.'<br>蘭公曰: '因見二兄後, 忽忽有離別之思, 竟夕不能寐故耳.'<br>湛軒曰: '弟亦寢食, 俱不能安. 行前送一絶交書外, 無它好策.'<br>蘭公打圈于絶交書三字曰: '絶交書安可不作? 妙極妙極.'<br>湛軒曰: '暮婚晨告別, 無乃太怱忙. 吾輩今日境界也.' | | 余曰: '兄神形比前頓感, 未知間經感患耶?'<br>蘭公曰: '非也. 因見二兄後, 忽忽有離別之感, 竟夕不能寐故耳.' |

2월 8일 홍대용과 반정균이 필담한 내용이다. 홍대용의 반정균의 행색을 보고 이유를 묻자, 반정균은 이별 생각에 잠을 제대로 이루지 못했음을 토로한다. 그런데, 『간정동필담』에도 없는 내용이 『천애기기서』에 온전히 전한다. 홍대용은 자신도 침식이 편안하지 않다며 '絶交書'를 언급하고, 杜甫 「新婚別」의 한 구절을 읊조리며 자신의 심정을 표현한다. '저녁에 혼례 올리고 새벽에 고별하니, 너무 바쁘게 서두는 것이 아닌가[暮婚晨告別, 無乃太怱忙?]'라는 구절은 어젯밤 혼례를 올리고 오늘 아침에 군사로 집집된 남편을 떠나보내는 젊은 아내의 애끓는 마음을 묘사한 대목으로, 홍대용이 항주 지식인과의 이별에 견주어 표현한 셈이다. 『천애지기서』에 수록된 내용은 홍대용이 항주 지식인과 천애지기의 우의를 나누고 형제를 맺고 돌아온 사실을 뒷받침하는 귀중한 자료이다. 그럼에도 『간정필담』과 『간정동필담』에는 전하지 않는 실정이다.

『천애지기서』를 바탕으로 『간정동회우록』에 대한 『간정필담』과 『간정동필담』의 관계를 살펴보면, 『간정필담』과 『간정동필담』은 모두 『간정동회우록』을 바탕으로 완성되었음을 확인할 수 있다.

## 4. 『鐵橋話』와 홍대용 필담집의 관계

홍대용은 『鐵橋遺唾』을 준비하면서 『鐵橋話』의 정리도 병행한 듯하다. 『철교화』는 『간정동회우록』의 傳抄本으로 이덕무의 필체로 쓰여져 있으나, 홍대용이 주도한 저술이다.27) 또한 『간정동회우록』이 전하지 않는 상황에서, 『철교화』는 『천애지기서』와 마찬가지로 『간정필담』과 『간정동필담』의 관계를 살필 수 있는 좋은 자료이다. 『철교화』는 實話 21조, 閑話 41조, 총 62조로 구성되고, 날짜 순서대로 배열되어 있다.

다음은 『철교화』에 대한 『간정필담』과 『간정동필담』의 관계를 살필 수 있는 대목이다.

| 간정필담 | 간정동필담 | 철교화 |
|---|---|---|
| 力闇掉頭辭之, 蘭公不聽, 自東炕持一册來, 指其中**百韻**七古一篇曰: '有一達官欲薦于朝, 力闇毅然不住, 作此詩而拒之.' | 力闇掉頭辭之, 蘭公不聽, 自東炕持一册來, 指其中**五十韻**七古一篇曰: '有一達官欲薦于朝, 力闇毅然不住, 作此詩而拒之.' | 蘭公指示力闇百韻七古一篇於平仲曰: '有一達官欲力薦于朝, 力闇毅然不住, 作此詩拒之.' 湛軒曰: '旣愛其詩, 又敬高標.' 力闇曰: '不敢.' |
| 余見畢曰: '旣愛其詩, 又敬高標, 我輩與有榮矣.' | 余見畢曰: '旣愛其詩, 又敬高標, 我輩與有榮矣.' | |
| 力闇微笑曰: '不敢.' | | |
| 平仲曰: '見其詩, 想其人, 志氣豪邁, 不能俯仰於世也.' | | |
| 力闇曰: '素不解詩, 偶然學步, 自適己意而已, 見笑方家.' | 力闇曰: '素不解詩, 偶然學步, 自適己意而已, 見笑方家. **不敢當.**' | |

반정균이 김재행에게 엄성의 고시를 소개하고 엄성이 홍대용의 과찬에 답변하는 내용이다. 그런데 엄성의 고시는 『간정필담』과 『간정동필담』이 상이하다. 『간정동필담』의 '五十韻七古一篇'과는 달리, 『간정필담』은 『철교화』와 마찬가지로 '百韻七古一篇'이다. 『철교화』가 『간정동회우록』의 전초본임을 고려한다면, 엄성의 고시는 '百韻七古一篇'이 합당할 것이다. 이 대목은 『간정동 회우록』의 내용을 『간정필담』이 수용한 반면, 『간정동필담』은 오류를 범한 셈이다.

| 간정필담 | 간정동필담 | 철교화 |
|---|---|---|
| 力闇曰: '陸子靜天資甚高, 陽明功蓋天下, 卽不講學, 亦不碍其爲大人物也.' | 力闇曰: '陸子靜天資甚高, 陽明功蓋天下, 卽不講學, 亦不碍其爲大人物也. **朱陸本無異同, 學者自生分別耳.**' | 力闇曰: '陸子靜天資甚高, 陽明功蓋天下, 卽不講學, 亦不碍其爲大人物也. 朱·陸本無異同, 學者自生分別耳. 不必苛責古人.' |
| | 又曰: '殊塗同歸.' | |
| | 余曰: '同歸之說, 不敢聞命.' | |
| | 平仲曰: '功雖盖天下, 良知之刱論, 與朱岐異.' | |

엄성이 陸九淵의 학문을 朱熹에 견주어 평가한 대목이다. 『철교화』에 따르면, 엄성은 주희와 육구연은 본래 다르지 않은데 학자가 분별을 만들었음을 지적하고 옛사람을 가혹하게 책망할 필요는 없다는 주장이다. 그런데 『간정필담』에는 내용이 없고, 『간정동필담』에도 옛사람을 가혹하게 책망할 필요는 없다는 내용이 없다. 반면, 『철교화』의 '不必苛責古人'과 유사한 내용이 『천애지기서』에 보인다.

> 역암이 "육자정은 천품이 매우 고상하고 왕양명은 공이 천하를 덮었으니, 그들의 학문에 대해 강론하지 않더라도 그들이 큰 인물이 되는 데는 구애될 것이 없습니다. 주자와 육자정은 본디 다른 것이 없는데 학자들이 스스로 구별한 것입니다. 또 도는 다르지만 귀결점은 같습니다."라고 말했다.
> 담헌이 "귀결점이 같다는 말은 납득이 가지 않습니다."라고 말하자, 역암이 "옛사람을 가혹하게 책망하는 것은 원래 불필요한 일입니다."라고 말했다.
> 그러자 난공은 "사업은 성의·정심에서부터 이루어져야 하는 것인데 왕양명의 格物致知에 대한 설은

---

27) 『철교화』는 일명 『鐵橋語錄』으로도 불린다. 유득공, 『中州十一家詩選』, 「嚴誠」. "湛軒鈔筆談中名語, 撰 『鐵橋語錄』 一卷."

유감이 있기는 합니다."라고 말했다.28)

이는 『간정필담』과 『간정동필담』이 『간정동회우록』과 일정한 거리가 있음을 의미하는 것으로, 엄성은 본래 육구연의 학문에 조예가 있었던 인물이다. 그런데 홍대용은 엄성을 조선에 주자학을 신봉하는 인물로 소개한 바, 주자학에 반하는 엄성의 말을 『간정동회우록』에서 산삭한 것으로 판단된다.

| 간정필담 | 간정동필담 | 철교화 |
|---|---|---|
| 力闇領之, 又曰: '吾輩只外面粗是耳. 精微處, 豈但欠缺? 直是不曾講究此事, 與年與進, 卽如弟等之好作詩作畫, 豈聖賢所許耶? 程子以好書爲玩物喪志.' | 力闇領之, 又曰: '吾輩只外面粗是耳. 精微處, 豈但欠缺? 直是不曾講究此事, 與年與進, 卽如弟等之好作詩作畫, 豈聖賢所許耶? 程子以好書爲玩物喪志.' | 力闇曰: '吾輩只外面粗是耳. 精微處, 豈但欠缺? 直是不曾講究此事, 與年與進. 卽如弟等之好作詩作畫, 豈聖賢所許?' |
| 余曰: '餘事遊藝, 庸何傷乎? 但一向好着, 亦自喪志.' | 余曰: '程子又云: 非要字好, 卽此是學, 則餘事遊藝, 庸何傷乎? 但不可一向好着.' | 湛軒曰: '餘事遊藝, 庸何傷乎? 但一向好着, 亦自喪志.' |
| 力闇曰: '天下事總執滯不得, 但必做工夫, 纔可說餘事, 豈有先講餘事之理? 如吾輩者, 恐好餘事之心, 不敵好學之心, 大可懼也.' | 力闇曰: '工幾深造後, 可說餘事, 豈有先講餘事之理? 如吾, 恐好餘事之心, 不敵好學之心, 大可懼也.' | 曰: '天下事總執滯不得, 但必做工夫, 纔可說餘事, 豈有先講餘事之理? 如吾輩, 恐好餘事之心, 不敵好學之心, 大可懼也.' |

엄성이 시짓기 좋아하고 그림을 그리기 좋아하는 것을 두고 정자의 '玩物喪志'를 언급하며 필담이 시작된다. 홍대용은 전적으로 기예를 좋아해서는 안되지만 기예를 나쁘게 여기지 않는다. 이러한 내용은 『철교화』를 비롯하여 『간정필담』과 『간정동필담』이 유사하다. 그런데 『철교화』가 정자의 말을 수록하지 않은 반면, 『간정필담』은 엄성의 말에서만 수록하고, 『간정동필담』은 엄성과 홍대용의 말에 모두 수록하고 있다. 엄성이 정자의 '완물상지'를 언급한 까닭에 홍대용도 정자의 '글자를 잘 쓰려는 것이 아니라 이것이 곧 학문이다.[非要字好, 卽此是學.]'라고 거론한 셈이다. 이는 『철교화』가 본래 엄성의 말을 위주로 수록한 점을 고려한다면, 아마도 『간정동필담』이 『간정동회우록』에 가깝다고 하겠다.

『철교화』를 바탕으로 『간정필담』・『간정동필담』을 상호 비교・검토한 바에 따르면, 『간정필담』과 『간정동필담』은 모두 『간정동회우록』을 바탕으로 완성되고 있다. 다만, 홍대용 필담집에는 보이지 않고 『철교화』에만 수록된 내용은 閑話 12・38・39조이다. 그 내용은 다음과 같다.

① 力闇曰: '頑童之弊, 浙江尤甚. 年長者稱契兄, 年少者稱契弟, 契弟年長, 又得契弟. 士大夫不恥爲之, 他人狎昵其契弟, 則必起爭端, 至訟官司. 官司不以爲怪, 聽理曲直.' 因笑曰: '聞此法自來已久, 始於黃帝征蚩尤之時, 爲軍中之戱.' (『鐵橋話』, 閑話 12)

② 力闇曰: '弟所帶扇, 所謂張子元製, 此杭城第一扇. 天下馳名不二價, 最稱上品, 以之遮烈日或蔽雨, 皆不變. 竹骨根, 根精緻. 但不如麗扇之製極爲古雅.' (『鐵橋話』, 閑話 38)

③ 蘭公曰: '洪兄爲人式細心.' 湛軒曰: '心實太細, 終未免俗.' 力闇曰: '此亦深心涉世. 湛軒思涉世, 乃所以爲俗.' 力闇曰: '有不得不然者, 非俗也.' 湛軒曰: '多有不必然而然者, 乃俗也.' (『鐵橋話』, 閑話 39)

---

28) 이덕무, 『天涯知己書』. "力闇曰: '陸子靜天資甚高, 陽明功蓋天下, 卽不講學, 亦不碍其爲大人物也. 朱陸本無異同, 學者自生分別耳.' 又曰: '殊道同歸.' 湛軒曰: '同歸之說, 不敢聞命.' 力闇曰: '苛責古人, 原可不必.' 蘭公曰: '事業須誠意正心做來, 陽明格物致知, 尙有餘憾.'"

①은 2월 12일에 해당하는 엄성의 필담이다. '계형'과 '계제'는 '의형'과 '의제'를 가리키는 말로, 절강에서 유행하는 폐단이다. 심지어 다툼이 생겨 송사까지 불사하는 상황이라고 엄성은 전한다. 이는 홍대용의 입장에선 조선에서 항주 지식인을 충분히 오해할 수 있는 내용으로, 형제를 맺고 귀국한 자신에 대한 비난을 초래할 수도 있다. 따라서 『간정필담』을 완성하면서 홍대용이 산삭했을 것으로 판단된다. ②와 ③은 2월 26일에 해당하는 필담이다. 엄성은 장자원이 만든 항주성에서 제일가는 부채도 고아한 高麗扇만 못하다고 언급한다. 또한 홍대용과 엄성이 '俗'에 대해서 자신의 견해를 피력한 대목이다. ②와 ③이 모두 '閒話'로 구분할 정도로, 엄성의 특별한 주장이나 생각을 표현한 것이 아니다. 따라서 『간정필담』과 『간정동필담』에 모두 수록되지 않기에 이른다.

## 5. 홍대용 필담집의 상호 텍스트성

『간정록2』는 『간정동회우록』의 전사본이자 교정본으로, 홍대용 필담집의 형성 과정을 이해하는 데 매우 귀중한 자료이다. 1766년 『간정동회우록』(초고본)이 완성되고, 1767년 엄성의 죽음 이후 『간정동회우록』을 傳寫한 『간정록』을 교정하여 1772년 무렵에 『간정필담』(정본)이 완성되며, 1939년 홍영선이 『담헌서』를 편찬하면서 『간정록』(전사본이자 교정본)에서 산삭한 내용을 최대한 복원하여 『간정동필담』이 등장하게 된다. 더욱이 『간정필담』과 『간정동필담』은 상호 보완적 관계로 『간정동회우록』의 실체에 접근하는 단서를 제공한다.

또한 『간정동회우록』의 전초본에 해당하는 『천애지기서』와 『철교화』를 바탕으로 『간정필담』·『간정동필담』을 상호 비교·검토한 바에 따르면, 『간정필담』과 『간정동필담』은 모두 『간정동회우록』을 바탕으로 완성되고 있다.

더욱이 『간정록2』에 산삭되어 『간정필담』과 『간정동필담』에 수록되지 않은 내용과 『철교화』에만 수록된 내용을 살펴보면, 오해를 초래하거나 민감한 사안 또는 대수롭지 않은 내용이 여기에 해당한다.

논의를 정리하면, 『간정동회우록』은 草稿本이고, 『간정록2』는 『간정동회우록』의 傳寫本이자 교정본으로, 수정·보완한 내용이 『간정필담』에 그대로 반영되고 있다. 따라서 『간정필담』은 공개를 목적으로 수정·보완한 定本에 해당하며, 『간정동필담』은 『간정록2』에서 수정·보완하여 산삭한 내용을 『간정동회우록』에 가깝게 복원한 異本으로 분류할 수 있다. 궁극적으로 홍대용 필담집의 상호 텍스트성 연구를 통해서 同異와 添削의 실상을 파악하고 『간정동회우록』의 실체에 이해할 수 있다.

끝으로 유득공의 기록에 따르보인다.[29]면, 1777년 무렵 홍대용이 『간정필담』 2권과 『회우록』 3권을 저술하여 집에 보관하고 있다는 내용이  또한 『간정동필담』은 1939년 『담헌서』를 편찬하면서 『간정록』 3책을 바탕으로 완성했음을 추정할 수 있다. 현재는 『간정록2』만 숭실대 한국기독교박물관에 전하는 상황이다. 따라서 언젠가 『간정동회우록』 3책 또는 『간정록1·3』이 세상에 나오기를 기대한다.

---

29) 유득공, 『中州十一家詩選』, 「陸飛」. "湛軒歸國, 著『乾淨筆談』二卷·『會友錄』三卷, 藏于家."

# [홍대용(洪大容) 필담(筆談) 자료집(資料集)]

| 구분 | 天涯知己書(筆談) | 乾淨筆談 | 乾淨衕筆談 | 其他 |
|---|---|---|---|---|
| | 洪軒曰: '乙酉冬, 余隨季父赴燕, 以十一月二十七日渡江, 十二月二十七日入北京, 留館六十餘日, 欲得一佳秀才會心人, 與之劇談, 沿路訪問, 皆悵悵不足. 卻菴曰: '想其懊憹, 已是別人. 余每逢天燕人, 問: 何好? 必曰: 祖大壽牌樓, 甚壯麗. 又問: 其次? 必曰: 天主堂壁畫, 遠見如眞. 縕含而止.' | 乙酉冬, 余隨季父赴燕, 以十一月二十七日渡江, 鴨水, 十二月二十七日至北京, 留館凡六十餘日而歸. 渡江以西, 南瀕海以北凡幾千里, 庶幾遇逸士奇人, 訪問孜勤, 而燕雲數千里, 風俗椎魯少文, 至直隷畿甸尤甚. 習弓馬, 下者鏡刀錐. 其讀六經爲時文, 以秀才俯類, 多自南來者, 若抱道自縕, 不求人知者, 蓋有之而無由以見焉. | 乙酉冬, 余隨季父赴燕, 自渡江後所見, 未嘗無期覿, 而乃其所大願, 則欲得一佳秀才會心人, 與之劇談, 沿路訪問甚勤, 皆悵悵之利. 目北京以東, 文風不振, 或有邂逅, 皆悵悵不足稱. 東華門路, 逢餘材二人, 與之話, 其後尋往其家, 頗有酬酢, 而文擧琵琶, 以中外之別, 妄生疑畏, 且其言論甲俗, 不足與之永往, 遂一再見而止. | |
| | | 二月初一日. | 二月一日. | |
| | | 正使陪將李基成, 爲買眼鏡, 往城南琉璃廠市中, 遇二人, 儀狀極麗如文人, 皆戴眼鏡. | 禪將李基成, 爲買遠視鏡, 往琉璃廠, 遇二人, 容貌甚麗, 有文人氣, 而皆戴眼鏡. | |
| | | | 盖亦病於迁視者. | |
| 2/1 | | 基成請曰: '我欲買眼鏡, 市上無眞品, 願買足下所戴.' | 乃請曰: '我有親識求眼鏡, 而市上難得眞品, 足下所戴甚合病眼, 幸賣與我. 足下則或有副件, 雖求之, 亦當不難矣.' | |
| | | 一人曰: '何用言賣?' | 其一人解而與之曰: '求於君者, 想是與我同病者也. 吾何愛一鏡? 何用言賣?' | |
| | | 卽解而鎭之. | 乃拂衣而去. | |
| | | 基成酬之以費, 而不受拂衣而去. | 基成海其輕忽, 不可公然取人物, 乃以鏡追還之曰: 前言戲耳. 初無求之者, 無用之物, 不可受也.' | |
| | | | 兩人皆不悅曰: '此微物耳. 且同病相憐之義, 何君之靑靑如是?' | |
| | | 基成追問共居, 自云: '浙江擧人, 方繳居干城, 南乾淨衕衕.' | 基成慚不敢復言, 略問共來歷, 則以爲: '浙江擧人, 爲赴試來, 方繳居正陽門外乾淨衕云.' | |
| | | 是夕, 基成持眼鏡來, 具道共故, 求花箋一束於余, 將以酬報也. | 一日夕, 基成持眼鏡來, 言其故, 而求花箋于余, 將以酬報. | |
| | | | 曰言: '其二人皆儒雅可愛, 須一往訪云.' | |
| | | | 余給以一束箋, 且言: '第有詳探之.' | |

| | | |
|---|---|---|
| 2/2 | | 明日, 基成果尋至其居, 幷爲墨丸劑以贈之, 皆辭謝然後受之, 復以羽扇筆墨茶烟等物報之. |
| | | 基成歸, 盛言: '二人禮制甚恭, 如求見土, 此不可失也.' |
| | | 余笑曰: '浙江在京南四千里, 夫四千里而趨名利, 其志可知, 何足與語哉? 雖然, 豈不如與買兒遊乎? 明日約與, 共往見之.' |
| | | 金在行不仲, 副使族弟也. 聞之, 亦樂與之偕焉. |
| | | 初三日. |
| | | 飯後, 三人同車, 出正陽門, 行二里許, 至乾淨衚, 有客店, 榜云天陞店, 二人所居. |
| | | 下車, 立于門外, 令馬頭先入通之. |
| | | 二人聞之, 出迎于中門外, 屈身鞠耳, 引我輩先行, 蓋中國之俗也. |
| | | 辭謝而後行, 將入門, 二人先至門, 搛簾待之, 入門, 扶我輩坐于坑下, 各以椅子對坐坑下, 此亦其俗也. |
| | | 東壁置高足大卓, 卓上有書數十卷, 中坑而置短足小卓, 上覆藍氈, 西北壁下皮稻木櫃, 皆行案也. |
| | | 小卓置銳者銅水壺, 上橫小刀, 大卓及坑上, 散置畵畵未及詩箋. |
| | | 少年口角同啞噦, 蓋草草未竟, 而出迎我輩也. |
| | | 坐定, 問姓名及年. |
| | | 嚴誠, 字力闇, 號鐵橋, 年三十五. |
| | | 潘庭筠, 字蘭公, 字秋庭, 年二十五. |
| | | 余曰: '愚因李令公, 得聞聲華, 日見咏卷, 欽仰文章, 謹仿李令, 與同志金生, 輒來請謁, 望 |
| 2/3 | 潘軒曰: '聞李基成, 至乾淨衚衕天陞店, 二人出迎. 金在行, 仍與養虛翁, 字力闇, 號鐵橋, 年二十五, 潘庭筠, 字蘭公, 字秋庵, 年二十五, 同住杭州錢塘.' 柳蕙曰: '庸音夔, 草舍也. 若讀若申, 則豈非狼耶? 不先不後, 幷生一世, 不南不北, 同住一鄕, 可感可悅, 天地父母, 多謝多謝.' | 明日. |
| | | 基成果尋至其居, 幷以爲墨丸劑以贈之, 皆辭謝然後受之, 禮制甚恭, 而復以羽扇筆墨茶烟等物報之. |
| | | 基成歸, 盛言: '其言貌高潔, 必有過人才學, 切勿錯過云.' |
| | | 乃約明日同往, 而金在行行仲聞之, 亦樂與之偕焉. |
| | | 基成來時, 得二人名刺味卷各數木而來, 雖未詳其文體, 而要其精鍊可意. |
| | | 初三日. |
| | | 飯後, 三人同車, 出正陽門, 行二里許, 至乾淨衚, 有客店, 榜云天陞店, 乃二人之所居也. |
| | | 下車, 立于門外, 令馬頭先入通之. |
| | | 二人聞之, 出迎于中門外, 屈身鞠耳, 極其致恭, 引我輩先行, 蓋中國之俗也. |
| | | 辭謝而後行, 將入門, 二人先至門, 搛簾待之, 入門, 扶我輩坐于坑下, 各以椅子對坐坑下, 此亦其俗也. |
| | | 東壁置高足大卓, 卓上有書數十卷, 中坑而置短足小卓, 上覆藍氈, 西北壁下皮稻木櫃, 皆行案也. |
| | | 小卓筆硯者銅水壺, 上橫小刀, 所以樹木于硯也. 大卓及坑上, 散置畵畵未竟. |
| | | 少年口角同啞噦, 蓋草草未竟, 而出迎我輩也. |
| | | 坐定, 問姓名及年. |
| | | 嚴誠, 字力闇, 號鐵橋, 年三十五. |
| | | 潘庭筠, 字蘭公, 字秋庵, 年二十五. |
| | | 余曰: '愚因李令公, 得聞聲華, 日見咏卷, 欽仰文草, 謹仿李令, 與同志金生, 輒來請謁, 望 |

| | | |
|---|---|---|
| 蘭公問養虛曰: '君知貴國金尚憲乎?' 洪軒曰: '金他之族祖, 道學簡義, 我國聞人, 何由知之?' 力闇曰: '有詩, 選入中國『感舊錄』' 柳菴曰: '張延登齊人, 而王阮亭字相, 明之宰相, 水路朝京時, 與張其禛之委祖也, 清陰先生, 水路朝京時, 清陰集亦載之, 阮亭池北偶談詳言之, 且抄載清陰佳句數十, 盛言格品之美, 阮亭又晚年, 輯明末清初故老詩, 爲『感舊集』八卷, 起虞山錢謙益, 上其兄考功郎王士祿, 清陰詩亦入.' | 潘君聞牛仲之姓, 問曰: '君知貴國金尚憲乎?' 余曰: '金是我國相公, 能詩能文, 又有道學節義, 尊輩居八千里外, 何由知之耶?' 嚴君卽持一冊子示之, 題云『感舊集』. 蓋淸初有王漁洋者, 集明淸諸詩, 而淸陰以朝天時, 與其人有唱酬, 故選入律絶數十首. 余乃曰: '我們此來, 非偶然也. 但初入中國, 言語不相解聽, 請爲『筆譚.' 兩人許諾, 卽錦紙硯于小卓上. 李基成先辭歸, 乃分賓主, 圍卓而坐. 平仲曰: '兩位妹卷, 是會試作耶?' 蘭公曰: '省試也. 此時到都會試.' 又曰: '兩位到此, 遊稿必當, 可賜敎否?' 時, 余輩皆着軍服. 故余曰: '我武職也, 弓馬之事聞之矣, 詩文未之學也.' | 怨唐笑. 二人皆謝不敢. 余曰: '兩位尊府在浙省何縣?' 嚴君曰: '同住杭州錢塘.' 余因誦: '樓觀滄海日.' 嚴生繼誦: '門對浙江潮.' 余笑曰: '此卽貴處耶?' 嚴生曰: '然.' 怨唐笑. 二人皆謝不敢. 余曰: '兩位尊府在浙省何縣?' 嚴君曰: '同住杭州錢塘.' 余因誦: '樓觀滄海日.' 嚴生繼誦: '門對浙江潮.' 余笑曰: '此卽貴處耶?' 嚴生曰: '然.' 潘生聞牛仲之姓, 問曰: '君知貴國金尚憲乎?' 余曰: '金是我國相老, 而能詩能文, 又有道學節義, 尊輩居八千里外, 何由知之耶?' 嚴生曰: '有詩句, 選入中國詩集, 故知之.' 嚴生卽往傍挍玩來一冊子示之, 題云『感舊集』. 蓋淸初有王漁洋, 集明淸諸詩, 而淸陰朝天時, 路出登萊, 與其人有唱酬, 故選入律絶數十首焉. 余乃曰: '我們此來, 非偶然也. 但初入中國, 言語不相解聽, 請爲'筆譚. 兩人許諾, 卽錦紙硯于小卓上. 李基成先辭歸, 乃分賓主, 圍卓而坐. 平仲曰: '兩位妺卷, 是會試作耶?' 蘭公曰: '省試也. 此時到都會試.' 又曰: '兩位到此, 遊稿必當, 可賜敎否?' 時, 余輩皆着軍服. 故余曰: '我武職也, 弓馬之事聞之矣, 詩文未之學也.' |

| | | |
|---|---|---|
| 湛軒曰: '呂晚村是何處人, 而其人品如何?'<br>蘭公曰: '浙江杭州石門縣人, 學問深邃, 措權于難.' | 蘭公笑曰: '兩位有文事而兼武備.'<br>平仲曰: '願先見兩位瓊篇.'<br>蘭公曰: '風塵僕僕, 未有所成. 來時同榜解元陸飛作畫, 偶題小詩, 呈敎.'<br>乃出示一幅畫, 水墨蓮花一朶, 筆畫奇勁.<br>上有陸詩七絶一首, 下有力闇詞及蘭公詩, 皆佳, 而陸詩尤高.<br>余曰: '此三絶也.'<br>力闇曰: '過奬寵褒不敢當.'<br>平仲曰: '武夫亦有拙詩.'<br>書示鵬鷄律三首.<br>力闇曰: '寄托高妙拜服.'<br>平仲卽席, 次滿陰韻賦一絶, 兩人看畢, 卽次之, 皆援筆疾書, 頗有較藝之意.<br>兩人又請余詩.<br>余曰: '素不能詩, 無以呈敎, 愧甚.'<br>皆曰: '過謙.'<br>平仲又請見兩人詩.<br>蘭公曰: '嚴兄見有詩集, 當呈覽.'<br>力闇掉頭辭之, 蘭公不聽, 自東坑持一冊來, 指其中五十韻七古一篇于朝, 指力闇毅然不任, 作此詩而拒之.<br>余見畢曰: '旣愛其詩, 文欽高標, 我輩與有榮矣.'<br>力闇微笑曰: '不敢.'<br>平仲曰: '見其詩, 想其人, 志氣豪邁, 不能附仰於世也.'<br>力闇曰: '素不解詩, 偶然學步, 自適己意而已, 見笑方家.'<br>余曰: '呂晚村是何處人? 其人品如何?'<br>蘭公曰: '浙江杭州石門縣人, 學問深邃, 措權于難.' | 蘭公指示力闇百韻七古一篇于平仲曰: '有一達官欲薦力闇于朝, 力闇毅然不任, 作此詩拒之.'<br>湛軒曰: '旣愛其詩, 文欽高標.'<br>力闇曰: "不敢."<br>(『鐵橋話』, 筆話 1) |

| | |
|---|---|
| 烔菴曰: '呂晚村, 名留良, 字莊生, 一名光輪, 字用晦. 其學以闢王衛朱爲宗旨.' | |
| | 余曰: '浙江山川何如, 而能人才輩出如是耶?' |
| | 蘭公曰: '南邊山明水秀.' |
| | 平仲曰: '我副大人見蘭公硯匣中有浙字宙拾周向適之語, 不覺斂袵.' |
| | 蘭公色變良久, 乃曰: '此乃草萃之語, 不過謂中華乃萬國所宗, 今天子聖神, 文武爲臣者, 當愛戴依歸之意而已, 尊周所以尊國朝也.' |
| | 余以交淺言深, 勸平仲勿言. |
| | 蓋漢人於當今, 反同覊旅之臣, 謹愼廉畏, 其勢然矣, 其言之如此, 無足怪矣. |
| | 余勸平仲勿復言, 平仲卽曰: '所示極善.' |
| | 余曰: '王陽明水浙人乎?' |
| | 蘭公曰: '陽明紹興人, 與我們同鄕.' |
| | 余曰: '紹興距錢塘幾里?' |
| | 蘭公曰: '二百餘里.' |
| | 余曰: '貴處學者, 遵何人?' |
| | 蘭公曰: '皆尊朱子.' |
| | 余曰: '遵陽明者, 亦有之?' |
| | 蘭公曰: '陽明大儒, 配享孔廟, 特其講良知, 與朱子異, 故學者勿宗. 間有一二人, 亦不甚著.' |
| | 余曰: '陽明, 間世豪傑之士也. 文章事業, 實爲前朝巨擘, 但其門路, 誠如蘭公之言.' |
| | 力闇曰: '貴處水關陸耶?' |
| | 余曰: '然.' |
| 力闇曰: '陸子靜天資甚高, 陽明功盖天下, 卽不講學, 亦不得其爲大人物也. 朱陸本無異同, 學者自生分別耳.' 又曰: '殊途同歸.' 湛軒曰: '同歸之說, 不敢聞命.' 力闇曰: '奇貴古人, 原可不必.' | 力闇曰: '陸子靜天資甚高, 陽明功盖天下, 卽不講學, 亦不得其爲大人物也. 朱陸本無異同, 學者自生分別耳.' 又曰: '殊途同歸.' 余曰: '同歸之說, 不敢聞命.' | 力闇曰: '陸子靜天資甚高, 陽明功盖天下, 卽不講學, 亦不得其爲大人物也. 朱陸本無異同, 學者自生分別耳.' 又曰: '殊途同歸.' 余曰: '同歸之說, 不敢聞命.' (『鐵橋話』, 賞話 2) |

| | | | |
|---|---|---|---|
| 蘭公曰: "事業須誠意正心做木, 陽明格物致知, 尚有餘憾." 柳莓曰: "呂晚村之言曰: 姚江之說不息, 紫陽之道不著, 紫陽之道不著, 則孔子之道將去也.' 今力闇稍涉顧藉, 蘭公自關陽明去也." | 蘭公曰 "事業須從誠意正心做木, 陽明格物致知, 尚有餘憾." | | 平仲曰: "功難蓋天下, 良知之勝論, 與未攸異.' |
| | | | 蘭公曰: '事業須從誠意正心做木, 陽明格物致知, 尚有餘憾耳.' |
| | | | 余曰: '陽明之學, 儘有餘憾, 但比諸後世記誦之學, 豈非霄壤乎?' |
| | | | 蘭公即打圈丁豈非霄壤四字曰: '極好.' |
| | | | 又曰: '此時讀書, 不過記誦而已. 然天下儘有潛心聖賢之學者, 非俗儒之繁例也.' |
| | | | 平仲曰: '宗旨異致, 則反不如記誦矣.' |
| | | 力闇微笑而已. | 力闇微笑而已. |
| | | | 蓋其平日所學, 於王陸, 斑深也. |
| | | | 蘭公曰: '貴國有大儒否?' |
| | | | 平仲曰: '有之.' |
| | | | 余曰: '如金尚憲, 號清陰, 亦我國大儒也.' |
| | | | 平仲曰: '現在者爲誰?' |
| | | | 余曰: '不敢指其爲誰? 死後方有公論.' |
| | | 平仲曰: '竊覘足下, 非尋常取功名者.' | 平仲曰: '竊覘足下之高儀, 其果同之深奧, 非尋常取功名者, 欽仰.' |
| | | 蘭公曰: '我輩堅于俗人爲也.' | 蘭公曰: '我輩堅子俗人而已, 極何過褒, 無地自容也.' |
| | | 余措事業從誠正之話而謂蘭公曰: '只此一句語, 以之修身事君, 何事不做?' | 余措事業從誠正之話而謂蘭公曰: '只此一句語, 以之修身事君, 何事不做?' |
| | | 平仲曰: '問學之外, 嗜好者何書?' | 平仲曰: '問學之外, 嗜好者何書?' |
| | | 蘭公曰: '僕年二十時, 已誦十三經諸史. 然質魯健忘, 終無成就, 可愧. 但學必以聖人爲主, 雖諸子百家, 其歸則反之於六經而已.' | 蘭公曰: '僕年二十時, 已誦十三經諸史. 然質魯健忘, 終無成就, 可愧. 但學必以聖人爲主, 雖諸子百家, 其歸則反之於六經而已.' |
| | | 力闇曰: '酷嗜昌黎, 『史記』極妙, 讀書, 『漢書』, 不可不看『史記』.' | 力闇曰: '酷嗜昌黎, 『史記』極妙, 讀書, 『漢書』, 不可不看『史記』.' |
| | | 蘭公曰: '年少失學, 未嘗潛心正學. 然作文必學史遷, 特愧不能追蹟古人.' | 蘭公曰: '年少失學, 未嘗潛心正學. 然作文必學史遷, 特愧不能追蹟古人.' |

余曰: '兩位先世, 有何顯官?'

蘭公曰: '木農家子, 婁畯之門, 惟有讀書力田, 未嘗有通顯者. 若其遠祖, 則吾潘岳之後也.'

余笑曰: '君貌甚美, 有自來矣.'

蘭公亦笑, 微有愧色.

力闇曰: '先世洪武年, 自餘姚遷杭, 至今十三世, 曾有二擧人而已, 遠祖則有之, 而不敢攀援.'

余曰: '此何故?'

蘭公曰: '力闇, 子陵之後, 而不敢攀接者, 恐爲鄕黨崇齕也.'

又曰: '東國木箕子國, 乃近聖人之居者, 宜二公之識見高遠, 非一切文人可比.'

余曰: '見外之語, 車載斗量, 何足道哉?'

余曰: '兩位皆具慶耶?'

皆曰: '然.'

曰: '兄弟幾人?'

曰: '有一兄.'

力闇曰: '九峯先生名果, 大名士, 乃力闇兄之合兄也. 二人, 時人比之機雲獻軾, 詩文大集盈笥, 與吾鄕吳西林先生極相好, 年四十餘, 高雅絕俗, 非尋常諸生之比.'

余曰: '同氣之間, 有此師友之益, 其樂可知也. 請問西林先生德行之大略.'

蘭公曰: '隱居修道, 莊存與侍郞·雷鋐通政官·錢維城, 有達官水見者, 必峻拒之, 一人與侍郞·雷鋐通政官·錢維城, 無事不入城府, 求觀書畵, 而終不得. 有達官水見者, 必峻拒之, 如徐介汪瀰·王會祥數人, 吾鄕前輩高尙之士, 皆不隨流俗, 能自卓然不朽者也. 徐汪二人布衣, 亦吾不隨流俗, 能自卓然不朽者也. 徐汪二人布衣, 革鼎後, 遊世不仕. 王秀才三十餘, 卽棄擧子業, 卓然可傳.'

又曰: '國朝, 吾鄕前輩高尙之士, 如徐介汪瀰·王會祥數人, 皆不隨流俗, 能自卓然不朽者也. 徐汪二人布衣, 革鼎後, 遊世不仕. 王秀才三十餘, 卽棄擧子業, 文章人品, 卓然可傳.'

是乎古事. 今黃江漢國朝勝臣考, 凡四十九人, 皆卓然可傳者也.

午後, 二人各以餠果數器置于卓上而勸之曰: '此杭州帶來.'

果則橋餠饆饠乾筍之屬, 餠水甚美, 勝於京造.

先自略嘗, 從傍侑之, 茶則自初不住斟之, 誠意藹然.

余曰: '洞庭湖, 距貴鄕不遠乎?'

力闇曰: '洞庭在湖廣, 離敝地二千里.'

余曰: '然則去京師幾何?'

力闇曰: '三千里.'

又曰: '敝地瀕南海, 與貴國海路, 當爲幾何?'

余曰: '兩地只隔一海, 如福建商船, 水多漂到我國者, 杭州似亦不甚遠也.'

平仲曰: '貴處三秋桂子, 十里荷花, 風物向如舊耶?'

蘭公曰: '不伹此而已. 西湖風物, 爲天下第一. 水深一二丈, 澈可見底. 雖淤藻沙石, 歷歷可見, 四山皆不甚高. 有四賢堂, 祀唐李泌白居易宋蘇軾林逋, 我皇上四次臨幸, 百發俱修, 比舊尤加壯麗. 其地有蘇堤十景, 又有數十景. 雖匝湖不過四十里, 而奇峯靈岫, 莫可名狀. 湖中有堤十里, 兩岸皆栽桃柳.'

平仲曰: '雖欲遊詠于其間, 策驢與兩位, 得乎?'

兩人皆笑.

余曰: '湖水雖當積潦, 不貽害於民居耶?'

力闇曰: '杭州以下, 水利所在, 蓄洩以時, 無貽害之處.'

余曰: '長腰米, 貴處産耶?'

蘭公曰: '然. 吾鄕風氣, 食物與京師, 大相不同.'

| | |
|---|---|
| 余曰: '風俗厚薄如何?' | 余曰: '風俗厚薄如何?' |
| 蘭公曰: '地多秀民, 絃誦之聲相聞. 但俗尙浮華, 鮮享淳朴耳.' | 蘭公曰: '地多秀民, 絃誦之聲相聞. 但俗尙浮華, 鮮享淳朴耳.' |
| 力闇曰: '貴處風俗, 浮古之極.' | 力闇曰: '貴處風俗, 浮古之極.' |
| 余曰: '山川險隘, 人民多貧, 只以稍遵禮俗, 自古中國亦許之以小中華.' | 余曰: '山川險隘, 人民多貧, 只以稍遵禮俗, 自古中國亦許之以小中華.' |
| 蘭公曰: '貴國國史, 有携來者否?' | 蘭公曰: '貴國國史, 有携來者否?' |
| 余曰: '沒有.' | 余曰: '沒有.' |
| 蘭公曰: '惜不得見.' | 蘭公曰: '惜不得見.' |
| 余曰: '必欲知其大略, 則當總記其槩以呈.' | 余曰: '必欲知其大略, 則當總記其槩以呈.' |
| 又曰: '諸公科期不遠, 當會心學業, 久坐煩擾, 恐不安.' | 又曰: '諸公科期不遠, 當會心學業, 久坐煩擾, 恐不安.' |
| 皆擧手曰: '不然, 吾輩到此, 本不用心於此.' | 皆擧手曰: '不然, 吾輩到此, 本不用心於此.' |
| 余曰: '然則不要登試乎?' | 余曰: '然則不要登試乎?' |
| 力闇曰: '要自要的, 但聽天命.' | 力闇曰: '要自要的, 但聽天命.' |
| 且曰: '鄙等不是專意於名利者.' | 且曰: '鄙等不是專意於名利者.' |
| 蘭公問余曰: '官居何職?' | 蘭公問余曰: '官居何職?' |
| 余曰: '白身無職, 欲一見中國, 隨季父貢使之行而來.' | 余曰: '白身無職, 欲一見中國, 隨季父貢使之行而來.' |
| 蘭公曰: '先生以貴胄而不爲官, 必立身行己之君子也.' | 蘭公曰: '先生以貴胄而不爲官, 必立身行己之君子也.' |
| 余笑曰: '無才無學, 官白不來.' | 余笑曰: '無才無學, 官白不來.' |
| 平仲曰: '今承兩位德儀, 盆覺中華人物之不可企及也.' | 平仲曰: '今承兩位德儀, 盆覺中華人物之不可企及也.' |
| 蘭公曰: '中華雖文物之邦, 近名榮利者, 比比皆是.' | 蘭公曰: '中華雖文物之邦, 近名榮利者, 比比皆是.' |
| 余曰: '邂逅良晤, 深慊鄙願, 未知繼此而可得見耶?' | 余曰: '邂逅良晤, 深慊鄙願, 未知繼此而可得見耶?' |
| 蘭公曰: '人臣無外交, 恐難再圖良會.' | 蘭公曰: '人臣無外交, 恐難再圖良會.' |
| 余曰: '今天下一統, 豈有彼此之嫌?' | 余曰: '今天下一統, 豈有彼此之嫌?' |
| | 湛軒曰: '科期不遠, 當會心學業, 本不用心於此.' |
| | 曰: '不然, 吾輩到此, 本不用心於此.' |
| | 湛軒曰: '不要登試乎?' |
| | 曰: '要自要的, 但聽天命. 不是專意於名利.'(『鐵橋話』, 閒話 1) |

| | | | |
|---|---|---|---|
| | 蘭公有喜色曰: '天子以天下爲一家, 況貴國乃禮敎之邦, 爲諸國之長, 自當如此, 俗人之議, 何足道哉? 天涯知己, 愛慕無窮, 竊以中外遂分彼此耶? 或他時得邀微官, 奉使東方, 當詣府叩謁, 中心藏之, 何日忘之?'<br>余曰: '鄙等回期, 尙有餘日, 豈遽作永別耶?'<br>蘭公曰: '交情古誼, 令人銘感不忘, 倘枉鴛答易, 乞再過我, 作竟日談, 幸甚.'<br>余曰: '鄙等之來固答易, 只恐後行臺有難便.'<br>蘭公曰: '當掃徑以待.'<br>又曰: '貴館曾有中華士人來訪否? 到貴館, 不甚費事?'<br>余曰: '自前彼此尋訪, 人不以爲恠, 宜無邦禁.'<br>蘭公曰: '舘問地? 明日當同來奉謁. 如在皇城之內, 則不便來矣.'<br>余曰: '在正陽門內東邊城下半里許. 舘中有衙門, 當先爲通知.'<br>力闇曰: '平生未嘗干謁王公大人, 且深恐大人知之以爲不便.'<br>余曰: '我們大人, 願一見之. 如枉尊駕, 乃其所大欲, 不敢稱門請謁. 但形跡異吾輩, 豈有不便之理?'<br>余曰: '衙門如有阻搪之弊, 鄙等當先期出待于門外, 擇乾爭去處, 更爲一日之會, 無妨.'<br>蘭公曰: '旣任人出入, 明日必當奉拜.'<br>又曰: '衙門是何官?'<br>余曰: '有提督大使通官等官, 而自前官人秀才輩, 皆許出入, 乃是朝家視同內服, 不以外夷才故耳.'<br>平仲曰: '留舘經春, 日日相接, 皆刀錐競利.<br>今未承誨, 快滌芽塞.'<br>力闇曰: '旣成相好, 不當作客話.' | 進軒請誚力闇來舘.<br>力闇曰: '貴舘多人, 不敢轉造. 平生未嘗干謁王公大人, 且深恐大人知之爲不便.'<br>進軒曰: '我們大人, 願一見之, 如枉尊駕, 乃其所大欲.'<br>力闇頷之.<br>(『鐵橋話』, 閒話 2) | |

| | | |
|---|---|---|
| | 曰曰:'此後官只說實話.' | 曰曰:'此後官只說實話.' |
| | 平仲曰:'日已晚矣. 僕夫催歸, 不得已告退.' | 平仲曰:'日已晚矣. 僕夫催歸, 不得已告退.' |
| | 蘭公曰:'貴僕不解人情, 請賜叱退.' | 蘭公曰:'貴僕不解人情, 請賜叱退.' |
| | 彼此皆大笑, 而握手不忍相捨, 遂相刿而過 | 彼此皆大笑, 而握手不忍相捨, 遂相別而出. |
| | 將出, 嚴君持『感舊集』全帙而贈之. | 出門, 兩生疾聲請少留, 遂生持『感舊集』全帙而贈之. |
| | | 余辭謝曰:'書朋滿夫, 恐有人言.' |
| | | 兩生曰:'言以買來, 亦何妨乎?' |
| | 余念淸陰詩既在其中, 不可不一覽於使行, 遂 與平仲相議, 藏之篋中, 以話草遍 示一行. | 余念淸陰詩既在其中, 不可不一覽於使行, 遂 與平仲相議, 使馬頭暈藏之篋中. 歸到館中. |
| | 曰言:'明日約會.' | 曰言:'明日來訪之約.' |
| | | 余以為:'若不先通衙門, 或不免臨時阻撓, 勢 當預爲周旋.' |
| | 副使使禆將安世洪, 議于堂譯, 俾無阻搪. | 副使使禆將安世洪, 議于堂譯, 俾無阻搪. |
| | 世洪力言:'其無難, 請自當之.' | 世洪力言:'其無難, 請自當之, 必無他慮云.' |
| | 初四日. | 初四日. |
| | 梳洗鷄籠, 李基成來言:'兩君來來已久矣, 何不 請入?' | 李基成來言:'嚴潘兩生來來已久矣, 何不請人?' |
| | 余不意其早來, | 余不意其早來, 漫應之曰:'昨言食後入城, 其 來尙早.' |
| | | 基成曰:'余馬頭跋出舘外, 見兩生來坐于玉河 橋傍, 急來報余云.' |
| | 使平仲先出見之, 或恐見阻而徑歸也. | 余聞之始大驚, 使平仲先出見之, 而晚留之, 或 恐見阻而徑歸也. |
| | 任言于副使, 使安世洪, 言于通官而引入. | 任言子副使房, 請使安世洪, 周旋請人, 則衙門 忽有意外事端, 諸通官方盛怒而坐堂, 譯輩不 敢發口云. |
| | | 故使人傳平仲, 邀坐于近處舖房以待之. |
| | | 少頃, 安世稱以自己相識, 言于通官而引入. |
| | | 余方修掃房舍以待, 馬頭墖裕來言:'兩人已入來.' |

| | |
|---|---|
| 余往迎之, 則已入于上使坑矣. | 余急往迎之, 則已引入于上使坑. |
| 上使迎坐坑上, 使譯官通語, 南方語勢, 與北京大異, 多不解聽. | 使譯官通語, 而南方語勢, 與北京大異, 多不解聽. |
| 略致遠客勞慰之意, 問科期及科制. | 略致遠客勞慰之意, 問科期及科制. |
| 余請干上使, 引歸余處, 到坑下, 兩君解鞋上坐, 坐定. | 余請干上使, 引歸余處, 到坑下, 兩生解鞋上坐, 坐定. |
| 余曰: '不意早屈, 既未及迎候門外, 且緣高門之有事, 致從者久滯道傍, 罪負無地.' | 余曰: '不及迎候門外, 且緣高門之有事, 致從者久滯道傍, 罪負無地.' |
| 皆曰: '不妨.' | 皆曰: '不妨.' |
| 余曰: '既煩辱臨, 請畢今日之驩.' | 余曰: '既煩辱臨, 請畢今日之驩.' |
| 蘭公曰: '但恐俱有貴冗.' | 蘭公曰: '但恐俱有貴冗.' |
| 余曰: '鄙所無他冗務, 請終日穩話.' | 余曰: '鄙所無他冗務, 請終日穩話.' |
| 皆曰: '甚好.' | 皆曰: '甚好.' |
| 余時以方冠着行絅袖常衣. | 余時以方冠着廣袖常衣. |
| 蘭公曰: '此即秀才常服耶?' | 蘭公曰: '此即秀才常服耶?' |
| 余曰: '然.' | 余曰: '然.' |
| 蘭公曰: '制度古雅.' | 蘭公曰: '制度古雅.' |
| 余曰: '我們衣服, 皆是明朝遺制.' | 余曰: '我們衣服, 皆是明朝遺制.' |
| 兩君皆頷之. | 兩生皆頷之. |
| | 力闇見金譯謨慶曰: '金公, 文雅之士, 前日鄙販店中會過, 問遠祖子陵者, 即足下耶?' |
| | 金曰: '然.' |
| | 余曰: '子陵, 果尊之遠祖耶?' |
| | 力闇曰: '然.' |
| | 余曰: '有世譜否?' |
| | 曰: '有之.' |
| 余問中國拜禮. | 始知昨不敢攀援云者指此也. |
| 蘭公曰: '引見天子聖人九叩頭, 尋常禮數四拜, 父母八拜.' | 余問曰: '中國拜禮, 再拜耶? 四拜耶?' |
| | 蘭公曰: '引見天子聖人九叩頭, 尋常禮數四拜, 父母八拜.' |

| | | |
|---|---|---|
| 蘭公曰: '國朝大儒, 陸淸獻公譯隴其, 記字孔廟. 其餘湯文正公諱斌李文相公諱光地魏象樞, 皆大儒希賢者也.' 桐菴曰: '陸有稼書集行世. 湯字孔伯, 號荊峴, 官軍工部尙書, 授國史院檢討, 時議修明史, 上言宜依宋遼金元史例, 錄南渡後死事, 執政諱其言. 金稼齊人燕, 見李光地, 一目眇, 號瞎梭.' | 問明後有大儒. | 張譯宅謙問曰: '今亦有性理之學如陳白沙王陽明者耶?' |
| | 蘭公曰: '國朝大儒, 陸淸獻公譯隴其, 配享孔廟. 其餘湯文正公諱斌李文相公諱光地魏象樞, 皆大儒希賢者也.' | 蘭公曰: '國朝大儒, 陸淸獻公譯隴其, 配享孔廟. 其餘湯文正公諱斌李文相公諱光地魏象樞, 皆大儒希賢者也.' |
| | | 又問曰: '明時朱陸之學相牛, 今亦然耶?' |
| | | 蘭公曰: '今天下皆遵朱子.' |
| | 問婚禮拜法. | 余問婚禮拜法. |
| | 蘭公曰: '漢人四拜. 非夫婦相拜, 乃同拜, 天地祖先耳.' | 蘭公曰: '漢人四拜.' |
| | 又曰: 此拜非夫婦相拜, 乃同拜, 天地祖先耳.' | 又曰: '此拜非夫婦相拜, 乃同拜, 天地祖先耳.' |
| | 余曰: '拜天地, 恐非朱子之禮.' | 余曰: '拜天地, 恐非朱子之禮.' |
| | 力闇曰: '家禮遵行者少, 此皆俗禮.' | 力闇曰: '家禮遵行者少, 此皆俗禮.' |
| | 蘭公曰: '廟見後見勇姑, 行八拜禮. 然後夫婦同拜各再拜, 此杭俗也. 他處不盡然.' | 蘭公曰: '廟見後見男姑, 行八拜禮. 然後夫婦同拜各再拜, 此杭俗也. 他處不盡然也.' |
| | 余曰: '有變幾耶?' | 余曰: '有變幾耶?' |
| | 力闇曰: '杭州獨廢此禮, 可笑.' | 力闇曰: '杭州獨廢此禮, 可笑.' |
| | 又歟曰: '不親迎, 竟得妻.' | 又歟曰: '不親迎, 竟得妻.' |
| | 余曰: '婚時, 男先於女耶?' | 余曰: '婚時, 男先於女耶?' |
| | 蘭公曰: '男家先備彩輿名帖往迎, 特新郎不親迎耳.' | 蘭公曰: '男家先備彩輿名帖往迎, 特新郎不親迎耳.' |
| | 余曰: '中國於喪家, 動樂可駭.' | 余曰: '中國於喪家, 動樂㝷尸, 極可驚駭.' |
| | 蘭公曰: '此皆習俗相沿, 古禮廢已久矣.' | 蘭公曰: '此皆習俗相沿, 古禮廢已久矣.' |
| | 余曰: '西林先生家, 亦用此耶?' | 余曰: '西林先生家, 亦用此耶?' |
| | 蘭公曰: '獨先生不然. 此外講古禮者亦有, 不過甚少耳.' | 蘭公曰: '獨先生不然. 此外講古禮者亦有, 不過甚少耳.' |
| | 余云: '尊家并從西林之禮耶?' | 余云: '尊家拜從西林之禮耶?' |
| | 蘭公曰: '亦不能竟違俗尙, 擇其相近禮者行之.' | 蘭公曰: '亦不能竟違俗尙, 擇其相近禮者行之.' |
| 蘭公曰: '西林先生居喪, 不茹葷飮酒, 不見客, 不作詩文, 不御琴瑟, 以及衣冠, 喪祭之禮, 世大殊. 其大冠喪禮不須於民間, 而先生獨行之也. 因國朝喪禮不須於民間, 而先生獨行之也.' 桐菴曰: '東人喪禮, 讀尙書, 不讀賁載歌. 此意甚好, 它書可以勅唯, 淸之喪禮不須, 而士大夫不遵古禮, 康托塔地.' | 又曰: '西林先生居喪, 不茹葷飮酒, 不見客, 不作詩文, 不御琴瑟, 葬祭之禮, 以及衣冠, 與 | 又曰: '西林先生居喪, 不茹葷飮酒, 不見客, 不作詩文, 不御琴瑟, 葬祭之禮, 以及衣冠, 與世人殊. 其大冠喪禮皆遵明制度, 喪服皆遵明制, 因國朝喪禮不須於民間, 而先生獨行之也云.' (『五洲衍文長箋散稿』, 〈向祭位辨證說〉) |
| | | 洪湛軒人燕, 問嚴誠潘庭筠曰: '中國士大夫, 國制所禁之外, 有能一從家禮者乎?' 蘭公曰: '遵家禮者不少. 若徽州人皆盡遵云.' 蘭公又云: '西林先生居喪, 不茹葷飮酒, 不見客, 不作詩文, 不御琴瑟, 葬祭之禮, 以及衣冠, 與世人殊. 其大冠喪禮皆遵國朝制度, 喪服皆遵明制, 因國朝喪禮不須於民間, 而先生獨行之也云.' (『五洲衍文長箋散稿』, 〈向祭位辨證說〉) |
| | | 進軒問: '婚禮有變幾耶?' |
| | | 曰: '杭州獨廢此禮, 可笑.' |
| | | 又歟曰: '不親迎, 竟得妻.' (『鐵橋話山, 閒話 4) |

| | |
|---|---|
| 世大殊. 其夫冠遵國朝制度, 喪服皆遵明制, 因國朝喪禮不頒於民間, 而先生獨行之也.<br>副使令廚房備送朝飯. | 世大殊. 其夫冠遵國朝制度, 喪服皆遵明制, 因國朝喪禮不頒於民間, 而先生獨行之也.<br>副使令廚房備送朝飯.<br>兩生曰: "不要吃飯, 已喫早食, 腹猶果然."<br>余曰: "旣爲終日之計, 則略進數匙, 兼餉鄒等之情."<br>遂進飯床. 兩生各從者, 托各賜食.<br>平仲曰: "非薄之饌, 皆是可從, 還深愧忱." |
| 蘭公曰: "過費盛饌, 甚是不安."<br>以我國飯, 與浙米一樣, 頗頗喫而畯. | 蘭公曰: "過費盛饌, 甚是不安."<br>以我國飯, 與浙米一樣, 頗頗喫而畯. |
| 力闇曰: "吃飯方味, 復承賜食, 不敢不飽."<br>蓋飽耳.<br>誦: "飽辭以酒, 旣飽以德."<br>力闇曰: "言飽乎仁義也." | 力闇曰: "吃飯方味, 復承賜食, 不敢不飽. 旣<br>醉飽, 又飽以德."<br>誦: "飽辭以酒, 旣飽以德."<br>力闇曰: "言飽乎仁義也." |
| 蘭公曰: "貴處朝服, 皆紗帽團領乎?" | 蘭公曰: "貴處朝服, 皆紗帽團領乎?" |
| 湛軒曰: "然. 亦有上衣下裳金冠玉佩之制."<br>桐菴曰: "紗帽所謂團領太廣, 團頭袖謂大覺. 東國角帶太長, 團頭袖謂大覺. 品帶進賢則戴進賢冠, 酒古之謂袍義耶? 別着方履, 可也, 着靴則不可." | 余曰: "然. 亦有上衣下裳金冠玉佩之制." |
| 蘭公曰: "國王戴何冠?" | 蘭公曰: "國王戴何冠?" |
| 余曰: "冕旒. 亦有便服之冠." | 余曰: "冕旒. 亦有便服之冠." |
| 力闇畫出冕旒及各冠制而問之. | 力闇畫出冕旒及各冠制而問之. |
| 余曰: "中國戲臺, 專用古時衣唱, 想已習見." | 余曰: "中國戲臺, 專用古時衣唱, 想已習見之." |
| 蘭公曰: "未此, 見場戲乎?" | 蘭公曰: "未此, 見場戲乎?" |
| 余曰: "見之." | 余曰: "見之." |
| 蘭公曰: "場戲有何好處?" | 蘭公曰: "場戲有何好處?" |
| 洪軒曰: "雖是不經之戲, 然稱有取焉."<br>蘭公曰: "豈非復見漢官威儀耶?"<br>桐菴曰: "此後若有明王制禮, 不可不取數子冠服, 考其制度." | 余曰: "不經之戲, 然稱有取焉." |
| | 蘭公曰: "取何事?" |
| | 余笑而不答. |

| | | |
|---|---|---|
| | | 蘭公曰: '豈非復見漢官威儀耶?' |
| | | 卽塗抹之. 余笑而頷之. |
| 洪軒曰: '中國事事可喜, 伴伴精好, 獨剃頭之法, 令人抑塞. 惟保存頭髮, 其生躶樂. 可哀. 惟保存頭髮, 其生躶樂.' 炯菴曰: '李翰卒, 字尊生, 明亡不薙髮, 絶食十八日, 告其友人具生祭, 祭畢死, 許德溥, 字元博, 不肯薙髮, 乃剪其髮, 如頭陀. 土生斯世, 不肯薙髮, 乃剪其髮, 如頭陀. 土生斯世, 重達父意, 稱道士, 黃冠以終者有之. 此法蕃幸全有之, 乃剪其髮.' | 洪軒曰: '中國事事可喜, 伴伴精好, 獨剃頭之法, 令人抑塞. 惟保存頭髮, 其生躶樂. 可哀.' 炯菴曰: '余則果日日梳頭, 他人未必盡然.' | 又: '余入中國, 地方之大, 風物之盛, 事事可喜, 伴伴精好. 獨剃頭之法, 看來令人抑塞. 吾輩居在海外小邦, 坐并觀天, 其生躶樂, 其事可哀. 惟保存頭髮, 爲大樂事.' |
| | 兩生相顧無語. | 兩生相顧無語. |
| | 余曰: '吾於兩位, 苟鰥情分, 豈敢爲此言乎?' | 余曰: '吾於兩位, 苟無情分, 豈敢爲此言乎?' |
| | 皆頷之. | 皆頷之. |
| | 力闇曰: '早晨必梳頭乎?' | 力闇曰: '早晨必梳頭乎?' |
| | 余曰: '余則果日日梳頭, 他人未必盡然.' | 余曰: '副大人使僕, 奉陪兩位.' |
| | | 不仲曰: '副大人使僕, 奉陪兩位.' |
| | | 蘭公曰: '禮當奉拜, 季父與上使, 僕輩當住見之.' |
| | 茶罷, 同住副房, 季父與上使, 會坐筆談. | 遂同住副房, 季父與上使, 會坐筆談. |
| | 潘生首尾執筆, 朝廷官方, 西湖故蹟, 下筆成文. | 潘生首尾執筆, 朝廷官方, 西湖故蹟, 其他數千里外事, 下筆成文, 無不有會. |
| | 語及衣冠及前朝事, 副使故爲泊問, 多犯時諱, 難於應酬, 而言貢揚本朝, 間以戲笑, 無牛點齟齬, 無事理彎當然, 周旋盖覆之間, 而立刻立談之狀, 亦奇才也. | 語及衣冠及前朝事, 副使故爲泊問, 多犯時諱, 難於應酬, 而言貢揚本朝, 而間以戲笑, 無牛點齟齬, 自不可掩, 則其事理彎當然, 周旋盖覆之狀, 亦奇才也. |
| | 問: '杭州亦有滿州乎?' | 問: '杭州亦有滿洲乎?' |
| | 蘭公曰: '滿洲遍天下, 生齒日繁, 而各有旗官.' 頷之云. | 蘭公曰: '滿洲遍天下, 生齒日繁, 而各有旗官.' 頷之云. |
| | 問南方樂器. | 問南方樂器. |
| | 蘭公曰: '古器皆有之, 音腔與此方迥異.' | 蘭公曰: '古器皆有之, 音腔與此方迥異云.' |
| | 力闇云: '北音雜以胡樂, 故是金石嘤殺之聲.' | 力闇云: '北音雜以胡樂, 故皆是金石嘤殺之聲.' |
| | 卽塗抹之. | 力闇云: '北音雜以胡樂, 故皆是金石嘤殺之聲.' (『鐵橋話』, 閒話 3) |

午後, 又以果餠等物待之, 略嘗而輟, 以法禁甚嚴故, 不喫牛肉.

蘭公, 以副使典型, 恰似李太白畫像, 不勝欽歛云.

問: "二公以妙年, 皆戴眼鏡, 何也?"

蘭公曰: "皆有眼病, 不戴此則如看霧中花云."

將罷, 副使書曰: "邂逅良晤, 後會無期, 望須魏重春園, 保重起居, 以慰遠人之思."

蘭公曰: "感服高誼, 咸服高誼."

作揖, 與力闇脅黃出門, 傍觀皆黯然嗟異.

余卽趍出挽衣, 復請到余坑, 坐定.

蘭公曰: "日未垂暮, 請少坐叙話."

余曰: "極蒙不棄, 當造臨竟日."

余曰: "鄙等初無官差, 此來無他意, 只願見天下奇士, 一討襟抱. 歸期已迫, 將未免虛虛而歸, 忽得兩位, 一面如舊, 幸愜大願, 後會無期, 眞有事意成也. 只恨疆域有限, 顧此慕藝志者事意成也, 何日忘之?"

蘭公看畢, 不禁悽傷, 力闇亦傷感不已.

曰: "鄙等至性之人, 未遇眞正知己. 今日之會, 臨歧不覺酸鼻心, 以此愈見中土之薄, 而貴國之厚, 足以感人矣."

平仲曰: "古亦有逆旅相逢, 便作知己者, 豈有如我四人之披肝相照? 一別之後, 永作商參, 臨歧感泣, 安得免乎?"

力闇曰: "若有相會之期, 亦不至如此傷矣."

平仲曰: "筆不可以旣, 只是無語耳."

力闇曰: "此後相見何時?"

余曰: "終當打筆于圈子不如初不相逢六字, 而淒然有感."

蘭公以筆打圈子不如初不相逢六字, 而淒然有感.

| | | |
|---|---|---|
| | 力闇亦慘然. | 力闇雖不至下淚, 氣色慘黯, 回首, 不忍見蘭公之泣. |
| | 是時, 上下傍觀, 莫不驚感動色. 或以爲心弱, 或以爲多情, 或以爲慷慨有心之士, 諸言不一, 而要之兼此而致然. | 此時, 上下傍觀, 莫不動色. 或以爲心弱, 或以爲慷慨有心之士, 或以爲見我輩共冠而發悲, 諸言不一, 而要之兼此而致然. |
| | 余曰: '古語云: 欲泣則近於婦人, 雖其情不能自己, 蘭公此擧, 無乃太過耶?' | 余曰: '古語云: 欲泣則近於婦人, 蘭公此擧, 無乃太過耶?' |
| | 蘭公曰: '見笑大方, 想亦見諒. 外人聞之, 眞不足發一笑也.' | 蘭公曰: '見笑大方, 想亦見諒. 外人聞之, 眞不足發一笑也.' |
| | 力闇曰: '至於僕者, 實不禁爲之酸鼻. 欲泣則忍淚而已, 實平生未嘗値如此境界.' | 力闇曰: '至於僕者, 實不禁爲之酸鼻. 欲泣則忍淚而已, 實平生未嘗値如此境界.' |
| | 兩人見玄琴, 皆請一聽. | 兩生見玄琴, 請一聽. |
| | 時, 不仲方發詩令. | 時, 不仲方發詩令. |
| | 余曰: '弟不能詩, 請代以琴.' | 余曰: '弟不能詩, 請代以琴.' |
| | 諸人皆笑. | 諸人皆笑. |
| | 遂調紋彈不調, 蘭公聽之, 又飮泣鳴咽. | 遂調紋彈不調一曲而止曰: '東夷土樂, 不足以煩君子之聽.' |
| | 余意慘其傷感, 余亦慘思不下, 一曲而止曰: '東夷土樂, 不足以煩君子之聽.' | |
| | 蘭公拭淚而答曰: '一洗俗耳. 彈法雖殊, 而音節則同耳.' | 蘭公拭淚而答曰: '一洗俗耳. 彈法雖殊, 而音節則同.' |
| | 不仲曰: '南方之音, 猶云嗢哽喝昕, 況東藩礒韶之聲? 令人可愧. 洪友之彈, 特以通篇, 其志亦豪放也.' | |
| | 力闇曰: '指法雖不同, 而聲韻一樣. 弟等雖不知音, 然一洗箏琶之俗耳.' | 力闇曰: '指法雖不同, 而聲韻一樣. 足爲韻人雅士, 生學琴, 使錢塘潘蘭公一泣, 足死無知, 況地下有知, 豈不鼓欲生?' |
| | 不仲曰: '今見潘友豈弟, 嚴兄之豪俊, 弟亦有志人也. 但筆談通篇, 不能直承高談, 是可數也.' | |
| | 力闇曰: '良然. 然如得直談委曲, 更不知如何快慰矣.' | |
| | 時, 蘭公尙涕下不已, 蘭公執余手曰: '第二人到京十餘日, 余執手而慰之. | 蘭公曰: '第二人到京十餘日, 幷未見一令人握 |

洪軒彈玄琴爲不調, 蘭公又飮泣鳴咽.
洪軒亦慘思不下, 一曲而止曰: '東夷土樂, 不足以煩君子之聽.'
蘭公曰: '相逢兩兄, 萬幸之至, 而一別又無相見之期.'
柳菴曰: '凡文章與絃歌, 令人欲泣. 洪軒一生學琴, 使錢塘潘蘭公一泣, 足爲韻人雅士.
蘭公之言曰, 令人欲死. 若死有知, 逢地下知己, 豈不喜欲生?'

| | | | |
|---|---|---|---|
| | 湛軒以所居八景, 求詩于力闇蘭公. 柳菴曰: '古人創八景者, 偶然可稱者已, 而強意加一, 人視若法典, 雖有可稱者凢, 而不忍瞞一, 此豈活法也哉? 且有可稱者凢, 必強爲勢語, 水不可, 盧鴻乙終南草堂圖, 王摩詰輞川絶句, 差有古意. 然古意, 終不如輞川之高雅.' | 手帕知己, 任南方, 水未嘗有披肝瀝膽者. 不意相逢兩兄, 萬幸之至, 而又無相見之期, 令人感泣. 余曰: '丈夫不須作麥苦語.' 又曰: '弟方退居田間, 新搆小草廬, 欲得兄輩一言.' 力闇曰: '以貴胄而具此勝情高致, 匪持中土所無, 卽自古水所罕覯, 愧悚不敢當, 大舍人欽仰不置. 猥承過獎, 錫名以湛軒, 淸陰孫也. 嘗承鄙居, 部居甚朴野, 而妄集八景, 若得一兄之詩, 幸甚.' 蘭公曰: '嚴兄作文, 弟當爲詩.' 平仲曰: '弟亦方搆一草屋, 題以養虛堂. 二友亦能賜一文一詩否?' 皆許諾. | 一奇人握手稱知己, 卽在南方, 水未嘗有披肝瀝膽者. 不意相逢兩兄, 萬幸之至, 而又無一別之期, 相見之期. 余曰: '丈夫不須作麥苦語.' 又曰: '丈夫不須作麥苦語. 吾弟, 淸陰孫也. 嘗承鄙居, 錫名以湛軒, 部居甚朴野, 而妄集八景, 若得一兄之詩之記, 幸甚.' 蘭公曰: '嚴兄作文, 弟當爲詩.' 平仲曰: '弟亦方搆一草屋, 題以養虛堂. 二友亦能賜一文一詩否?' 皆許諾. | |
| | 力闇曰: '中國有做買賣至貴國者, 不識可以通一信乎?' 湛軒曰: '年年進貢之使, 或憑此便, 或由其它路.' 柳菴曰: '我國不以水路通貨, 與不識王事名, 全由此也. 且書籍之不備, 故文獻尤貴. 日本木人通江南, 故明末古器及書畵樂材, 輻湊于長崎, 藏秘書三萬卷, 且多文中國名士, 文雖方盛, 非我國之 | 余出示住昇幅曰: '臨行, 一友贈此畵, 此於我國, 頗稱工手, 願得題品.' 蘭公曰: '畵格甚好. 所畵之花, 皆東國所有乎?' 余曰: '然.' 平仲曰: '二兄居住更詳示.' 力闇曰: '賤居杭州城內東城大平門裏菜市橋, 潘居杭城大街三元坊北首地, 名水巷口.' 平仲曰: '古云: 男兄何處不相逢, 此後或有更逢之時乎?' 力闇曰: '中國有做買賣至貴國者, 不識可以通一信乎? 如欲寄信, 則寄至何處?' 余曰: '年年進貢, 或憑此便, 其外無他路. 二兄若在京裏, 則年年通信甚易. 但於杭則恐難, 當彼此更商之. 此中拘於簡門, 二兄不可再來, 弟等秉暇便更進. 只於行前, 逐日通信可矣.' | 平仲問居住. 曰: '賤居杭州城內東城大平門裏菜市橋, 蘭公居杭城大街三元坊北首地, 名水巷口.' (『鐵橋話』, 閒話 5) |

| | | |
|---|---|---|
| 可比也. 且高麗時, 宋商之舶, 年年來泊, 麗王厚禮供饋, 文物甚備也.' | 僕人來促歸. | 僕人來促歸. |
| | 余笑曰: '此如昨日我輩光景.' | 余笑曰: '此如昨日我輩光景.' |
| | 而兩人皆笑而此退之, 其實日已晩矣. | 兩人皆笑而此退之, 其實日已晩矣. |
| | 慮衙門之見訝, 余先請其早回, 至門門內. | 慮衙門之見訝, 余先請其早回, 至門門內. |
| | 留後期而別. | 余曰: '恐衙門, 不敢遠送.' |
| | | 作揖而別, 皆依依不忍怜. |
| | 初五日. | 初五日. |
| | 三房皆有書于兩君, 皆有饋遺. | 三房皆有書于兩君生, 皆有饋遺, 使德裕任爇, 平仲亦送人, 有書. |
| | 俳曰. 嚴君付送尹黃陣于副房, 以昨日求之也. 余以八景未及搆草, 差晩作書途人, 伴以花箋二束筆四柄墨六锭嚮六柄. | 便回. 鐵橋付送尹黃陣于副房, 以昨日求之也. 余以八景天及搆草, 差晩作書, 追途德裕, 伴以花箋二束筆四柄墨六锭嚮六柄. |
| | 書曰: | 書曰: |
| | 夜來歛寓況萬相? 客東夷鄙人也, 不才無學, 爲世棄物, 僻處海隅, 見聞蒙陋, 只以所讀者中國之書, 所仰望而終身者, 中國之聖人. | 夜來歛寓況萬相? 客東夷鄙人也, 不才無學, 爲世棄物, 僻處海隅, 見聞蒙陋, 只以所讀者中國之書, 所仰望而終身者, 中國之聖人. |
| | 是以願一致身中國, 友中國之人, 而論中國之事, 乃局於疆域, 無路自通. 辛因叔父奉使之行, 遠離庭闈, 不辭數千里之役苦, 實足宿願之有在, 而山川坡郵耳目之忱, 固其餘事也. 但人京以後, 行止不得自由. 且無引進, 尋謁無處, 每徊徨于街市閭肆之間, 想望於悲謌慷慨之跡, 而竊自傷其不幸而生之後也. | 是以願一致身中國之人, 友中國之人, 而論中國之事, 乃局於疆域, 無路自通, 辛因叔父奉使之行, 遠離庭闈, 不辭數千里之役苦, 實足宿願之有在, 而山川坡郵耳目之忱, 固其餘事也. 但人京以後, 行止不得自由. 且無引進, 尋謁無處, 每徊徨于街市閭肆之間, 想望於悲謌慷慨之跡, 而竊自傷其不幸而生之後也. |
| | 怨乃事有湊合, 共人斯在, 邂逅相遇, 適我願兮. 從此而雖一朝蓋然, 亦不可謂虛度此生也. 顧此嗣賤空踈, 恐不足以見契於君子之心, 誦高山之章, 而望秋杜之陸, 亦見其不自量甚矣. 乃蒙盛度包容, 蒙傾盖如舊, 臨別繾綣, 傍觀動色. | 怨乃事有湊合, 共人斯在, 邂逅相遇, 適我願兮. 從此而雖一朝蓋然, 亦不可謂虛度此生也. 誦此嗣賤空踈, 恐不足以見契於君子之心, 誦高山之章, 而望秋杜之陸, 亦見其不自量甚矣. 乃蒙盛度包容, 蒙傾盖如舊, 臨別繾綣, 傍觀動色. |
| | 嗚呼, 叔季衷薄, 交道之亡久矣. 面輸背笑, 滔滔皆是, 信乎天道好德, 善類不絶, 九野之陰, 威, 無傷乎重泉之一脉也. 誦共詩, 讀共書, 雖 | 嗚呼, 叔季衷薄, 交道之亡久矣. 面輸背笑, 滔滔皆是, 信乎天道好德, 善類不絶, 九野之陰, 威, 無傷乎重泉之一脉也. 誦共詩, 讀共書, 雖 |

| | |
|---|---|
| 千里之外, 百世之下, 亦足以相感, 況於吾身親見之哉? 記文及八景詩, 昨蒙盛話, 故略記其梗槩以備裁擇, 而記則請以進軒, 虛明昭曠, 無棄於外物, 是進之大意也. 乞賜格言, 俾作頂針, 切勿虛張譽徒歸於文人之虛套, 如何? 弟之師門, 年六十五, 以遺逸見任國子祭酒, 閉居敎授, 學者宗之, 爲渼湖先生. 昨日忙未詳陳, 幷此及之. | 試圖不遠, 此等事實, 恐筆當諱, 能不以見罪否? |
| 日間連有冗故, 繼此須當寄候. 但書牘去來於兄, 終有貽累之慮, 另意愼秘. 如有客撓, 自外受擾, 勿煩人眼, 如何? 不暎土産, 聊表副誠, 兼作潤筆之資, 如或見却, 是鄙夫之也. 紵縞之贈, 古人之法門在焉, 須諒之. 且須得兄之詩與文, 以藏渾儀, 若於客案柱玉之中, 强作回醻之計, 是非窮廬重寶, 亦無祭焉. | |
| 其八景小識曰: 山樓鼓琴, 島閣鳴鍾, 鑑沼觀魚, 虛橋弄月, 蓮舫學仙, 玉衡窺天, 靈籠占晷, 毅壇射鵠. 廬之制方二架, 當中而爲堂者一架, 北以半架爲夾室, 東以半架爲樓而覓其長, 西南皆以半架爲軒, 曰進軒. 西覓其長, 南至于樓下. 蓋以草, 下爲石砌. 四面有庭, 可容旋馬. 南有方沼, 可數十步, 上建小閣, 引水灌之, 深可以方舟. 環沼而累石爲堦, 上廣均於庭, 以藏渾儀, 墻下聚土爲堦. 種種雜花, 繚以短墻, 此廬之大槩然也. | |
| 東樓, 掛數幅山水障子, 床有數張玄琴, 名其樓曰響山, 蓋取諸宗少文語也. 故曰山樓鼓琴. | |
| 島閣曰龍水, 蓋斷杜工部之詩而取其義也. 渾儀有報刻之鍾, 且有西洋candle之候鍾, 隨時自鳴, 故曰島閣鳴鍾. | |
| 其方沼以活水灌之, 不甚混濁, 林園竹樹, 倒影水底, 蕩漾奇幻, 名之曰一鑑, 蓋取諸晦翁詩渾. |

也. 魚龜極蕃殖, 大者有盈尺焉, 吹浪噴沫, 跳躍行藻之間, 詩人所謂泌之洋洋可以樂飢者也. 故曰鑑沼觀魚.

沼之北岸, 橫木爲橋, 以通于島閣, 日步虛橋. 每風恬浪靜, 雲氣飛鳥, 暎發空界, 夜則瞻光落影, 金波瀲灩, 人行其上, 悅然若鴐雄虹而昇天衢也. 故曰虛橋弄月.

斯木爲舫, 可坐二人, 一頭圓而大, 一頭尖而高, 略施丹彩, 爲蓮花形, 名之曰太乙蓮. 蓋取像於海仙圖中太乙蓮舟也. 故曰蓮舫學仙.

渾儀之作, 蓋出於璣衡遺制, 而日月運行, 星辰躔度, 可卽此而求焉. 故曰玉衡窺天.

東樓之北, 設一小籠爲峯臺, 名之曰靈照龜. 取古詩靈明在上照之句也. 將有爲焉, 必袗香沐心, 依籤禳揲而求之. 故曰靈龜占筈.

沼之東, 疊石爲壇, 可聚射者所, 名之曰志殻, 蓋取諸品氏語也. 讀書之暇, 會隣人能射者, 張帿禳揲而, 耦進而爭勝, 以相樂焉. 故曰彀壇射鵠.

向暮, 德裕討答而回來.

力闇書曰:
跪踊手敎, 過承推獎, 愧不敢當, 而自述己志及語及謬受之處, 纏綃悱惻, 千古所無, 弟等下俚部凓. 嗚呼, 雖辛生中國, 交遊頗廣, 從未見有傾蓋銘心, 眞切懇至如吾兄者也. 感激之極, 手爲之顫. 胸中靜劻之情, 雖于話萬言, 筆何能達? 惟有彼此默默, 鑒此孤忱而已. 厚賜詩文, 別業詩文, 謹諒, 謹感拜領. 客早晩應酬酢有減, 當竭愚蒙, 搆成拜呈, 臨此俟候福安, 辛自珍重. 不宣.

蘭公書曰:
庭筠再拜進軒學長兄先生足下. 鈞昨歸, 竟夕不能成寐. 日中隱隱有三位大人及足下與金養虛兄儀狀. 深歎海東誠君子之國而數公尤當代絶世奇人也. 頃讀手敎, 益見足下高雅拔俗, 立

力闇書曰: "纏綃悱惻, 潸然出涕. 嗚呼, 天涯知己, 千古所無. 感激之極, 手爲之顫. 惟有彼此默默, 鑒此孤忱而已." 世人大抵拈此爲號. 仰奄曰: "默字本義甚好. 只如悠悠汎汎, 專沒意致, 未免例俗. 且蓮言默默, 何等靈活! 推此默默, 潛味之, 妙理無窮."

| | |
|---|---|
| 身不苟, 志願甚大, 如中國之陶淵節·林和靖, 千古不過數人, 高風逸致, 起敬彌甚. 又示以令師大人先生之睡奨, 足見淵源有自, 孔顏之樂, 勞鬺可思. 大令人翹首雲際, 極不能忘耳. 所見合師先生名果者, 天各一方, 不能頻奉敎益及一拜合師先生也. 弟雖忝居中土, 平生知交, 不過二人, 如嚴力闇兄之人, 僅有其兄峯先生名果者, 皆師事之. 其餘雖相與者百餘人, 皆非知己可師可法者也. 今又得一足下, 實爲萬幸, 卽一朝溢逝, 可以瞑目重泉矣. 相思彌篤, 曷有其極? 此非筆墨之所能罄也. 惟仰望天末, 臨風拜頷, 不宣. 厚賜拜領, 不宣. | 身不苟, 志願甚大, 如中國之陶淵節·林和靖, 千古不過數人, 高風逸致, 起敬彌甚. 又示以令師大人先生之睡奨, 足見淵源有自, 孔顏之樂, 勞鬺可思. 大令人翹首雲際, 極不能忘耳. 所見合師先生名果者, 天各一方, 不能頻奉敎益及一拜合師先生也. 弟雖忝居中土, 平生知交, 不過二人, 如嚴力闇兄之人, 僅有其兄峯先生名果者, 皆師事之. 其餘雖相與者百餘人, 皆非知己可師可法者也. 今又得一足下, 實爲萬幸, 卽一旦溘逝, 可以瞑目重泉矣. 相思彌篤, 曷有其極? 此非筆墨之所能罄也. 惟仰望天末, 臨風拜頷, 厚賜拜領. 不宣. |
| 歸國時, 合尊大人前謁謝安, 拜晤合師, 爲道仰望之誠. | 德裕歸言: "蘭公看書未牛, 又潸泗汍爛. 力闇亦傷感不已云." |
| | 余書中未嘗爲一句凄苦根別之語, 兩人之如此, 誠可異也. |
| | 雖其人情勝心弱, 而兩日之間, 情投氣合若是之繾綣, 未之前聞也. |
| 僕人去時, 余以別扇二柄滿心元四丸, 使傳給兩人之僕, 兩人亦以扇二把乾竹笥二片, 給人裕. | 德裕去時, 余以別扇二柄滿心元四元, 使之傳給兩人之僕, 兩人亦以扇二把以乾竹笥二片, 給德裕. |
| 初六日. | 初六日. |
| 遂作. | 隨方物入闕, 爲見太和諸殿, 作書送之. |
| 書曰: 昨承覆音, 深感眷愛. 自顧賤陋, 何以得此哉? 明友參之人倫, 顧不重歟? 天地爲一大父母, 同胞何間於華夷哉? 兩兄旣許以知己, 弟亦當抗顏, 而自處以知己也. 但不知文修補益之義, 而出於一時情愛之感, 則是婦之仁而市交之交也. 此則弟之所欲以爲懼, 而亦聞於二兄也. | 書曰: 昨承覆音, 深感眷愛. 自顧賤陋, 何以得此哉? 明友參之人倫, 顧不重歟? 天地爲一大父母, 同胞何間於華夷哉? 兩兄旣許以知己, 弟亦當抗顏, 而自處以知己也. 但不知文修補益之義, 則是婦之仁而市交之交也. 而亦欲一聞於二兄也. |
| | 昨見潘兄, 心氣太弱, 故書中不敢爲一字惜別語以感我友心. 便回, 又聞傷懷如昨, 若是則吾輩之離逅, 不足良緣, 乃前生之冤業也. |

| | | |
|---|---|---|
| | 目承書中有夜不能寐之教, 此實彼此通息. 雖然, 吾輩之事役雖不同, 其離親遠遊, 一也. 何以異哉? 其所以慎覆寢食, 不敢忘推憂之思者, 日科場得失, 雖有定命, 不專心致志, 則未能也. 今圍不遠, 政宜會神潛養, 待時而動也. 忽此意外撓攘, 應酬煩於外, 意緒亂於中, 不亦可悶乎? 顧科宦之榮, 不足爲兄輩之能事, 弟之期望於兄輩者, 亦不在此也. 雖然, 親庭之望, 門戶之計, 辛賜裁擇焉, 數千里跋涉, 準的任此, 亦不可謂小事也. 辛賜裁擇焉, 先生一字, 年尢少, 氣岢淸脆, 尤以爲念. 先生之爲望 俗未嘗以此加之朋友, 從此去之爲望. | |
| | 再明欲圖進叙, 而終有始果之意, 日或有客撓, 則未免狼狽, 幸賜示之. | |
| | 不宣. | |
| | 方物未及入庫, 爲見日鳴鐘, 直任琉璃廠始經家. | |
| | 路上達德裕, 受答而歸, 日暮歸廠始見. 裕傅: 蘭公出外未還, 只有力闇書. 書曰: | |
| 力闇書又曰:'大丈夫神交千里, 豈必須頻唧昵如兄女子乎? 一觀知己, 心死氣盡, 茫茫然百端交集而已. 嗟呼嗟呼, 天下有情人, 惟有仰天長呼, 亦不能矣. 蘭兄頃出他, 固當默重告之, 別緒眽眽, 孤廻難堪此意耳.' 柳菴曰:'不安今亦默默喩此意, 端居悄見默默澄, 自以爲俛使得默孚有咻, 朋友交契, 不在遠朋, 多言.' | 捧讀手教, 益承關愛, 彌令人感激不已, 匪惟友朋推己, 雖骨肉之戚, 無以過之. 謹當自諒, 作筆茲之佩焉, 弟之爲人, 不敢自諒. 然惟情高遠, 交遊雖遍大江南北, 而少可多否, 號爲心相知者, 落落無幾人. 其餘面輒背笑, 如兄昨日云否, 此比而足也. 不意得吾兄之隱不達親, 真不絕倒, 共人者一見, 已合入心髓, 實是奇緣. 然大丈夫神交千里, 豈必須頻唧昵如兄女子乎? 蘭兄心軟氣弱, 一觀知己, 心激發, 不能自禁耳. 至如弟者, 惟有仰天長吁, 亦不能矣. 嗟乎, 天下有情人, 茫然百端交集而已, 俟其歸萬, 當以合意鄭重告之. 蘭兄眽眽, 別緒攤自愛, 不宣. 俟, 惟珍攝自愛. | 捧讀手教, 益承關愛, 彌令人感激不已, 匪惟友朋推己, 雖骨肉之戚, 無以過之. 謹當自諒, 作筆茲之佩焉, 弟之爲人, 不敢自諒. 然惟情高遠, 交遊雖遍大江南北, 而少可多否, 號爲心相知者, 落落無幾人. 其餘面輒背笑, 如兄昨日云否, 此比而足也. 不意得吾兄之隱不達親, 真不絕倒, 共人者一見, 已合入心髓, 實是奇緣. 然大丈夫神交千里, 豈必須頻唧昵如兄女子乎? 蘭兄心軟氣弱, 一觀知己, 心激發, 卽欲哭, 亦不能矣. 惟有仰天長吁, 天下有情人, 茫然百端交集而已. 蘭兄頃出他, 俟其歸萬, 當以合意鄭重告之, 別緒攤眽, 惟珍攝自愛. 不宣. |

| | 初七日. |
|---|---|
| | 上使送作. |
| | 歸時, 兩僕跟來, 各有書于諸大人及吾兩人, 各有饋物. |
| | 力闇送扇二柄筆二枚幅建壽山印石三方. |
| | 書曰: |
| | 別後近況奚似? 念念. 一切相思之語, 都不煩言. 惟有感兄行誼篤摯及佩兄之訓誨情深厚, 終身以之而已. 聊誌纏綿之悃, 侑以微物二種. 此於縞紵丈夫, 若云沾丁報施之道, 則淺之爲丈夫矣. 惟哂存是禱. 各人人前, 亦乞道達此意. 客居寥落, 必不以荒褻見罪也. 率佈徽忱, 並候近好. |
| | 詩曰: |
| | 驚心十日返行旌, 烈土遺墟此覽經. 官道漸看新柳綠, 旅襟同憶故山靑. 從今燕鴈無間隔, 離憂如醉日古參商恨兩星. 縱說神州無間隔, 沈冥. |
| | 蘭公送『漢隷字源』一部. |
| | 書曰: |
| | 客邸都無長物, 篋中有『漢隷字源』一部共六本, 在中國不易購, 政致之澹軒齋中, 以供清賞. 足下好古, 輒脫手相贈, 幸哂存足荷. 昨讀敎言, 敬佩勿諼. 不一. |
| | 詩曰: |
| | 日高風勁送雙旌, 小別千年未慣經. 徐市魂消波影濶, 燕臺人去柳烟靑. 難禁客淚春深雨, 易散懽悰曙後星. 惆悵響山池閣遠, 登車可奈歌塵冥. |
| | 兩僕在門外, 不得入米, 使人, 買酒食與之喫, 以錢二兩白紙四束分給. |
| | 付謝書曰: |
| | 承拜兩兄手翰, 兼帶贄什, 披玩珍感, 一筆難喩. 各種惠貺, 認出眷愛. 且勖以古義, 故使愧恧出去, 敢不拜受? 歸期已迫, 合人心神飛越. |

| | | |
|---|---|---|
| | | 雖欲日日就敍, 而於吾兄, 隣里瞻覬, 人客未住, 終有貽累之慮. 足以每不免逡巡退縮. |
| | 明日進去, 少伸此懷. 不宣. | 明日勢將冒沒進去, 少伸此懷. 不宣. |
| | 初八日. | 初八日. |
| | 與平仲早食而出, 至天陞店, 兩君一握歡笑, 令人感勤. 各就坐, 略以言語相勞苦. | 與平仲早往, 至洞口捨車而入, 兩人握手致歉. |
| | 平仲曰: '今日之來, 擬作竟日之語, 能不駭人聽聞乎?' | 平仲曰: '今來作竟日歡.' |
| | 力闇曰: '無妨. 昨已戒門者, 無論何人, 皆不必通, 竟復其不在焉, 蓋是日來者頗多, 皆自外諱送去.' | 力闇曰: '已戒門者, 勿使客頃.' |
| | 後樓者來言: '某某相續, 自外相續矣.' | 後聞慇言: '來者相續, 自外使去.' |
| | 力闇曰: '客居荒陋, 諸事不周, 非如日前到貴館之備邀隆禮也. 雖豪見諒, 然實抱歉.' | 力闇曰: '客居荒陋, 事不周備, 不如貴館之備邀隆禮.' |
| | 平仲曰: '凡事任眞, 何發此不出範圍之言?' | 平仲曰: '凡事任眞, 何發不出範圍之言?' |
| | 余曰: '我夫雖承種種禮義之邦, 待客之禮, 極倨慢木恭. 頃日枉顧, 禮數太簡, 想亦見訝多矣.' | 余曰: '頃日禮數太簡, 見訝多矣.' |
| | 皆曰: '不然. 各從其作, 可也.' | 曰: '不然. 各從其作.' |
| | 蘭公曰: '一二日不晤二兄, 中心悵悵, 待洪先生敎言, 不敢復作離別可憐之色.' | 蘭公曰: '自得先生敎言, 不敢復作離別可憐之色. 昨日奉呈拙作, 音韻未諧, 乞賜淸誨.' |
| | 又曰: '昨日奉呈拙作, 音韻不諧, 乞賜淸誨. 此外不敢贅言.' | |
| | 平仲曰: '嚴兄詩, 沉欝慷慨, 潘兄詩, 秀邁淸麗.' | 平仲曰: '嚴兄詩, 沉欝慷慨, 潘兄詩, 秀邁淸麗.' |
| | 力闇謂平仲曰: '鄙作: 「平生感慨頭今白, 異域逢迎眼忽靑, 尤爲千古絶唱, 而出門摻手已葉星句, 眞正妙極, 設使如王漁洋若星座, 不如如何擊節也.' | 力闇曰: '平生感慨頭今白, 異域逢迎眼忽靑, 且出門摻手已葉星句, 眞正妙極. 設使王漁洋在座, 未如如何擊節.' |
| | 平仲曰: '過獎過獎, 非知己相勉之道.' | 平仲曰: '兩兄詩不能極意贊揚, 恐涉面慢之嫌, 今蒙過獎, 恐非知己相勉之道.' |
| | 力闇曰: '如弟抗來之人, 沉已成相好之至, 豈肯作世情語? 實是眞情. 且從今祇是相思日,' | 力闇曰: '弟未抗來人, 豈肯作世態?' |
| 2/8 | 力闇謂養虛曰: '鄙作: 「平生感慨頭今白, 異域逢迎眼忽靑, 尤爲千古絶唱, 不知如何擊節.' 桐菴曰: '王漁洋, 名土禎, 字貽上, 一號阮亭, 爲淸初第一大家. 且淹雅好古, 著皆皆傳.' | |

| | |
|---|---|
| 伊後那堤獨去時? 金人此二語, 不但詩意絶妙, 而一段淒情, 令人感激. | |
| 平仲曰: '頃蒙厚貺, 竊相兩兄, 心甚不安.' | |
| 力闇曰: '相好豈講報施? 亦不過聊表寸心而已. 客裏蕭索, 愧不成禮, 何云厚貺?' | 蘭公曰: '金兄豪放軼群, 感慨之色, 見於眉睫間, 令人終身想望.' |
| | 平仲曰: '無乃誤認魚目?' |
| 蘭公曰: '「隷字源」一書, 貴處有之?' | 蘭公曰: '「漢隷字源」, 貴處有之?' |
| 余曰: '或有之, 弟則未見.' | 余曰: '或有之.' |
| 力闇曰: '如有則爲遼東豕.' | 力闇曰: '如有則爲遼東豕.' |
| 余曰: '兄以情與之, 弟以情受之而已, 其有無繁歇, 不與繁歇, 不須論也.' | 余曰: '以情與之, 以情受之, 其有無繁歇, 不須論. 且詩書達本批, 實同僧梳, 而家嚴常登隷書, 歸當奉獻.' |
| | 兩人間僧梳二字, 余以漢語答曰: '和尙頭髮沒有, 篦子那里使得.' |
| | 皆大笑, 指其頭曰: '我們亦光的.' |
| 力闇曰: '此間講隷書之書, 亦有數種. 此書無板, 故不易得也.' | 力闇曰: '此間講隷書, 亦有數種, 此書無板, 不易得也. 頃賜「感舊集」, 楊州有之, 不多印. 携至貴處, 翻刻以廣其意, 則詩人之幸. 其中詩話有可觀, 亦可以見本朝中國詩人之源流.' |
| 又曰: '頃贈「感舊集」, 此惟楊州有之, 而不多印. 携至貴處, 或翻刻以廣之, 則詩人之幸矣. 其中詩語瑣碎之處, 頗或可觀, 亦可以見本朝中國詩人之源流.' | |
| 蘭公曰: '東方婦人有能詩乎?' | 蘭公曰: '東方婦人有能詩乎?' |
| 余曰: '我國婦人, 惟以諺文, 通問訊其父母, 未嘗使之讀書, 況能詩乎以爲奇, 故或有之者, 閨之者非婦人所宜, 故亦不敢聞世.' | 余曰: '我國婦人, 惟以諺文通訊, 未嘗使之讀書, 況詩非婦人之所宜! 雖或有之, 內而不出.' |
| 蘭公曰: '中國亦少, 能詩者而或有之, 則仰之若慶星景雲.' | 蘭公曰: '中國亦少, 而或有之, 仰之若慶星景雲.' |
| 力闇曰: '他之夫人能詩, 故其言如此. 婦人能詩, 豈是好事?' | 力闇曰: '他之夫人能詩.' |
| | 力闇謂平仲曰: '「感舊集」, 惟楊州有之, 而不多印. 携至貴處, 翻刻以廣其意, 則詩人之幸矣. 亦可以見中國詩人之源流.' (「鐵橋話」, 閒話 6) |

| | | |
|---|---|---|
| | 因向余誦: '無非無儀, 惟酒食是議, 無父母貽罹.' | 蘭公視力闇, 頗有侵嘆, 力閣不應. |
| | 蘭公曰: '然則雖睢葛草, 非聖女之詩乎?' | 向余誦曰: '無非無儀, 惟酒食是議.' |
| | 余曰: '有聖女之德, 無聖女之詩則可, 則或歸於蕩. 此則闇兄之論甚正. 蘭兄之琴瑟和鳴, 樂則樂矣, 比之慶星景星則過矣. | 蘭公曰: '然則闢睢葛草, 非聖女之詩乎?' |
| 蘭公曰: '貴國景樊堂, 許蘭之妹, 許筠辛敏?' | 蘭公曰: '貴國景樊堂, 許筠之妹, 以能詩, 名入於中國選詩中, 豈非辛敏?' | 余曰: '有聖女之德, 無聖女之詩則可, 則或歸於蕩. 此則力闇之論甚正. 君子好逑, 琴瑟和鳴, 樂則樂矣, 比之慶星景星則過矣. |
| 湛軒曰: '此婦人, 才說不湯, 乃有詩名, 其德行遠不及其詩, 其夫金誠立, 地下長從杜牧之, 發得無怨?' | 余曰: '女紅之餘, 傍通書史, 服習女誡, 行修閨闈, 賁見婦人之高德, 若能飾文藻, 以詩得名, 恐終非正法. | 蘭公曰: '貴國景樊堂, 許筠之妹, 以能詩, 入於中國選詩中, 豈非辛敏?' |
| 蘭公曰: '佳人拙夫, 發得無怨?' | 平仲求見蘭公詩, 蘭公出一詩示之, 題云次湘夫人韻. | 余曰: '女紅之餘, 傍通書史, 服習女誡, 行修閨範, 苟能飾文藻, 以詩得名, 終恐非正法. |
| 蘭公曰: '曾聞景樊, 非自號, 適浮薄人侵謗語, 湛軒亦未之辦耶? 中國書, 分許景樊蘭雪軒為二人. 且曰: '其夫死節於倭亂, 許氏死終身.' 其誣亦已甚矣. 蘭公若編詩話, 載湛軒此話, 豈非不辛之甚者乎? 且其詩為錢受之所摘眼纈, 無所不至, 云皆孟浪, 如妾身非織女, 郎豈是牽牛, 云中國詩也.' | 其誠忘未記, 而蓋以未見其妹之婚為恨, 一句云: '媛氏雅難篇.' | 平仲求見一詩, 則因不出, 只示次湘夫人韻. |
| | 余故問: '湘夫人誰也?' | 平仲問: '湘夫人誰也?' |
| | 蘭公笑曰: '賤內.' | 蘭公曰: '賤內.' |
| | 蘭公曰: '渼湖先生有贈行詩歟?' | 曰: '渼湖先生有贈行詩歟?' |
| | 余曰: '來時, 先生擧其伯農嚴先生詩而贈之, 詩曰: 未見皇華萬里城, 男兒意氣負崢嶸. 渼湖一曲漁舟小, 獨速養衣負此生.' | 余曰: '先生以祖農嚴先生詩而贈之, 詩曰: 未見皇華萬里城, 男兒意氣負崢嶸. 渼湖一曲漁舟小, 獨速養衣負此生.' |
| | 兩君再三諷詠而稱善. | 兩人再三諷詠而稱善. |
| | 平仲以四張紙, 請兩君書畫, 皆許之. | 余曰: '行中適有先生論性書, 當呈覽.' |
| | 力闇笑曰: '歡踊烏跡交東國.' | 皆曰: '甚好.' |
| | 余曰: '我國有李牧隱先生, 明初人中國, 有人欽之曰: 歡踊烏跡鳥之道, 牧隱即對曰: 鷄鳴狗吠之聲, 達于四境, 其人歎服. 今云: 歡踊烏跡交東國.' | 平仲更請書畫. |
| | | 力闇曰: '歡踊烏跡交東國.' |
| | | 余曰: '前有李牧隱先生, 入中國, 與人唱酬, 有人歎曰: 歡踊鳥跡鳥之道, 交於中國, 李卽對曰: 鷄鳴大吠之聲, 達于四境, 其人歎服. 今 | 按王考「天涯知己書」: 洪湛軒大容入燕時, 錢塘潘庭筠同貴國景樊堂, 湛軒引地下長從杜牧之句. 我王考柯菴公辨之曰: '曾聞景樊, 非自號, 乃浮薄人侵謗語, 湛軒未之辨也. 蘭公若編此話, 豈非不辛之甚者乎?' (『五洲衍文長箋散稿』, 載湛軒此話, ＜景樊堂辨證說＞) |

力闇蘭公曰: '貴國不着錦衣耶?'
濺軒指所着袖衣, 故亦着此袖衣, 在家則不過着土産綿布而已. 中國紬緞, 全係貪耳. 新羅時土産, 有大小花紋魚牙錦朝霞錦白氍毹布等名, 今皆不見, 當時國富民庶, 可知也.

曰之言, 與此相反.'
兩君皆大笑.

余曰: '古稱布衣之士, 今見君輩, 皆着錦衣, 未知中國古俗, 自來如是耶? 抑邇來尚侈而然耶?'
力闇曰: '此非古俗. 吾輩未免從俗, 大率如此.'
余曰: '西林先生衣帽亦如此耶?'
力闇曰: '不同. 西林先生衣布衣帽極古舊. 偶一入城, 則人皆笑之矣. 凉唱之纓皆馬尾, 其類甚多. 卽如京師之所尙者, 號爲皮靴兒, 此則雖我輩, 亦未嘗襲也.'
兩君問: '貴國不着錦衣耶?'
余指所着紬衣曰: '保天遠行, 故亦着此. 中國紬緞, 在家則不過着土産綿布而已. 服與官者命服, 外皆不敢着, 婦人上服是尙儉, 亦未嘗衣耳.'

言, 與此相反.'
兩人皆笑.

余曰: '古稱布衣之士, 今兄皆着錦衣, 未知古俗如是? 抑今尙侈而然.'
力闇打圈尙侈字曰: '此非古俗. 吾輩從今俗.'
余曰: '西林先生衣亦何着?'
曰: '先生衣布衣帽極古. 偶一入部, 人皆笑之.'

余指着裘曰: '冬天遠行, 雖此衣紬, 在家則不過土産綿布, 而紬緞鈴婦人上服及吾命服而已.'

余曰: '嚴兄老齒疎, 何也?'
答曰: '兄時愛嗜甛物致之, 而金兄落偶落早?'
平仲曰: '髮雖白, 而齒不搖, 今吃不能下堂, 非謝騏驥瀧, 況叔彼不能致傷.'
蘭公曰: '還不損君嘯歌.'
平仲曰: '後能爲奏相乎?'
蘭公曰: '一葉如此.'
平仲曰: '徒步之即偶相似.'
力闇曰: '僕辛非事賁.'
蘭公曰: '兄旣飯早矣, 可吃一碗飯.'
余曰: '腹雖向果, 然與兄共卓, 水是勝事.'
兩人點頭而言.
逐陳四碗飯幾品餞, 平仲加之三二盃酒.
四人聚首同卓, 將進之際, 前日來館之人, 見吾輩飯以匙之狀, 兩人前即各置一匕爲代飯匙.

余笑語曰: '人獺循俗.'

僕人解聽, 卽以箸換勺, 兩生水知之而笑.

余曰: '中國之俗, 父子老幼, 不拘同卓耶?'

蘭公曰: '不拘. 只男女不同卓耳.'

飯畢, 蘭公親自裝烟而勸之.

自初勸茶勸烟皆親之, 累辭而不盡聽.

平仲曰: '旅遊到京洛, 幾過一月, 有文人才士之相從者耶?'

力闇曰: '無之.'

平仲曰: '京城乃士林之所聚, 豈曰無之? 或未及相聞? 抑二兄不肯接應而然耶?'

力闇曰: '此處交遊, 亦不乏矣. 然大率冠盖之士, 以文貌相與而已, 至于可與論心之士, 豈易得耶?'

平仲曰: '枕上偶大前篇, 效麈覽焉.'

平仲有詩曰:

金門待詔駐雙旌, 江表高才通九經. 一破樊則春畫永, 不堪離思暮雲靑. 榮名已屬承文彩, 瑞氣方看映客星. 明飮訪君頻覘夜, 曉天簾外向冥冥.

力闇看畢, 打闇丁領聯及落句曰: '情深語不堪多讀.'

又曰: '卽將此詩, 望一博以作篋中珍秘.'

蘭公曰: '妙句乞爲我一書, 以垂永遠.'

各以紙與之, 平仲書畢曰: '不辭而書, 聊見恩直之性耳.'

蘭公曰: '洪兄術業, 無所不通, 博聞强記, 不作詩, 何也?'

余曰: '素拙吟詠, 且思慮燥澁, 都是頭腦, 是以自畫.'

蘭公曰: '不爲也, 非不能也.'

| | | |
|---|---|---|
| 余問西林先生之德行之詳. | 余問西林先生之德行之詳. | 余問西林先生德行之詳. |
| 力闇曰: '西林先生, 居杭城艮山門外四里許. 所著有『吹噸錄』八十卷, 手鈔七遍而後定本, 皆講樂律之書. 又著『說文理董』四十卷, 尙未定藁, 弟亦曾爲校對, 時參末議. 先生虛懷之極, 無論是否, 皆許條記于書中, 以備決擇. 弟亦時有駁雜之語, 而先生不以爲忤. 故詩法律過于嚴謹甚. 其事母至孝, 先生年六十, 時母已九十矣. 然暮歸則必就母所, 獨居要間, 不以委婢妾等. 待有母睡, 則以手摩其頂, 如爬擽及敲背之類, 皆暢爲之. 生衰要骨立, 搖察如嬰兒. 持有一病, 好佞佛, 好談如『楞嚴經』, 幷好談因果報應.' | 力闇曰: '西林先生, 居杭城艮山門外四里許. 所著有『吹噸錄』八十卷, 手鈔七遍而後定本, 皆講樂律之書. 又著『說文理董』四十卷, 尙未定藁, 弟亦曾爲校對, 時參末議. 先生虛懷之極, 無論是否, 皆許條記于書中, 以備決擇. 弟亦時有駁雜之語, 而先生不以爲忤. 故詩法律過于嚴謹甚. 其詩母宗漢魏盛唐, 合作而無一可議者絶少. 其事母至孝, 先生年六十, 時母已九十矣. 然暮歸則必就母所, 獨居要間, 不以委婢妾等. 待有母睡, 則以手摩其頂, 如爬擽及敲背之類, 皆暢爲之. 生衰要骨立, 搖察如嬰兒. 持有一病, 好佞佛, 好談如『楞嚴經』, 幷好談因果報應.' | 力闇曰: '西林先生, 居杭城艮山門外四里許. 所著有『吹噸錄』八十卷, 手鈔七遍而後定本, 皆講樂律之書. 又著『說文理董』四十卷, 尙未定藁, 弟亦曾爲校對, 時參末議. 先生虛懷之極, 無論是否, 皆許條記于書中, 以備決擇. 弟亦時有駁雜之語, 而先生不以爲忤. 故詩法律過于嚴謹甚. 其詩宗漢魏盛唐, 特法律過于嚴謹耳. 其事母至孝, 先生年六十, 時母已九十矣. 然暮歸則必就母所, 獨居要間, 先生要歸必蚤, 母已喪, 母臥要頂, 先生要頂, 如爬擽及敲背之類, 皆暢爲之. 母親爲之, 不以委婢妾等. 母親爲之, 待有一病, 好佞佛, 好談如『楞嚴經』, 幷好談因果報應.' (『鐵橋話』, 閒話 7) |
| 余曰: '盛德至行, 令人感發. 但佞佛, 極可惜, 豈可如于利靖誦金剛經古事乎?' | 余曰: '盛德至行, 令人感發. 但佞佛, 極可惜, 豈可如于利靖誦金剛經故事乎?' | 力闇曰: '其盛德至行, 令人感發, 自共佞佛, 極可惜, 豈可如于利靖誦金剛經故事乎? 先生極好之, 幷好談因果報應.' |
| 力闇曰: '殆有甚焉. 如『楞嚴經』, 爲西林信之.' | 力闇曰: '殆有甚焉. 如『楞嚴經』, 爲西林信之.' | 力闇曰: '『楞嚴經』, 論心儘有好處, 則卑爾申矣.' |
| 余曰: '『楞嚴經』, 論心儘有好處, 若至因果報應, 則卑爾申矣.' | 余曰: '『楞嚴經』, 論心儘有好處, 若至因果報應, 則卑爾申矣.' | 余曰: '『楞嚴經』, 論心, 隨于空耳.' |
| 力闇曰: '此經, 即弟亦喜觀之. 其論心之處, 原與吾道無大分別, 而吾之祖得乎儒家者, 如此而已. 至于正心誠意, 尙大難.' | 力闇曰: '此經, 即弟亦喜觀之. 其論心之處, 原與吾道無大分別, 而吾之祖得乎儒家者, 如此而已. 至于正心誠意, 尙大難.' | 力闇曰: '任釋氏則楞嚴, 在道家則黃庭. 弟之祖得乎儒家者, 如此而已. 至于正心誠意, 尙大難.' |
| 余曰: '吾論心, 自有樂地, 何必求之外道?' | 余曰: '吾論心, 自有樂地, 何必求之外道?' | 余曰: '吾論心, 自有樂地, 何必求之外道?' |
| 力闇曰: '任釋氏則楞嚴, 在道家則黃庭, 而吾儒則懲忿窒慾矯輕警惰八字, 弟之祖得乎儒家者, 如此而已. 至于正心誠意, 尙大難.' | 力闇曰: '任釋氏則楞嚴, 在道家則黃庭, 而吾儒則懲忿窒慾矯輕警惰八字, 弟之祖得乎儒家者, 如此而已. 至于正心誠意, 尙大難.' | 力闇曰: '任釋氏則楞嚴, 在道家則黃庭, 而吾儒則懲忿窒慾矯輕警惰八字, 弟之祖得乎儒家者, 如此而已. 至于正心誠意, 尙大難.' |
| 蘭公自外入來, 見力闇喜觀楞嚴經曰: '此經, 弟沐手誦之, 幷好手寫爾矣.' | 蘭公自外入來, 見力闇喜觀楞嚴經曰: '此經, 弟沐手誦之, 幷好手寫爾矣.' | 又曰: '弟之看楞嚴, 乃是病危垂死之時, 頓于身心, 亦一貼淸凉散也. 彼時覺得地水風火四大假合, 何事不可放下? 竟以此疾, 此後亦俳復爾矣. 吾輩易爲外物所擾, 正有此經中阿難乎多聞一樣, 讀之, 水覺切中弊病. 故偶觀之. 今弟乃覺得不如儒書遠甚, 書至爲切實不易, 又何必遠取異果端?' |
| 余戱之曰: '兩兄來世, 必沐天堂.' | 余戱之曰: '兩兄來世, 必沐天堂.' | 港軒曰: '晚逃佛老, 何必於終諱醇如?' 如云'宋儒雖闢佛, 任任擾人佛經結, 曰: '宋儒雖闢佛, 任任擾人佛經語, 而不返.' |
| 皆大笑. | 皆大笑. | |
| 蘭公書于勞曰: '雅謔.' | 蘭公書于勞曰: '雅謔.' | |

洪大容(洪大容) 필담(筆談) 자료집(資料集)

| | | |
|---|---|---|
| 任而不返也.<br>柯菴曰: "『楞嚴經』, 世尊言波斯匿王, 汝面雖皺, 而性情未嘗皺. 皺者爲變, 不皺非變. 大抵非曰受滅, 不變之性無生滅. 此語近道, 令人不樂, 所謂悟入者, 世念都灰而己, 此而視父母如弁髦, 視妻子如土且, 只返死而已, 究竟逹而已." | 又曰: "弟之看『楞嚴』, 乃是病危垂死之時, 頭于身心, 大有裨益, 亦一貼淸凉散也. 彼時覺得地水火風四大假合, 何事不可放下? 竟以此愈疾, 此後亦佛亦周復閒矣. 然吾輩易爲外物所擾之人, 正有如經中阿難之多周一樣, 讀之, 亦覺切中弊病, 故偶觀之耳. 今弟乃覺得不如信書遠之, 且此種道理, 儒書至爲切實平易, 又何必遠取異端耶?"<br>余曰: "晚逃佛老, 何傷於終歸醇如也? 辛勿任而不返."<br>力闇曰: "如謙溪先生, 亦從佛氏入手後, 乃歸于正耳."<br>余曰: "所謂今之惑人也, 因其高明."<br>力闇曰: "未儒雖辟佛, 而其著書, 則往往援入佛經語, 如云活潑潑地, 如云語錄等語, 皆非吾儒所有耶."<br>余曰: "只取其文字, 何妨? 且如瑞嚴僧主人翁惺惺, 并其義而取之, 此是儒者活法."<br>余又曰: "未儒雖辟佛云云, 似有譏嘲之意."<br>力闇掉頭曰: "不過云吾儒亦何時有取乎佛氏云爾."<br>又曰: "操則存, 舍則亡, 出入無時, 莫知其郷, 此即惺惺叔叔之說也, 何必外求耶?"<br>又曰: "昌黎, 亦柳關得匾田利益之僧耳, 其實亦未深究佛氏之旨趣也."<br>又曰: "弟不敢作諡話, 其實亦不能不有取乎佛經也. 但佞佛而談因果, 則俗佞之所爲而不圖, 西林先生亦出于此."<br>余曰: "取其長, 以補吾治心之功, 亦何傷乎?<br>力闇曰: "溺而不返之弊, 吾輩自問, 不至於此. 卽如前日所說不日好看『近思錄』, 如溺于外道, 又何必好『近思錄』那? 世間盡有聰明之人, 以『近思錄』爲弓匪之書, 哀哉!" | 又曰: "弟之看『楞嚴』, 乃是病危垂死之時, 頭于身心, 大有裨益, 亦一貼淸凉散也. 彼時覺得地水火風四大假合, 何事不可放下? 竟以此愈疾, 此後亦佛亦周復閒矣. 然吾輩易爲外物所擾之人, 正有如經中阿難之多周一樣, 讀之, 亦覺切中弊病, 故偶觀之耳. 今弟乃覺得不如信書遠之, 且此種道理, 儒書至爲切實平易, 又何必遠取異端耶?"<br>余曰: "晚逃佛老, 何傷於終歸醇如也? 辛勿任而不返."<br>力闇曰: "如謙溪先生, 亦從佛氏入手後, 乃歸于正耳."<br>余曰: "所謂今之惑人也, 因其高明."<br>力闇曰: "未儒雖辟佛, 而其著書, 則往往援入佛經語, 如云活潑潑地, 如云語錄等語, 皆非吾儒所有耶."<br>力久, 如云活潑潑地, 如云語錄等語, 皆非吾儒所有也.<br>進軒曰: "只取其文字, 何妨? 且如義而取之."<br>又曰: "未儒雖辟佛云云, 似有譏嘲未儒之意."<br>力闇掉頭曰: "不過云吾儒亦何時有取乎佛氏云耳."<br>又曰: "操則存, 舍則亡, 出入無時, 莫知其郷, 此即惺惺叔叔之說也, 何必外求?"<br>又曰: "昌黎, 亦柳關得匾田利益之僧耳. 但佞佛而談因果, 亦有譏嘲之所爲."<br>又曰: "弟亦不能不有取乎佛經. 但佞佛而談因果, 則俗佞之所爲. 今日可謂有明有遠方未, 鑄辛爲道之不孤."<br>(『藝橋話』, 質話 3) |

| | |
|---|---|
| 余曰: '看兄才學甚高, 若有少差失, 必令儒門得一彊敵, 豈非可畏乎? 幸爲道自勉.' | 余曰: '弟非敢爲佞也. 看兄之才學甚高, 深爲吾道望焉. 好看『近思錄』, 己見所安之不在彼也. 雖然, 若有少差失, 必令儒門得一彊敵, 豈非可畏乎? 幸爲道自勉.' | 進軒問: '儒門最貴愼獨, 願聞獨字之義.' 曰: '微哉!' |
| 力闇曰: '弟極好談理學, 恨無同志耳. 今日可謂有朋自遠來, 窮吾道之不孤, 最恨言語不通. 不然, 暢談雖累月, 不休也.' | 力闇曰: '弟極好談理學, 恨無同志耳. 今日可謂有朋自遠來, 竊幸吾道之不孤, 最恨言語不通. 不然, 暢談雖累月, 不休也.' | 微笑良久, 乃曰: '朱子云: 人所不知而己獨知之, 看來尙有己不也不.' 進軒問: '己也不知, 是何境界?' |
| 余曰: '儒門最言愼獨, 願聞獨字之義.' | 余曰: '儒門最言愼獨, 願聞獨字之義.' | 曰: '愼獨之前, 欠一段工夫, 則己心之初發, 是非邪正, 焉能知之? 未發時最難涵養, 此處一差, 卽墮入佛氏之頑空'. (『鐵橋話』, 實話 4) |
| 力闇曰: '微哉!' | 蓋力闇意余言出於嘗試, 微笑良久, 乃曰: '朱子云: 人所不知而己獨知之, 看來尙有己也不不知之處.' | |
| 遂笑而不言. | 余曰: '己也不知, 是何境界?' | |
| | 力闇曰: '愼獨之前, 欠一段工夫, 則己心之初發, 是非邪正, 焉能知之? 未發時最難涵養, 此處一差, 卽墮入佛氏之頑空矣.' | |
| | 余曰: '此論見得甚高, 此是着手不得, 然不着手, 亦不可.' | |
| 力闇領之, 又曰: '吾輩只外面粗是耳. 精微處, 直是不曾講究此事, 與年俱進, 卽如弟等之好詩作畵, 豈聖賢所許耶? 程子以好書爲玩物喪志.' | 力闇領之, 又曰: '吾輩只外面粗是耳. 精微處, 直是不曾講究此事, 與年俱進, 卽如弟等之好詩作畵, 豈聖賢所許耶?' | 力闇曰: '吾輩只外面粗是耳. 精微處, 豈但不之講究此事, 與年俱進. 卽如弟等之好作詩作畵, 直是不曾講究此事, 豈聖賢所許?' |
| 余曰: '餘事遊藝, 庸何傷乎?' | 余曰: '餘事遊藝, 庸何傷乎?' | 進軒問: '餘事遊藝, 庸何傷乎? 如吾輩, 但一向好着, 亦可畏志.' |
| 力闇曰: '天下事總執滯不得, 但必做工夫, 如吾輩, 豈有先講除事之理? 不徹好好學之心, 大可懼也.' | 力闇曰: '天下事總執滯不得, 但必做工夫, 如吾輩, 豈有先講除事之理? 不徹好學之心, 大可懼也.' | 力闇曰: '天下事總執滯不得, 但必做工夫, 如吾輩, 豈有先講除事之理? 不徹好學之心, 大可懼也.' (『鐵橋話』, 實話 5) |
| 余曰: '兄之反躬自省, 若是眞切, 言下頗有頭語, 無得於學者, 烏能如是? 弟雖不才, 言下頗有頭語, 幸多賜嘉訓.' | 余曰: '反躬自省, 若是眞切, 無得於學者, 烏能如是? 弟雖不才, 言下頗有頭語, 幸多賜嘉訓.' | |
| 力闇曰: '求放心, 原要刻刻提撕.' | 力闇曰: '求放心, 原要刻刻提撕.' | 力闇曰: '求放心, 原要刻刻提撕, 全坐於忘.' |
| 余曰: '吾輩不長進, 全坐於忘.' | 余曰: '吾輩不長進, 全坐於忘.' | 進軒曰: '吾輩不長進, 全坐於忘.' |

| | | |
|---|---|---|
| | 曰: '如徐節孝初見李延平, 而李貴之以頭容不直. 又人竊窺劉元城與人對語, 手足所放處, 未嘗移易. 又朱子說坐法, 有生腰坐熱腰坐. 此等講學, 實所難遵, 只是大段好耳.' 余曰: '制其外以安其內, 兄之言, 乃朱子勸葉賀孫先看九容之義, 敢不銘佩? 但言之非難, 踐之實難, 言而不踐, 反不如不知言者之爲愚直也, 此最可懼.' 力闇曰: '程子云: 敬勝百邪, 此四字最有味.' 又曰: '陸放翁有詩云: 醉猶溫克方成德, 夢亦齊莊始見知. 弟嘗服膺此言.' 余曰: '程子亦云: 夢中可驗所學之淺深. 此皆眞切體驗之言.' 又曰: '敬字, 已成儒者喫談, 所謂人莫不飮食, 鮮能知味也.' 力闇曰: '如吾輩, 若開口向人說出主敬二字, 人皆厭聞, 則人皆厭聞之, 其實此敬字, 終身受用不盡, 未聞道者, 自忽略不體會耳.' 進軒曰: '自黨好學者, 務發前人所未發, 不覺其心界日荒於倫理, 有多少不盡分處, 極可痛悶.' 力闇曰: '卽如齊家一字, 亦大難, 以陽明之大儒, 而不能化其悍妻.' 余曰: '讀易, 主何註?' 力闇曰: '科場遵程子. 經書雖無不遵朱子, 而獨有詩經一書, 則考官命題發策, 多有微辭.' 又曰: '朱子好背小序, 今觀小序, 甚是可遵. 故學者不能無疑于朱子, 本朝如朱竹垞, 著『經義考』二百卷, 亦謂朱子之非是, 而自朱之論, 亦謂朱子好改小序, 始出于門人之手. 如木瓜美齊桓, 子衿刺學校廢, 其他野有蔓草及刺鄭忽刺幽王諸詩, 皆按之經傳, 確鑿可據, 而未子必盡反之.' | 曰: '如徐節孝初見李延平, 而李貴之以頭容不直. 又人竊窺劉元城與人對語, 手足所放處, 未嘗移易. 又朱子說坐法, 有生腰坐熱腰坐. 此學講學, 實所難遵, 只是大段好耳.' 進軒曰: '制其外以安其內, 此朱子勸葉賀孫先看九容之義, 敢不銘佩? 但言而不踐, 反不如不知言者之爲愚直也, 此最可懼.'(『鐵橋話』, 筆話 6) 力闇曰: '程子云: 敬勝百邪, 此四字最有味.' 又曰: '陸放翁有詩云: 醉猶溫克方成德, 夢亦齊莊始見知. 弟嘗服膺此言.' 進軒曰: '程子亦云: 夢中可驗所學之淺深, 已成儒者喫談, 所謂人莫不飮食也, 鮮能知味.' 曰: '如吾輩, 開口向人說出主敬二字, 人皆厭聞, 此敬字, 終身受用不盡. 未聞道者, 自忽略不體會耳.' 進軒曰: '自黨好學者, 只是談經說性, 務發前人所未發, 不覺其心界日荒於倫理, 有多少不盡分處, 極可痛悶.' 力闇曰: '卽如齊家一字, 亦大難, 以陽明之大儒, 而不能化其悍妻.'(『鐵橋話』, 筆話 7) 進軒曰: '讀易, 主何註?' 力闇曰: '科場遵程子. 經書雖無不遵朱子, 而詩有詩經一書, 好背小序, 今觀小序, 甚是可遵. 朱子無疑于朱子, 本朝如朱竹垞, 著經義考二百卷, 亦謂朱子之非是, 始出門人之手. 如木瓜美齊桓, 子衿刺學校廢, 其他野有蔓草及刺鄭忽刺幽王諸詩, 皆按之經傳, 確鑿可據, 而未子必盡反之.'(『鐵橋話』, 筆話 8) | |

| | |
|---|---|
| 余曰: '朱子小序辨說, 想已見過矣.' | |
| 時, 僕人以餠果數器, 陳于卓上. | |
| 蘭公方在炕下椅上, 據大卓而畫于年仲紙, 投筆而來, 見問答語, 至詩畵餘事云曰: '並不可謂之餘事.' | |
| 看小序云曰: '不知許事, 且食餠果.' | |
| 因呵呵而笑. 喫畢. | |
| 余曰: '明陵義英有所著『童子禮』中, 有拜揖之節.' | |
| 蘭公曰: '未見也. 宋楊復有禮節圖, 乃周時禮, 今無行之者.' | |
| 余問力闇曰: '貴印章皆親手所刻乎?' | |
| 力闇曰: '亦有他人所刻木, 意欲鑴印相送, 因未帶刀. 且初學刻, 亦不成模樣.' | |
| 余曰: '工拙何足說? 若得刻去, 甚幸. 但不敢多撓.' | |
| 力闇曰: '卽不用鑴印刀, 或用別刀, 亦可. 但不能佳耳. 容見一石, 製城呈上, 何如?' | |
| 余曰: '如可爲之, 不必三方, 一亦足矣. 頃惠一方, 當奉呈耳.' | |
| 力闇曰: '須二方石, 一名一字.' | |
| 時, 蘭公對卓打話, 力闇在大卓, 替蘭公而畫. | |
| 蘭公曰: '東國郡縣有幾? 山川如何? 壽村有佳山水乎?' | |
| 余曰: '郡縣山川, 當略記以上. 壽村則只有田園之樂而已, 絶無佳山水可以暢敍幽情處.' | |
| 蘭公曰: '海上諸國, 常有人往來否?' | |
| 余曰: '只有日本, 來往貿貿, 其餘則無.' | |
| 蘭公曰: '金大人見惠倭麥花紙, 出日本耶? 抑本國耶?' | |
| 余曰: '出日本.' | |
| 余曰: '杭州通日本商舶, 曾見日本紙乎?' | |

蘭公曰: '間有之, 此國之紙, 不可書畫. 故杭州絁之耳, 若東國之紙, 則吾視紙舖中有賣者, 特價不甚廉耳.'

又曰: '東國之紙, 以何物爲之?'

余曰: '皆是楮皮, 品甚麤, 特堅靭遠勝華紙矣.'

蘭公曰: '頃賜牛皮煎, 以不吃牛肉故不吃矣.'

余曰: '不吃牛肉, 其義安在?'

蘭公曰: '法禁甚嚴, 民間不敢宰殺, 故不得吃耳, 非有他義也.'

余曰: '頃年, 見福建人漂到東國者, 亦不喫牛肉. 余問其故, 答云我地有神曰齊天大聖, 其神不吃牛肉, 故我們不敢吃云, 此言何謂也?'

蘭公笑曰: '果有此說, 設此以禁愚民, 非眞有此神也.'

余曰: '我國大儒李栗谷曰, 平生不吃牛肉曰, 旣食其力, 又食其肉, 可乎? 此義如何?'

蘭公曰: '此義甚好.'

蘭公又曰: '東國宮室亭榭之製如何?'

余曰: '倉卒不可盡言, 亦當追記以上.'

蘭公曰: '不必自書. 有僕夫能捉筆者, 命之書, 可也.'

蘭公又曰: '東方衣服尙白, 何也?'

余曰: '我國以東方, 故本尙靑. 百餘年前, 國喪連仍, 十餘年尙白, 因習以爲常, 近隨禁之, 而終不變.'

蘭公曰: '東方衣服尙白, 何也? 朝鮮, 箕子之後也, 殷人尙白, 無乃以此耶?'

余笑曰: '此可備一說.'

蘭公亦笑.

余曰: '頃求花箋, 亦有用處耶?'

蘭公曰: '頃甚忙, 書畫無所不可.'

湛軒見蘭公曰: '兄形神比前頓減.'
蘭公曰: '因見二兄後, 忽忽有離別之思, 竟夕不能寐故耳.'
湛軒曰: '弟亦寢食, 俱不能安. 行前送一絶文書外, 無它好策.'
蘭公打閣丁絶文書三字曰: '絶文書安可不作? 妙極妙極.'
湛軒曰: '薯晤長告別, 無乃太忽乎. 吾輩今日境界也.'
炯菴曰: '凡離別先期末日, 當別此時, 心肝自然銷煎. 當其日目如加敵壯土, 已辦一死, 當醒處子, 冒沒羞心, 比諸先期, 有些先期, 別只回首詠嘆, 無奈何矣.'

余曰: '兄神形比前頓減, 未知間經感患耶?'
蘭公曰: '非也. 因見二兄後, 忽忽有離別之感, 竟夕不能寐故耳.'

平仲曰: '見此令人, 不覺惝心也.'
余曰: '果爾則弟輩爲令堂之罪人也.'
蘭公急答云二人之語曰: '不然. 弟自見兄, 婦仁家交之言, 忽忽有省, 不復作兒女態, 兄無慮也.'
少間, 蘭公曰: '金兄尊行第幾?'
余曰: '東國不用此法.'
蘭公曰: '伯耶? 仲叔耶?'
余曰: '金兄無兄弟.'
余問蘭公曰: '合郎年紀幾何?'
蘭公曰: '豚兒七歲, 次者四歲矣.'
余曰: '皆命名耶?'
蘭公曰: '長日時緩, 次日學敏.'
余曰: '江外亦有痘患乎?'
蘭公曰: '有之. 東海痘症得全者多耶?'
余曰: '得全者, 大約十之三四.'
蘭公曰: '金兄有凄苦之色, 弟甚不安.'
平仲曰: '心不凄而面凄, 無乃五十窮儒無所成之致耶?'
蘭公曰: '善謔.'

| | | |
|---|---|---|
| | 又謂平仲曰: '足下貴介得官易耳, 不仕何耶?' | |
| | 平仲曰: '我國以科取人, 自身致官, 亦曰不易. 或得之, 只有斗祿未縣而已, 雖仕何用?' | |
| 平仲紙四本書完, 各有題詩. | 平仲紙四本書完, 各有題詩. | |
| 平仲曰: '奉歸東國, 傳之不朽. 兩兄非但爲中州名士, 抑永作海東閒人.' | 平仲曰: '奉歸東國, 登揚於儕類, 藏之篋笥, 傳之不朽. 兩兄非但爲中州之名士, 抑永作海東之閒人矣.' | |
| 力闇曰: '弟等雖無足重輕, 然愛蔡二兄之極, 有此良會, 卽二兄不朽亦不朽矣. 方將以洪丁弊鄕, 裝裱珍藏, 兄之尺贖, 金兄之詩箋, 傳示子孫. 裝裱珍藏, 或他日安有蒼津, 此段言之津津, 亦必言之津津, 亦必傳之仰慕滿陰先生也.' 使他日安想望二兄, 亦如吾輩之仰慕滿陰先生也.' | 力闇曰: '弟等雖無足重輕, 然愛蔡二兄之極, 有此良會, 卽二兄不朽亦不朽矣. 方將以洪丁弊鄕, 裝裱珍藏, 兄之尺贖, 金兄之詩箋, 此段佳話, 或他日安有蒼津, 傳示子孫. 裝裱珍藏, 亦必言之津津, 亦必傳之仰慕滿陰先生也.' 使他日安想望二兄, 亦如吾輩之仰慕滿陰先生也.' | 力闇曰: '愛蔡二兄, 有此良會, 卽二兄亦不朽于弊鄕, 方將以洪丁兄之尺贖金兄之詩箋, 裝裱珍藏, 傳示子孫. 或他日安有蒼津, 亦必言之津津, 使後人之想望二兄, 亦如吾輩之仰慕滿陰先生也.' (『鐵橋話』, 閒話 8) |
| 蘭公曰: '卽三位人手蹟, 亦必傳之不朽也.' | 蘭公曰: '卽三位人手蹟, 亦必傳之不朽也.' | |
| 力闇曰: '固然.' | 力闇曰: '固然.' | |
| 余曰: '別後通信, 或有商量否?' | 余曰: '別後通信, 或有商量否?' | |
| 蘭公曰: '㮚市街徐朗亭, 卽弟之表兄也. 寄此便是.' | 蘭公曰: '㮚市街徐朗亭, 卽弟之表兄也. 寄此便是.' | |
| 余曰: '朗亭, 是京裏人耶?' | 余曰: '朗亭, 是京裏人耶?' | |
| 蘭公曰: '他亦杭州肇人, 留京開舖七年, 後他永作官去矣.' | 蘭公曰: '他亦杭州肇人, 留京開舖七年, 後他永作官去矣.' | |
| 余曰: '朗亭, 吾輩行前, 得一會面, 如何?' | 余曰: '朗亭, 吾輩行前, 得一會面, 如何?' | |
| 蘭公卽呼其人, 使之請來. | 蘭公卽呼其人, 使之請來. | |
| 余曰: '日已晚矣, 請俟後日.' | 余曰: '日已晚矣, 請俟後日.' | |
| 遂止之. | | |
| 平仲曰: '吾輩歸期不遠, 今日當告別.' | | |
| 力闇曰: '二兄臨別能來此一宿否?' | 力闇曰: '二兄臨別能來此一宿否?' | |
| 平仲曰: '非無此意, 耳目旣煩, 從便無策, 奈何?' | 平仲曰: '非無此意, 耳目旣煩, 從便無策, 奈何?' | |
| 力闇曰: '令叔及合兄, 自或無妨, 恐館中見訝耶?' | 力闇曰: '令叔及合兄, 自或無妨, 恐館中見訝耶?' | |

蘭公曰: '到此處來, 閣者知之耶?'

余曰: '到此處, 彼何以知之? 只言以前門外遊玩.'

蘭公曰: '大人不以爲怪否?'

余曰: '此來, 大人亦勸之.'

蘭公喜曰: '大人, 眞風雅中人也.'

平仲曰: '昔有爲友解卿間行者, 二兄不可不惜一合之勞, 應有更集之, 路而不敢請耳.'

余曰: '此後未必再來, 弟等思得一策, 要於起身之日, 邀兩兄於東數十里外店舍, 爲一夜聚叙而別, 尊意如何?'

兩主相顧刪酢, 少間, 蘭公曰: '此事甚難.'

余曰: '何故?'

力闇曰: '卽所貨居停, 得無見訝?'

蘭公曰: '弟等初到京路, 尙未知數十里外, 恐無可以相聚之處. 非不甚願, 慮無上策.'

余曰: '覓停不甚費力, 只在城外十餘里道傍店舍, 則兩兄可一夜罷脫乎?'

力闇曰: '貴處同行人衆, 其中雜以吾二人, 豈不費事?'

余曰: '一行皆宿通州, 故弟等欲落後相待.'

力闇曰: '此可商量. 但覓地及通信, 如何知會, 方得妥貼?'

余曰: '此卽弟當商量, 如終未妥貼則已之. 只兩兄有何難便, 未可擺脫者乎? 如有一壅難處, 何必强請耶? 弟等當搖萬更未叙別耳.'

力闇曰: '容細細商量. 弟等之所慮者, 亦如二兄所云, 恐須人眼. 只我等出城形跡, 亦不易耳. 必須坐車或騎馬, 須携帶舖蓋作出行之狀, 又必有僕從. 若恩恩招店, 則又有店主, 此等難得泯然無跡.'

余曰: '非不知其難, 只爲卜夜, 可以穩訴部曲矣,

| | |
|---|---|
| 故不獲已爲此計. 弟等無他可意, 只恐果及吾兄, 如有不便, 終須一別, 快斷不若, 乃勇者事.' | 故不獲已爲此計. 彼此更商, 如無十分好策, 已之可也.' |
| | 蘭公曰: '容細細商之.' |
| | 余曰: '弟等無他可意, 只恐果及吾兄之意. 須勿拘於顧嗛, 不忍拒絶, 如兩不便, 終須一別, 快斷不若, 乃勇者事.' |
| 力闇憮然曰: '丈夫雖有淚, 不灑別離時.' 爲此詩者, 想未經離別之苦耳.' | 力闇憮然曰: '丈夫雖有淚, 不灑別離時.' 爲此詩者, 想未經離別之苦耳.' |
| 蘭公曰: '蹔遊萬里, 小別千年, 如之何勿悲?' | 蘭公曰: '蹔遊萬里, 小別千年, 如之何勿悲?' |
| 兩君皆悽然不自勝. | 兩生皆悽然不自勝. |
| 余慰之曰: '容當更面, 姑不必作別語.' | 余慰之曰: '容當更面, 姑不必作別話.' |
| 又曰: '弟等來往於貴寓, 實無所妨否?' | 又曰: '弟等來往於貴寓, 實無所妨否?' |
| 蘭公曰: '主人甚賢, 實任無妨.' | 蘭公曰: '主人甚賢, 實任無妨.' |
| 余曰: '若有不便, 不以實告, 是踈我也.' | 余曰: '若有不便, 不以實告, 是踈我也.' |
| 蘭公曰: '如此好便, 不呈交矣.' | 蘭公曰: '草榻可作竟夕之談否?' |
| 又曰: '草榻可作竟夕之談否?' | 余曰: '非無此意, 但留館時, 決不敢夜出. 出城之後, 浩然推意. 但一行皆宿通州, 而弟等獨留此中, 其形跡極非便. 弟輩固不足言, 於兄輩, 人將謂何? 弟等偶然落後, 初不爲期會之路, 或不見推於人矣.' |
| 余曰: '非無此意, 但留館時, 決不敢夜出. 出城之後, 浩然推意. 但一行皆宿通州, 而弟等獨留此中, 其形跡極非便. 弟輩固不足言, 於兄輩, 人將謂何? 弟等偶然落後, 初不爲期會之路, 或不見推於人矣.' | 蘭公打閤于初不期會云云: '尙有數日, 容商定報命.' |
| 蘭公打閤于初不期會云云: '尙有數日, 容商定報命.' | 蘭公又曰: '今日不歸, 人不知之.' |
| 蘭公又曰: '今日不歸, 人不知之.' | 余數曰: '非不欲信宿, 其如門何?' |
| 余數曰: '非不欲信宿, 其如門何?' | 蘭公曰: '他要稽査耶?' |
| 蘭公曰: '他要稽査耶?' | 余曰: '不惟此也.' |
| 余曰: '不惟此也.' | 蘭公曰: '糴糴者耶?' |
| 蘭公曰: '糴糴者耶?' | 余曰: '皆非也. 弟輩行跡, 與尋常下輩有異, 其出其人, 衙門皆屬目, 一或見覺, 則果及一行, 且於兄輩, 當如何耶?' |
| 余曰: '皆非也. 弟輩行跡, 與尋常下輩有異, 其出其人, 衙門皆屬目, 一或見覺, 則果及一行, 且於兄輩, 當如何耶?' | (『鐵橋話』, 閒話 9) |

| | |
|---|---|
| 力闇曰: '此不必慮. 即如今日, 二兄來此, 或至晚不歸, 至明日不拘時候, 悄然而去. 人亦孰知二兄之宿此與否? 此間友朋丁家, 或亦不妨夫朱. 雖然, 今日如不可, 則發行之日, 來此一宿, 何如?' | 蘭公又曰: '此間二兄, 不可以宿, 想三位大人不許那? 抑出入必有人稽查那?'<br>余曰: '皆非也. 人見之必有言, 爲兄慮之.' |
| 余曰: '一行起身, 衙門皆見之, 獨自逡巡來此, 敢出人. 一行起身, 則高門皆見之, 孰不疑之乎? 彼此酬酢, 都是閒商量也.' | 力闇曰: '此不必慮. 即如今日, 二兄來此, 或至晚不歸, 至明日不拘時候, 悄然而去. 人亦孰知二兄之宿此與否? 此間友朋丁家, 或亦不妨夫朱. 雖然, 今日如不可, 則發行之日, 亦來此一宿, 何如?' |
| 蘭公曰: '卜夜不可, 卜晝如何?' | 余曰: '外國蹤跡, 觸處碍眼, 發行之前, 決不敢出人. 一行起身, 則高門皆見之, 獨自逡巡來此, 孰不疑之乎? 彼此酬酢, 都是閒商量也.' |
| 余曰: '十二三日, 當圖更進於兄. 若無隣里之訝, 則弟亦輩終日遣閉於舘中, 豈難一會期哉?' | 蘭公曰: '卜夜不可, 卜晝如何?' |
| 蘭公曰: '此地稍僻, 隣里無人知之. 吾兄必須過我, 即一日, 亦勝百年也.' | 余曰: '十二三日, 當圖更進於兄. 若無隣里之訝, 則弟亦輩終日遣閉於舘中, 豈難一會耶?' |
| 蘭公曰: '間或一二知之者, 亦徒有羨慕我二人之奇緣饒倖而已, 有何惟詑耶?' | 蘭公曰: '此地稍僻, 隣里無人知之. 吾兄必須過我, 即一日, 亦勝百年也.' |
| 遂起身請退. | 蘭公曰: '間或一二知之者, 亦徒有羨慕我二人之奇緣饒倖而已, 有何惟詑耶? 此則過慮.' |
| 蘭公曰: '請駕再過我, 作竟日談.' | 余曰: '敢不如敎?' |
| 余曰: '敢不如敎?' | 此時, 德裕果來促行, 主客皆起立, 競執筆達達疾書, 彼此不忍捨去. |
| 此時, 僕人果來促行, 競執筆達達疾書, 彼此不忍捨去. | 蘭公又曰: '二兄雖不欲爲弟作書, 欲求二兄及三位大人, 隨意一書, 未識可否.' |
| 蘭公又曰: '二兄雖不欲爲弟作書, 弟亦必强求之. 但大人有貴冗, 恐不便也.' | 余曰: '不難.' |
| 余曰: '吾自當之, 毋多談.' | |
| 以其冊納之懷中. | |
| 力闇又持三把東扇, 求三使筆. | |
| 余亦許之, 幷藏之而出. | |

| | | | | |
|---|---|---|---|---|
| | | | 至中門相揖而別. 歸館, 始闢兩君, 各以二扇一幅賚僕人. | 至中門相揖而別. 出洞至大路, 雇車至館, 日已落矣. |
| | | | 初九日. | 初九日. |
| | | | 食後, 以煎藥少許及扇子紙四張雪花紙十七張, 作書送人. | 作書送德裕. |
| 2/9 | | 湛軒書曰: '悄坐孤館, 寸心如割, 達朝不成睡. 不得已強自排遣, 以爲我與彼各在千里外, 風馬牛不相及, 雖可懷也, 亦於我何有哉? 情魔依舊來襲, 盤據心府, 所謂得計者, 已渙散無迹. 佛家輪回, 果有此理, 切願來世同生一國, 爲弟兄師友, 以卒此未了之緣耳. 且有一說, 吾生既不可再會, 只各收其子, 世譴其重續前緣, 如吾輩今日之事也.' 烟菴曰: '自長淵登川之岸, 距杭州之岸, 統而言之, 只此岸彼岸之人. 此時很水間之, 朝發而夕潘生嚴生之墓也. 不然海東靑靑, 誤將成讖, 但不滲眼孔耳. 湛軒胸中梅槎之語耶? 余以爲臨別作風棲苦可也. 四端之惻隱, 七情之哀, 留積不洩, 將問時用之?' | 書曰: 夜來斂起居珍悠? 昨奉非不淡治, 可以慰數日懷想之苦. 但歸館後, 就枕孤館, 黯黯語之中, 忽二兄達朝不成睡, 若二兄在坐談笑, 乃蓬然驚覺, 殆達朝不成睡. 不得已強自排遣, 以爲我與彼各在千里外, 風馬牛不相及, 雖可懷也, 亦於我何有哉? 自言笑, 以爲得計. 獨怪其條然之頃, 情魔依舊來襲, 盤據心府, 所謂得計者, 已渙散無迹. 想此兔界, 乃非狂則疑也. 二兄聞之, 必當一憐一笑也. 嗟乎, 得會心人, 說會心事, 固足人生之至樂. 今吾輩萬里湊合, 披瀝心腹, 數日從遊, 已其奇矣. 乃以情私中結, 歐歐於別離之際, 人苦不知足也. 印石三方幷送上, 惟擇而爲之. 蘭兄如何爲之, 分勞爲妙, 如見其工拙不須言. 歸後, 撫其手澤, 如見其人而已. 續此不宣. 東俗於書畫, 不書年號月日, 續此惠來者, 并匈鄙俗, 如何? 德裕歸言: '全店, 車馬塞門不敢入. 少憩子路北, 招僕人給書封, 僕人藏之懷中而去. 良久出來, 給答書.' 傳言: '客煩不得招見.' 書曰: 只有力闇答書. 讀來翰, 一字一涕, 令人氣結. 適有外撓, 不及縷縷部抱. 然弟之所欲言者, 吾兄俱已代言之矣. 草此佈意, 臨風黯然. | 書曰: 夜來斂起居珍悠? 昨奉非不淡治, 可以慰數日懷想之苦. 但歸館後, 就枕孤館, 黯黯語之中, 忽二兄達朝不成睡, 若二兄在坐談笑, 乃蓬然驚覺, 殆達朝不成睡. 不得已強自排遣, 以爲我與彼各在千里外, 風馬牛不相及, 雖可懷也, 亦於我何有哉? 自言笑, 以爲得計. 獨怪其條然之頃, 情魔依舊來襲, 盤據心府, 所謂得計者, 已渙散無迹. 想此兔界, 乃非狂則疑也. 二兄聞之, 必當一憐一笑也. 嗟乎, 得會心人, 說會心事, 固足人生之至樂. 今吾輩萬里湊合, 披瀝心腹, 數日從遊, 已其奇矣. 乃以情私中結, 歐歐於別離之際, 人苦不知足也. 印石三方幷送上, 惟擇而爲之. 蘭兄如何爲之, 分勞爲妙, 如見其工拙不須言. 歸後, 撫其手澤, 如見其人而已. 續此不宣. 東俗於書畫, 不書年號月日, 續此惠來者, 并匈鄙俗, 如何? 德裕歸言: '全店, 車馬塞門不敢入. 少憩子路北, 招僕人給書封, 僕人藏之懷中而去. 良久出來, 給答書.' 傳言: '客煩不得招見.' 書曰: 只有力闇答書. 讀來翰, 一字一涕, 令人氣結. 適有外撓, 不及縷縷部抱. 然弟之所欲言者, 吾兄俱已代言之矣. 草此佈意, 臨風黯然. |
| 2/10 | | | 初十日. | 初十日. |
| | | | 上使送人, 便回, 蘭公附書水. | 書曰: |
| | | | 書曰: 日昨送書水, 適有客至, 未獲裁答, 深以爲憾. 承惠精紙, 謝謝. 數日俗務縴憶, 筆墨稍疏, 故大 | |

| | |
|---|---|
| | 人高咏, 奉和甚遲. 幸於大人前, 致意惡怨之. 桂前見惠過多, 非特可壓老饕, 抑將歸獻兩親也. 謝謝. |
| | 遂以論小序及陽明事, 兼付兩書扇, 送係. |
| 湛軒曰: '朱子集註, 獨於庸學論語, 用功最深, 而孟註次之, 於詩經則想是未經梳刷. 如六義之不明, 訓詁之疊解, 大旨之牽强, 雖於部分, 已有多少疑晦, 但其破小序拘係之見, 因文順理, 活潑釋去, 無味之味, 無聲之聲, 固已動盪于吟詠之間.' 柯翁曰: '宋史儒林傳, 王栢之言曰: 詩三百五篇, 豈盡定於孔子之口乎? 所刪之詩, 或有存於閭巷浮薄之口乎? 漢儒固多漢儒傳會, 從而取以補亡. 則少序固多漢儒傳會, 從而取以補亡耳.' | 書曰: 鐵橋兄所言小序云云, 昨忙甚未畢其說, 鰓生淺見, 何敢妄論? 但吾兄既許以友之, 則有疑不效, 便佞容悅, 亦可謂友之乎? 況西林先生虛懷不作之德, 吾兄已有所受之也. 弟何敢畏忌而自疎乎? 竊意朱子集註, 獨於庸學論語三書, 用功最深, 而孟註次之, 於詩經則想是未經梳刷. 如六義之不明, 訓詁之疊解, 大旨之牽强, 雖於部見, 已有多少疑晦, 但其破小序拘係之見, 因文順理, 活潑釋去, 無味之味, 無聲之聲, 固已動盪于吟誦之間, 則乃其深得乎詩人之意, 發前人所未發也. |
| 湛軒曰: '詩年代旣遠, 朱子之一筆可斷, 則只當用傳疑之法, 愚亦未敢知也. 關雎必以爲文王, 作者, 於義甚順. 但於義甚順, 虛心玩之, 都是天機, 想味其風采, 固是無得, 婦孺之口氣, 都是天機. 其作者之爲誰乎? 至若小序之說, 則殼經爲說, 點綴備矣. 至若孔子之言, 則懸亦備見之矣. 其於此章, 取孔子之言, 則殼經爲說, 點綴備矣, 盖其辨說備矣, 亦太甚矣.' 柯翁曰: '小序去古未遠, 豈無一二可取以爲信哉? 湛軒殺得小序太甚. 小序, 蘇子由始疑以爲有依據, 說萬朱子多宗之, 排擊朱子. 皮小序詩, 鄭氏深也, 朱子盖本此說. 大抵小序之詩也, 此朱人之論也, 未必盡然, 取其本節焉可也.' | 目以關雎一章言之, 則或以爲文王詩, 或以爲周公詩, 固其執兩濟矣. 但年代旣遠, 無他左驗, 則只當用傳疑之法, 亦可也. 朱子之一筆句斷, 必以爲宮人作者, 愚亦未敢知也. 但於義甚順, 於文無碍, 婦孺之口氣, 虛心誦之, 想味其風采, 姑舍之可也. 其作者之爲誰乎, 想懸亦略見之矣. 至若小序之說, 則懸亦略見之矣. 章, 取孔子之言, 則殼經爲說, 點綴備矣. 盖其辭說備矣. 其於辨說備矣. 盖其辭說備矣, 強辯立言, 其自敗而欺人也, 亦太甚矣. |
| | 如鄭風刺忽之記, 朱子所謂最是忿可憐者, 實爲千古美談. 況忿之辭態, 其意甚正? 若以此罪之, 則其爲世以術之言, 當如何也? |
| | 若以集註謂非朱子手筆而出於門人之手, 則去 |

홍대용(洪大容) 필담(筆談) 자료집(資料集)

朱子之世, 若此其未遠也, 先輩之世, 講明若燭照, 雖爲此說者, 豈不知其爲朱子親躅, 而特以擧世尊之, 靡弱不敵, 乃遊辭傷奪, 欷地捕木, 爲陽扶陰抑之術也. 其義理之得失, 固是餘事, 卽此心術, 已不可與入於堯舜之道矣.

嘗見中國書, 以陽明之好背朱子, 比之於蚍蜉, 客於唐太宗, 愚不覺失聲稱奇, 以爲此片言之折獄, 千古之斷案也. 彼世儒之依樣胡盧, 因緣俸會, 際攀龍附鳳之機, 售封妻蔭子之計, 則鳴呼, 其亦甲而又乙矣. 宜乎虬髯客之不欲與唫等爲伍也. 雖然, 曷若伊尹之以其君成爲堯舜之君, 以其民成爲堯舜之民, 彼此俱成其福成其祿, 亦何必變換旗鼓, 別立門戶, 使之畋及生民, 禍流後世也哉? 若是者, 反不如依樣因緣者之適足爲其身之可鄙而已.

愚以海外渺渺之人, 初入中國, 輒發狂言妄言是非, 先輩多見其瞽矣. 惟以義理天下之公, 人人得以言之, 此乃古今之通義也. 幸明賜斤敎, 俾開愚冡, 不敢自足已見, 膠守先入之見也.

適披衍箱, 有柳君煥德臨行所贈畫扇二把. 題詩曰:
樂朋于載尙論琴, 鳳尾空藏太古心. 試拂荷衣灤水渡, 中原應復有知音.

其一, 畫秋菊一叢.
詩曰:
海內若有知心人, 早春携歸一把來.
下書太一山人題.

遂以此扇及論小字及陽明事, 作書送之.

來時有一朋友購畫扇二把, 偶爾戯見其人有先知之術者然. 信心之句, 不覺戚若其人有先知之術者然. 信乎詩固有讖, 而韓孟·丹篆之夢, 非虛語也.

雖其格韻無足言, 幸以數語記其事于其上, 留之篋中.

仲回言: 又有客擾如前日, 答書甚草草.

| | | |
|---|---|---|
| | | 書曰:<br>來諭已悉, 一切所論列處, 水深見吾兄細心讀書, 佩服佩服, 咨籌燈再披玩尋味耳. 俾有客在寓, 未及詳答, 度吾兄定能諒之也. 扇子謹當依命題就繳到. 得暇能再博一會鄙心, 所願加望. 慈父母尊. 草此奉覆. 不備. |
| 2/11 | 十一日.<br>任西山. 留書送伻.<br>書曰:<br>夜來僉履可似?<br><br>得暇一會之敎, 弟則向日不暇? 只恐兄處之有妨. 今日方任觀西山, 將歷探五塔諸勝而歸. 留書鄙僕, 使之任探安候, 且致明早趨奉之意. 但聞貴寓人客相接, 以足爲悚悶. 昨見來副使大詩中, 有承鄕信之語, 此是遠客第一喜事, 一賀一羨. 未知老上台福否? 弟輩歸到鵬江, 乃見家書, 耤慮可想. 昨送扇把, 意謂相贈, 承敎繳到, 似是辭不達意耳. 不宣.<br><br>暮歸, 傔人已受答而來, 兼付印石.<br>書曰:<br>早接手敎, 得諗今日有西山之遊, 不勝艶羨. 恨俗塵膠擾, 目瞼追步後塵, 爲一大缺陷事耳. 明日枉駕, 甚感高誼. 但見反刻, 卽望惠然, 恐申後弟輩有人見招, 不容不住. 卽緣率此布意, 拜請近安. 不一.<br>印章, 旅次無刀, 以鈍鑿爲之, 殊愧拙劣. 恐不堪用重, 是故人之手蹟而已. 日來苦冗, 筆墨之違, 十手猶不能給. 腰式印, 竟不及作矣, 諒之. | 十一日.<br>任西山. 作書付德裕.<br>書曰:<br>夜來僉履可似?<br><br>昨承覆音, 仰慰仰慰. 弟戒副僕, 必面承尊客在座, 詳候顏色而來矣. 兩日皆以尊客在座, 不免白外退歸, 尤功悵慕.<br><br>昨承得暇一會之敎, 弟則向日不暇? 只恐兄處之有妨. 今日方任觀西山, 將歷探五塔諸勝而歸. 留書鄙僕, 使之任探安候, 且致明早趨奉之意. 昨見來副使大詩中, 有承鄕信之語, 此是遠客第一喜事, 一賀一羨. 未知老上台福否? 弟輩歸到鵬江, 乃見家書, 耤慮可想. 昨送扇把, 意謂相贈, 承敎繳到, 似是辭不達意耳. 不宣.<br><br>暮歸, 德裕已受答而來, 兼付印石.<br>書曰:<br>早接手敎, 得諗今日有西山之遊, 不勝艶羨. 恨俗塵膠擾, 目瞼追步後塵, 爲一大缺陷事耳. 明日枉駕, 甚感高誼. 但見反刻, 卽望惠然, 恐申後弟輩有人見招, 不容不住. 卽緣率此布意, 拜請近安. 不一.<br>印章, 旅次無刀, 以鈍鑿爲之, 殊愧拙劣. 恐不堪用重, 是故人之手蹟而已. 日來苦冗, 筆墨之違, 十手猶不能給. 腰式印, 竟不及作矣, 諒之. |

| | 十二日. | 十二日. | |
|---|---|---|---|
| | 使行皆住西山, 不仲亦隨去. | 使行皆住西山, 不仲亦隨去. | |
| | 余早飯隨至正陽門內, 雇車疾馳而往至, 則兩僮已候門矣. | 余早飯隨至正陽門外, 直往乾淨衕, 則兩僮已候門矣. | |
| | 入就坐, 力闇曰: '昨日西山之遊樂乎?' | 入就坐, 力闇曰: '昨日西山之遊樂乎?' | 力闇曰: '昨日西山之遊樂乎?' |
| | 余曰: '佳矣, 終欠天機. 且兄不聞漢文帝不作露臺不聞露臺之說乎?' | 余曰: '佳矣, 皆是人巧, 終欠天機. 且兄不聞漢文帝不作露臺之說乎?' | 湛軒曰: '兄不聞漢文帝不作露臺之說乎?' |
| | 力闇憮然曰: '此則比露臺, 不知其幾千萬倍也. 皇上非不節儉, 任下者不善奉行, 至於此.' | 力闇憮然曰: '此則比露臺, 不知其幾千萬倍也. 皇上非不節儉, 任下者不善奉行, 至於此.' | 力闇憮然曰: '比露臺, 不知其幾千萬倍. 皇上不非不節儉, 任下者不善奉行, 至於此.' (「鐵橋話」, 閒話 9) |
| | 余曰: '中國朝堂甚盛, 不知其幾千數百, 費盡無限財力. 喇嘛僧坐食厚隊者, 不知其幾千數百. 而沿路見食民之殿閣, 不勝其多.' | 余曰: '中國朝堂甚盛, 不知其幾千數百, 費盡無限財力. 喇嘛僧坐食厚隊者, 不知其幾千數百. 而沿路行客之殿閣, 不堪創其美者, 不勝其多, 而多有侈奢, 不勝暢歎, 極其侈麗. | 皆送湛軒嘗見此論, 留北京曰: '漢文造百金之費, 或罷露臺, 今皇爲一時戲劇之具, 而消折中人萬家之産, 豈節財給民之意乎?' (金譽民, 「觀燕錄」, 1805년 1월 15일) |
| | 余目當見皇上南遊圖, 處處宮殿樓觀戲臺, 皆極其侈麗. | 其奢麗. 且戲臺何用, 而朝制度尚存也. | |
| | 曰道: '戲臺有何好處.' | 曰道: '戲臺亦有妙覽, 以其有漢官威儀也.' | |
| | 蘭公歎曰: '數臺亦有妙覽, 以其有漢官威儀也.' | 蘭公歎曰: '數臺亦有妙覽, 以其有漢官威儀也.' | |
| | 擱筆大笑. | 擱筆大笑. | |
| 2/12 | 力闇卽於紙上, 畫紗帽團領古制一像, 又畫紅袖胡服一像. | 力闇卽於紙上, 畫紗帽團領古制一像, 又畫紅袖胡服一像. | |
| | 湛軒指而問蘭公曰: '那一箇好阿?' | 余指而問蘭公曰: '那一箇好?' | |
| | 蘭公指紅唱像曰: '這箇好.' | 蘭公指紅唱像曰: '這箇不是輕便.' | |
| | 湛軒因題于紗帽像曰: '鐵橋先生眞像.' | 余因題于紗帽像曰: '鐵橋先生眞像.' | |
| | 又題于紅唱像曰: '潘學士眞像.' | 力闇笑曰: '不敢.' | |
| | 皆大笑. | 又題于紅唱像曰: '潘學士眞像.' | |
| | 蘭公又歎云: '剃頭甚有妙處, 無梳櫛之煩爬擾之苦. 科頭者想不識此味, 以今觀之, 曾子乃不解事人也.' | 彼此皆拍掌大笑. | |
| | 湛軒曰: '明朝李卓吾以爲煩擾, 公然剃髮, 何異伊川被髮耶?' | 余曰: '行將別矣, 請彼此極言無諱, 可乎?' | |
| | | 皆曰: '善.' | |
| | | 余曰: '中國非四方之宗國乎? 君輩非我輩之知己乎? 對兄感儀, 每起敷惜者. 在元儒宗, 魯齋一人, 不能隨世顯晦, 旣不從匡山之舟, 又無浙東之行, 而大書元祭酒許衡致仕, 則夫子欲居九夷之訓, 認眞有心邪?' | 余曰: '中國非四方之表乎? 兩兄非我輩之知己乎? 見君輩之鞭髮, 安得不使我傷心而須兔乎?' |
| | | | 湛軒曰: '浙江有可笑語, 剃頭店有牌號, 書曰盛世樂事.' (「鐵橋話」, 閒話 11) |

홍대용(洪大容) 필담(筆談) 자료집(資料集) 61

| | | | |
|---|---|---|---|
| | | 兩人相顧無語. | |
| | | 余並塗抹之, 更雜以汗邊語. | |
| | 兩人相顧, 錯号無語. | 蘭公笑曰: '剃頭甚有妙處, 無梳髻之煩爬癢之苦. 剃頭者想不識此味, 故爲此語也.' | |
| | 蘭公又戲云: '剃頭甚有妙處, 無梳髻之煩爬癢之苦. 剃頭者想不識此味, 故爲此語也.' | 余曰: '不敢毀傷之語, 以今觀之, 曾子乃不解事人也.' | |
| | 余曰: '不敢毀傷之語, 以今觀之, 曾子乃不解事人也.' | 兩生皆大笑. | |
| | 兩生皆大笑. | 蘭公曰: '眞箇不解事.' | |
| | 蘭公曰: '眞箇不解事.' | 又笑不止. | |
| | 又笑不止. | 力闇曰: '浙江有可笑語, 剃頭店有牌號, 書曰盛世樂事.' | |
| | 力闇曰: '浙江有可笑語, 剃頭店有牌號, 書曰盛世樂事.' | | |
| 湛軒曰: '網巾, 以馬尾戴頭上, 豈非冠屨倒置乎?' | 余曰: '江南人乃有此口氣, 北方恐不敢爲此.' | 余曰: '江南人乃有此口氣, 北方恐不敢爲此.' | 洪湛軒大容謂錢塘嚴鐵橋誠曰: '網巾以馬尾戴頭上, 此冠屨倒置.' |
| 力闇曰: '何不去之?' | 力闇曰: '網巾雖是前明之制, 實在不好.' | 蘭巾雖是前明之制, 實在不好.' | 誠曰: '何不去之?' |
| 湛軒曰: '安於故常, 且不忍忘明耳.' | 力闇曰: '何故?' | 力闇曰: '何故?' | 軒曰: '安於故常, 且不忍忘明制耳.' |
| 又曰: '婦人小鞵, 始於何代?' | 余曰: '頭戴馬尾, 豈非冠屨倒置乎?' | 余曰: '頭戴馬尾, 豈非冠屨倒置乎?' | 誠曰: '婦人纏足, 仍論婦人德.' |
| 蘭公曰: '此無明證. 但傳云: 始自南唐李脊娘.' | 力闇曰: '然則何不去之?' | 力闇曰: '然則何不去之?' | 纏足: '網頭纏足之見者, '網巾上係領上係巾痕, |
| 湛軒曰: '此亦甚不好. 余嘗云網頭纏足, 乃中國厄運之先見者.' | 余曰: '安於故常, 且不忍明制耳.' | 余曰: '安於故常, 且不忍明制耳.' | 以爲領上係巾痕, 大足不好. <網巾>) |
| 桐菴曰: '網巾, 不推馬尾不好, 額上係巾痕, 婦人係履, 余嘗心慊, 著其原始甚詳, 載李漁一家言. 且康熙時, 余禁不能登云, 網頭纏足, 拚出甚好? 出頭不得, 展足不得, 非厄運而何?' | 余又曰: '婦人小鞵, 始於何代?' | 余又曰: '婦人小鞵, 始於何代?' | (『湛軒記』1, <網巾>) |
| | 蘭公曰: '此無明證. 但傳云: 始自南唐李脊娘.' | 蘭公曰: '此無明證. 但傳云: 始自南唐李脊娘.' | |
| | 余曰: '此亦甚不好. 余嘗云網頭纏足, 乃中國厄運之先見者.' | 余曰: '此亦甚不好. 余嘗云網頭纏足, 乃中國厄運之先見者.' | |
| | 力闇頷之. | 力闇頷之. | |
| | 蘭公曰: '余嘗取優人網巾, 戲着之, 甚不便.' | 蘭公曰: '余嘗取優人網巾, 戲着之, 甚不便.' | |
| | 余戲之曰: '彼人無用草甫.' | 余戲之曰: '彼人無用草甫.' | |
| | 兩生皆大笑, 亦有愧色. | 兩生皆大笑, 亦有愧色. | |
| | 蘭公曰: '江外有一友, 嘗戱着優人帽帶, 爲拜跪狀, 一坐爲之閧堂.' | 蘭公曰: '江外有一友, 嘗戱着優人帽帶, 爲拜跪狀, 一坐爲之閧堂.' | |
| | 余又戲云: '黑旋風喬坐衙.' | 余又戲云: '黑旋風喬坐衙.' | |
| | 兩生皆絶倒. | 兩生皆絶倒. | |
| | 余又曰: '其人之僑赧矣, 想來令人傷心.' | | |

| | | |
|---|---|---|
| 又曰: '十年前, 關東一知縣遇東使, 引入內堂, 借着帽帶, 與其妻相對而泣. 東國至今傳而悲之.' | 又曰: '十年前, 關東一知縣遇東使, 引入內堂, 借着帽帶, 與其妻相對而泣. 東國至今傳而悲之.' | |
| 力闇垂首默然. | 力闇垂首默然. | |
| 蘭公歎曰: '好箇知縣.' | 蘭公歎曰: '好箇知縣.' | |
| 又曰: '苟有此心, 何不棄官去?' | 又曰: '苟有此心, 何不棄官去?' | |
| 又曰: '此亦甚不易. 吾輩所不能, 何敢責人?' | 又曰: '此亦甚不易. 吾輩所不能, 何敢責人?' | |
| 皆愀然良久. | 皆愀然良久. | 力闇曰: 頑童之弊, 浙江太甚. 年長者稱契兄, 年少者稱契弟, 契兩年長, 又傳年長. 士大夫不恥爲之, 他人狎昵其契弟, 則必起爭端, 至訟官司. 官司不以爲怪, 聽理曲直.' 因笑曰: '聞此迄自來已久, 始於黃帝征蚩尤之時, 爲軍中之戲.' (『鐵橋話』, 閒話 12) |
| 力闇曰: '貴國貞淫如何?' | 力闇曰: '貴國貞淫如何?' | |
| 余曰: '士族無改嫁之法, 嚴內外之分, 貞淫無可論矣. 惟官妓最多, 府衙事以此待客. 然爲士者犯之, 尙論之士皆非之.' | 余曰: '士族無改嫁之法, 嚴內外之分, 貞淫無可論矣. 惟官妓最多, 府衙事以此待客. 然爲士者犯之, 尙論之士皆非之.' | |
| 力闇曰: '前朝此風最盛, 康熙朝盡去之. 弘光南渡後亦設院, 今則入荒烟蔓草.' | 力闇曰: '前朝此風最盛, 康熙朝盡去之. 弘光南渡後亦設院, 今則入荒烟蔓草.' | 力闇曰: '前朝官妓之風最盛, 康熙朝盡去之, 弘光南渡後亦設院, 今則入荒烟蔓草.' (『鐵橋話』, 閒話 13) |
| 余曰: '牛壁偏安, 救死扶傷不暇, 此豈設院之時乎? 康熙皇帝, 我東亦稱以英傑之君. 此一事, 亦隆朝之所不及.' | 余曰: '牛壁偏安, 救死扶傷不暇, 此豈設院之時乎? 康熙皇帝, 我東亦稱以英傑之君. 此一事, 亦隆朝之所不及.' | |
| 蘭公笑曰: '本朝政令, 事事皆好. 惟去官妓, 可謂殺風景.' | 蘭公笑曰: '本朝政令, 事事皆好. 惟去官妓, 可謂殺風景.' | |
| 力闇曰: '蘭公好色之徒, 故其言如此.' | 力闇曰: '蘭公好色之徒, 故其言如此.' | |
| 蘭公大笑. | 蘭公大笑. | |
| 余曰: '戲言出於思也. 蘭兄貌甚美, 自古貌美者多好色. 傷生之事非一, 而好色者必死, 不亦可畏乎?' | 余曰: '戲言出於思也. 蘭兄貌甚美, 自古貌美者多好色. 傷生之事非一, 而好色者必死, 不亦可畏乎?' | |
| 蘭公歎曰: '有天命者, 任自爲之.' | 蘭公歎曰: '有天命者, 任自爲之.' | |
| 又曰: '好色者不怕死故云.' | 又曰: '好色者不怕死故云.' | |

| | | |
|---|---|---|
| | 蘭公笑曰: '國風好色, 聖人取之, 庸何傷乎?' | |
| | 余曰: '將以戒之也, 聖人登以此勸人耶?' | |
| | 蘭公曰: '君子好逑, 亦不足樂乎?' | |
| | 余曰: '亦樂而不淫, 可也.' | |
| | 蘭公曰: '此皆戲言, 幸勿認眞.' | |
| | 余曰: '非戲言, 亦恐戲眞相雜.' | |
| 力闇曰: '本朝立國甚正, 滅大敗, 伸大義, 際中原無主, 非利天下.' | 力闇曰: '本朝立國甚正, 滅大敗, 伸大義, 際中原無主, 非利天下.' | 力闇曰: '本朝立國甚正, 滅大敗, 伸大義, 際中原無主, 非利天下.' |
| 湛軒笑曰: '非利天下, 則吾未敢知也.' | 余笑曰: '非利天下, 則吾未敢知也.' | 湛軒笑曰: '非利天下, 則吾未敢知也.' |
| 力闇曰: '江外有奇談曰, 泛來禮物, 如何不受?' | 力闇曰: '江外有奇談曰, 泛來禮物, 如何不受?' | 曰: '江外有奇談曰, 泛來禮物, 如何不受?' |
| 湛軒大笑. | 余曰: '吳三桂所送.' | 湛軒大笑. |
| 蘭公曰: '國初, 宮中有得一幅書云: 謹具萬里江山, 下書拜呈.' | 皆大笑. | |
| 湛軒曰: '言前明重文輕武, 以致亡國.' | 蘭公曰: '國初, 宮中有得一幅書云: 謹具萬里山河, 下書拜呈.' | (『鐵橋話』, 閣話 14) 滿潘絅史庭筠, 字蘭公, 號秋庫, 杭州錢塘人, 高宗乾隆時官御史. 戊戌救王考入燕時相交. |
| 力闇曰: '闖賊流寇於中原, 勇敗腎號於關外, 自皮亦或爲順治之事, 伸大義一言, 豈非苟且之甚? 易地而處, 可謂難兄難弟.' | 余未解意. | 與我東洪洪軒[大容]『筆談』, 宮中得一幅書江里, 下書云: 文人拜呈. 錢塘人嚴誠[字力闇, 號鐵橋], 明重文輕武, 以致亡國.' |
| 柯竜曰: '言前明重文輕武, 以致亡國.' | 力闇曰: '言前明重文輕武, 以致亡國.' | (『五洲衍文長箋散稿』, <八比人股辯證說>) |
| | 余曰: '元時, 中國人亦雄髮耶?' | |
| | 力闇曰: '不然.' | |
| | 余曰: '前朝末年, 太監用事, 流賊闖發, 煤山殉社, 天實爲之, 謂之何哉? 所謂滅大敗, 伸大義, 乃本朝之大節抗. 惟中國之剃頭變服, 淪陷之慘, 甚於金元時, 爲中國不勝哀涕.' | |
| | 兩生皆相顧無言. | |
| 湛軒曰: '我國於前朝, 有再造之恩. 兄輩會聞之否?' | 余曰: '我國於前朝, 有再造之恩. 兄輩曾聞之否?' | |
| 湛軒曰: '萬曆年, 倭敗大人東國, 神宗皇帝, 到合二' | 皆曰: '何故?' | |
| 天下之兵, 生民之樂利, 皆神宗' | 余曰: '萬曆年間, 倭敗大人大東國, 八道瘡爛, 神宗皇帝勸天下之兵, 費天下之財, 七年然後定. 到今二百年, 生民之樂利, 皆神皇之賜也.' | |
| 柯竜曰: '今世哀慕人者, 余曾與人書, 嘗一浮薄輩, 明字於極行, 有一浮薄行, 大笑以爲明旣亡矣,' | | |

| | | | |
|---|---|---|---|
| | | 日末年流敗之變, 未必不由於此. 故我國以爲由我而亡, 沒世哀慕, 至于今不已.' | 日末年流敗之變, 未必不由於此. 故我國以爲由我而亡, 沒世哀慕, 至于今不已.' |
| 何必尊之? 又傳聞一人, 以爲喚滿人, 曰祖曰父, 何辱之有? 言不可以若是悖.' | | 兩人皆無答. | 兩生亦無答. |
| | | 余曰：'日前妄論, 須從容書教.' | 余曰：'日前妄論, 須從容書教.' |
| | | 力闇曰：'弟愚蒙失學, 未敢妄論. 所謂陽明·未子之說極好.' | 力闇曰：'弟愚蒙失學, 未敢妄論. 所謂陽明·未子之說極好.' |
| | | 余曰：'不必即刻論示. 欲待二兄書, 歸後籍以聞於東方師友耳.' | |
| | | 力闇曰：'胸中淺陋, 恐即有論議, 徒然貽笑大方, 奈何?' | 胸中淺陋, 恐即有論議, 徒然貽笑大方, 奈何?' |
| | | 余曰：'弟實非爲反也. 如二兄才學, 求之東方, 在先則或有之, 見在則鮮有可比.' | |
| | | 力闇曰：'即如渼湖尊師, 亦已服膺已極, 則不免丁稱丧矣.' | |
| | | 余曰：'論性書何如?' | |
| 湛軒曰：'渼湖論性書何如?' | | 力闇曰：'持論好極, 擬携歸刊刻.' | |
| 力闇曰：'持論好極, 擬携歸刊刻.' | | 湛軒曰：'此是東儒大是非. 但於初學實地, 無其關緊.' | |
| 湛軒曰：'此是東儒大是非. 但於初學實地, 無甚關緊耳.' | | 力闇曰：'如何不關緊? 但畏談性命之人, 即離非初學, 如蘭公者, 亦不樂聞之耳.' | 湛軒曰：'渼湖論性書何如?' |
| 柯雨曰：'世之人有能拘撿而不耐究竟者, 必曰: 欲識天人性命者, 非急務也. 此人一生, 不得窮理而死. 稍解從竟而不耐拘撿者, 必曰: 只守進退徹像答, 非真學也. 此人一生, 不得修行而死.' | | 余曰：'我業先輩有言曰: 人手不知邂逅之簡, 而口談性命之蘊. 蘭兄之意出於此, 則其不樂聞, 眞可敬耳.' | 曰：'持論好極, 擬携歸刊刻.' 湛軒曰：'此是東儒大是非, 但於初學實地, 無關緊.' 曰：'如何不關緊? 但畏談性命之人, 即離非初學, 如蘭公者, 亦不樂聞之耳.' (『鐵橋話』, 閏5 15) |
| | | 蘭公見之而笑. | |
| | | 力闇曰：'解嘲語.' | |
| 湛軒愛喫橘餅, 蘭公自其案中不住拿出. | | 余曰：'頃刻惠印章甚妙. 且作歸後, 瞻思之資, 可幸. 其湛軒二字, 不可磨滅. 適同行有略解刻法者, 方欲使之依樣刻出矣.' | |
| 柯雨曰：'食物雖小事, 見人嗜之, 則不仁拿出, 乃天理人情流動處.' | | 力闇曰：'行期尚遠, 可復致水.' | |
| | | 又進餅果, 以余愛喫橘餅, 蘭公自案中, 不住拿出. 有梅糖. | |
| | | 余曰：'此冬天開花之梅實乎?' | |

| | | |
|---|---|---|
| | | 力闇曰: '菊茶始生於杭州城上, 採以爲茶, 頗稱香美. 自官禁私採, 民間得之者絶少. 近年移種, 處處有之.'(『鐵橋話』, 閒話 16) |
| | 力闇曰: '此梅也. 其色赤鮮, 特大徑寸, 五月間有之.' | |
| | 喫畢, 進菊茶各一椀. | |
| | 花瓣恰似甘菊, 飮之頗有菊香. | |
| | 力闇曰: '此菊始生於杭州城上, 以爲茶頗美. 自官禁私採, 民間得之者絶少. 近年移種繁植, 處處有之耳.' | |
| | 蘭公曰: '淸陰先生集, 有幾卷?' | |
| | 余曰: '二十卷而其中多犯諱之語, 不敢出之. 淸陰文章學術, 爲東方大儒, 而革鼎後, 避世不仕, 十年拘於瀋陽, 終不屈而歸.' | |
| | 蘭公曰: '此田橫也.' | |
| | 余曰: '不然. 此爲明朝守節人.' | |
| | 蘭公革鼎曰: '明耶? 抑東耶?' | |
| | 余曰: '本朝之革鼎也.' | |
| | 蘭公始覺而頷之, 卽以筆抹田橫云. | |
| | 余又曰: '淸陰歸隱於嶺南鶴駕山中, 與淸陰同歸者亦多. 又有世族四家, 隱於太白山中, 時人爲爲四皓. 其一部宗人也. 有詩曰: 大明天下無家客, 太白山中有髮僧.' | |
| | 力闇看畢, 轉身而坐, 再三諷誦, 頗有愴感之色. | |
| | 蘭公曰: '『箕雅』一書, 多近代人詩耶?' | |
| | 余曰: '古今皆人焉. 如欲一覽, 後當奉上.' | |
| | 蘭公曰: '恐費事耳.' | |
| | 余曰: '不難.' | |
| | 蘭公曰: '此書, 各人名下, 記其氏爵否?' | |
| | 余曰: '略記之. 當以此等幾篇, 詳記氏族而付送, 合而增損之.' | |
| | 蘭公曰: '極好.' | |
| | 又曰: '中國之書, 東方皆有之? 所欲得者何書?' | |

蘭公曰: '聞兄於天文之學甚精, 信然否?'
湛軒曰: '誰爲此妄說?'
蘭公曰: '家有渾儀, 那得不知天文?'
湛軒曰: '三辰躔度, 畧聞其大槩, 果有所造渾儀, 而此何足爲天文耶?'
炯菴曰: '以日月靠距, 彗孛飛流, 芒角動搖, 預斷吉凶者, 天文家也. 木躔離之行, 變中星之次, 以朞發斂進退, 就授民時者, 曆家也. 漢書藝文志, 有天文廿一家, 曆譜十八家, 判然爲二.'
當購以奉上.
余曰: '呂晩村文集及弘光南渡後事蹟欲得之, 而此非付遠之物矣.'
蘭公急塗抹余語, 而書于其上曰: '此等沒有.'
余曰: '讀禮通攷續篇, 亦欲得之.'
蘭公曰: '此徐乾學所纂, 皆記喪禮, 續編, 未見. 呂晩村所選之文有之, 自己集亦未見.'
余曰: '詩集及經義有之.'
蘭公曰: '響山樓藏書幾千卷?'
余曰: '有七八百卷, 此亦已多矣.'
蘭公曰: '聞吾兄於天文之學甚精, 信然否?'
余曰: '誰爲此妄說?'
蘭公曰: '家有渾儀, 那得不知天文?'
余曰: '三辰躔度, 畧聞其大槩, 故果有所造渾儀, 而此何足爲天文?'
蘭公曰: '渾儀自製耶?'
余曰: '不是手製, 乃敎匠手造耳.'
蘭公曰: '騎射精耶?'
余笑曰: '射不穿札, 身不跨鞍, 一箇迂儒耳.'
蘭公曰: '聞兄藝術甚多, 可畧聞否?'
余曰: '律律兵機等書, 其餘律律兵機等人, 而非中國古樂. 大抵吾東人, 多博而寡要, 實無一得. 大抵吾東人, 多博而寡要, 最是可悶.'
蘭公曰: '弟不中作奴.'
力闇曰: '鉅儒, 不但醇儒. 很不相隨作學生.'
又曰: '此隆中氣象.'
又曰: '此亦儒者所當有事, 卽觀朱子, 可見.'
又曰: '有此抱負, 長爲農夫寬甘耶?'

蘭公曰: '聞兄藝術甚多, 可畧聞否?'
湛軒曰: '畧解東琴, 而非中國古樂, 其餘律曆兵機等書, 非不好之, 而實無一得. 大抵吾東人, 多博而寡要, 最是可悶.'
力闇曰: '鉅儒, 不但醇儒. 很不相隨作學生.'
又曰: '此隆中氣象. 此亦儒者所當有事, 卽觀朱子, 可見.'
又曰: '有此抱負, 長爲農夫寬甘耶?'
(『鐵橋話』, 問話 17)

| | | |
|---|---|---|
| 湛軒曰: "二兄嘗觀兵書耶?"<br>蘭公曰: "略觀之, 如太白陰經·望江南詞·火龍秘書·六壬兵筌之類."<br>湛軒曰: "六壬皆是說話."<br>蘭公曰: "寶未解也."<br>力闇曰: "奇門遁甲眞否? 太乙如何?"<br>湛軒曰: "都歸夢寐."<br>又曰: "武侯八陣圖, 亦歸之於奇道, 不亦可笑乎?"<br>蘭公曰: "寶本奇道."<br>炯菴曰: "余以爲六壬非全然不可信者, 吳越春秋等書, 但月將之名, 涉巫家語. 太乙等書, 已著明驗. 屬水, 天一生水, 故曰太乙一星, 在紫微宮, | 又曰: "但好此等書, 亦不足論, 而如吾兄見則信其爲有體有用之學."<br>余曰: "無知妄發, 遭此情外之言, 不勝慚愧. 且諸兄眞以我爲此等人, 則是與人之大輕矣. 聊以此而諫之, 則待人之不誠矣."<br>蘭公曰: "隱居求志者, 能無意於世耶?"<br>余曰: "不意兄輩見外之至此, 弟未不喜外飾. 故隨意書出. 若吾兄意謂眞有所得者然, 則弟之虛張証人之罪, 乃地自容."<br>蘭公曰: "吾兄秘而不與弟知之, 乃証人也."<br>余不得已斂之曰: "兄輩踐踱, 不足以語此. 故未免秘之."<br>皆大笑而止.<br>蘭公曰: "昆季幾人?"<br>余曰: "有庶弟, 課農爲生."<br>蘭公曰: "門望第一, 乃親未耜, 何賤者之多耶."<br>余曰: "不能讀書學古, 只歸農爲民而已."<br>兩生皆笑.<br>力闇曰: "不然. 爲有家世顯官而爲農夫耶?"<br>又曰: "士與農爲一, 此古風也, 非如此間之凉薄矣."<br>余曰: "二兄嘗觀兵書耶?"<br>蘭公曰: "略觀之, 如太白陰經望江南詞火龍秘書六壬兵筌之類."<br>余曰: "六壬皆是說話."<br>蘭公曰: "此書僞托黃石公作."<br>又曰: "六壬之書, 不足信耶?"<br>余曰: "兄信之耶?"<br>蘭公曰: "家有此類書數種, 偶觀之, 寶未解."<br>乃出示一冊, 題曰墨緣齋藏書記, 中有六壬諸書十數種.<br>力闇曰: "奇門遁甲眞否? 太乙如何?" | 又曰: "但好此等書, 亦不足論, 而如吾兄見則信其爲有體有用之學."<br>余曰: "無知妄發, 遭此情外之言, 不勝慚愧. 且諸兄眞以我爲此等人, 則是與人之大輕矣. 聊以此而諫之, 則待人之不誠矣."<br>蘭公曰: "隱居求志者, 能無意於世耶?"<br>余曰: "不意兄輩見外之至此, 弟未不喜外飾. 故隨意書出. 若吾兄意謂眞有所得者然, 則弟之虛張証人之罪, 無地自容."<br>蘭公曰: "吾兄秘而不與弟知之, 乃証人也."<br>余不得已斂之曰: "兄輩踐踱, 不足以語此. 故未免秘之."<br>皆大笑而止.<br><br><br><br><br><br><br><br><br>蘭公曰: "略觀之, 如太白陰經·望江南詞·火龍秘書·六壬兵筌之類. 如太白陰經·望江南詞火龍秘書·六壬兵筌之類."<br>余曰: "六壬皆是說話."<br>蘭公曰: "此書僞托黃石公作."<br>又曰: "六壬之書, 不足信耶?"<br>余曰: "兄信之耶?"<br>蘭公曰: "家有此類書數種, 偶觀之, 寶未解."<br>乃出示一冊, 題曰墨緣齋藏書記, 中有六壬諸書十數種.<br>力闇曰: "奇門遁甲眞否? 太乙如何?" |
| | | 力闇曰: "孫子·吳子及尉繚子等, 即不談兵, 其義理自佳."<br>(『鐵橋話』, 閒話 18) |

| | |
|---|---|
| | 余曰: '弟於此等書, 或見或不見, 都歸之夢囈. 兵書惟孫吳最可觀.' |
| | 蘭公曰: '孫吳皆觀之, 未若他書之出奇無窮.' |
| | 力闇曰: '孫子吳子及尉繚子等, 卽不談兵, 其義理自佳. 合此而必好讀甲六壬等書, 好奇之過也.' |
| | 余曰: '宋朝郭京可鑑.' |
| | 力闇曰: '且亦王法所禁.' |
| | 余曰: '才高者多汎濫, 蘭兄是也.' |
| | 蘭公曰: '此事實未嘗知其大略, 不過偶閱之. 且此事必有師傳, 乃得樞奧. 今人中朝鮮, 安可得遇哉?' |
| | 余笑曰: '問丁張角先生.' |
| | 蘭公大笑. |
| 乙, 乙者一也, 水爲造化之根, 故術家掛之六壬, 亦水乙也. 大抵出於讖緯之流, 俱得易之一端. 八陣圖, 亦從井田法推來, 竇憲勒燕然山銘, 勒以八陣. 然則古有其法, 亮推圖行之耳. | 余曰: '我東尙此者亦多, 頗有奇驗, 其實終不中用也.' |
| | 蘭公曰: '中國亦多, 不過爲人卜休咎耳, 亦無他奇也.' |
| | 余曰: '精於此者, 其自期不止此也.' |
| | 又曰: '武侯八陣圖, 亦歸之奇道, 不亦可笑乎?' |
| | 蘭公曰: '然. 實本奇道.' |
| | 余曰: '請聞其說.' |
| | 蘭公曰: '休生傷杜等八門, 卽是此法. 推神捉將, 微妙無窮, 弟特不知不能言耳.' |
| | 力闇曰: '旣云不知, 何以又言微妙?' |
| | 余曰: '蔡西山論定者見乎?' |
| | 蘭公曰: '西山之書曾見之, 已忘之久矣.' |
| | 余曰: '律呂新書朱子序文中, 有八陣圖云, 而未曾得見?' |
| | 蘭公曰: '陳壽識武侯不知兵法, 八陣圖, 何益于事? 今人艶稱之, 何也?' |
| 蘭公曰: '武侯, 陳壽譏其不知兵法, 八陣圖, 何益于事? 細思之, 武侯實未敵魏武之手段, 祭風之說, 後人好事爲之. 馬謖之敗, 由于武侯, 正不得以爲三代下第一大人物, 而逢人亦云也.' | |

| | | |
|---|---|---|
| 桐菴曰: '徐世溥作武侯無成論, 譏斥太甚. 薛龍詩曰, 當年諸葛戎何事, 只合終身作卧龍. 徐晩年死於兵, 薛及於闖發之難, 人以爲口業之報, 蘭公以爲少商量?' | 蘭公曰: '風雲鳥火之圖, 略見之, 後有岳鄂王一跋, 極言其神妙, 弟視之茫然.' | 余曰: '陳壽何足以知武侯哉? 八陣則弟亦未知其何説也.' |
| | | 蘭公曰: '風雲鳥火之圖, 略見之, 後有岳鄂王一跋, 極言其神妙, 弟視之茫然. 武侯實未嘗馘魏一箭, 祭颷之説, 後人好事者爲之, 實無此事, 馬謖之敗, 由于武侯, 似不得爲三代下第一人物, 而古人云亦云也.' |
| | | 力闇曰: '江流石不轉, 遺恨失吞吳. 然則杜甫之智, 逐出老兄下耶?' |
| | | 蘭公曰: '杜詩何解? 蜀之一失, 由於飲吞吳, 拾闇敗而思小忿, 卒以敗事, 豈非遺恨耶?' |
| | | 蘭公曰: '所論者, 上有功盡三分國, 名成八陣圖一句耳, 轉彎之辨, 可笑.' |
| | | 蘭公曰: '搭此事別談, 如何?' |
| | | 力闇曰: '此是老兄好逞強辨.' |
| | | 蘭公曰: '大一山人爲誰?' |
| | | 余曰: '姓柳名煥德, 早年出身, 頗有才華, 拘於門閥, 棲遲下官.' |
| | 余曰: '中國士大夫, 於國制所禁之外, 有能一從家禮者乎?' | 余曰: '中國士大夫, 於國制所禁之外, 有能一從家禮者乎?' |
| | 蘭公曰: '遵家禮者不少. 若徽州人則盡遵之.' | 蘭公曰: '遵家禮者不少. 若徽州人則盡遵之.' |
| | 余曰: '喪家用樂最可惡.' | 余曰: '喪家用樂最可惡.' |
| | 蘭公曰: '本欲娛尸, 翻成辱客. 爲人後者不如是, 則以爲險于其親, 可歎.' | 蘭公曰: '本欲娛尸, 翻成辱客. 爲人後者不如是, 則以爲險于其親, 可歎.' |
| | | 余曰: '無後者, 有養子法耶?' |
| | | 曰: '有.' |
| | | '取兄弟之子耶?' |
| | | 曰: '然.' |
| | | '只取同姓耶?' |
| | | 曰: '然.' |
| | 余曰: '中表婚尚有之乎?' | 余曰: '中表婚尚有之乎?' |
| | 力闇曰: '此係律所禁, 其罪當笞. 然人家不以此爲' | 力闇曰: '此係律所禁, 其罪當笞. 然人家不以此爲 |
| | | 進軒問: '中表婚所有之乎?' |
| | | 曰: '此係律所禁, 其罪當笞. 非也. 大淸律, 明載此條.' |

| | | | (『鐵橋話』, 閒話 19) |
|---|---|---|---|
| | 此爲非也. 大淸律, 明載此條.' | 此爲非也. 大淸律, 明載此條.' | |
| | 余曰: '兩兄家亦有之乎?' | 余曰: '兩兄家亦有之乎?' | |
| | 曰: '無.' | 曰: '無.' | |
| | 余曰: '見中國小說, 多以此致亂, 終不如無此法也.' | 余曰: '見中國小說, 多以此致亂, 終不如無此法也.' | |
| | 蘭公曰: '卽無此法, 亦安能禁其不亂?' | 蘭公曰: '卽無此法, 亦安能禁其不亂?' | |
| | 余曰: '改嫁不以爲非耶?' | 余曰: '改嫁不以爲非耶?' | |
| | 蘭公曰: '士大夫家不改嫁. 然貧而無子, 改嫁亦宜. 未嬬如程子, 卽豈有罕氏之女.' | 蘭公曰: '士大夫家不改嫁. 然貧而無子, 改嫁亦宜. 未嬬如程子, 卽豈有罕氏之女.' | |
| | 余曰: '禮有爲同居繼父服?' | | |
| | 蘭公曰: '無.' | | |
| | 余曰: '家禮罔中有之.' | | |
| | 蘭公曰: '今人不爲此服.' | | |
| | 余曰: '亦有爲母服?' | | |
| | 蘭公曰: '心喪三年.' | | |
| | 余曰: '此以衆人望人之義, 其實事一而終, 豈非婦人之義.' | 余曰: '此以衆人望人之義, 其實事一而終, 豈非婦人之義.' | |
| | 蘭公曰: '貧無所歸, 而其人非能忍之人, 再適亦無害. 任在大族少寡者, 旣不得改嫁, 而其事有甚於此者多矣. | 蘭公曰: '貧無所歸, 而其人非能忍之人, 再適亦無害. 任在大族少寡者, 旣不得改嫁, 而其事有甚於此者多矣. | |
| | 余曰: '不必禁之, 亦不必勸之, 只任之而已.' | 余曰: '不必禁之, 亦不必勸之, 任之而已.' | |
| | 力闇頷之. | 力闇頷之. | |
| | 蘭公曰: '大家未嘗禁之, 然彼亦不肯改適, 其情甚薄, 而實非所願, 勉強留任者甚多.' | 蘭公曰: '大家未嘗禁之, 然彼亦不肯改適, 其情甚薄, 而實非所願, 勉強留任者甚多.' | |
| | 力闇曰: '以己之心, 度人之心, 總之好色之談.' | | |
| | 蘭公大笑. | | |
| | 又曰: '東方亦有未婚守節者否?' | 又曰: '東方亦有未婚守節者否?' | |
| | 余曰: '納幣後則已成婚, 故不敢改適.' | 余曰: '納幣後則已成婚, 故不敢改嫁.' | |
| | 蘭公曰: '此却非情義之正. 已嫁未嘗見而亡, 卽歸葬於母家, 謂其未成婦道也. 未嫁夫死而守節者, 古人比之爲忤, 亦賢者之過也.' | 蘭公曰: '此却非情義之正. 已嫁未嘗見而亡, 卽歸葬於母家, 謂其未成婦道也. 未嫁夫死而守節者, 雖其人此之爲忤, 古人比之爲忤, 亦非尋常婦女可比, 然亦賢者之過也.' | |
| 蘭公曰: '東方亦有未婚守節者否?' 進軒曰: '納幣後則已成婚, 故不敢改嫁.' 蘭公曰: '此却非情義之正. 已嫁未嘗見而亡, 卽歸葬於母家, 謂其未成婦道也. 未嫁夫死而守節者, 古人比之爲忤, 亦賢者之過也.' 力闇曰: '此亡於禮之禮也.' | | 力闇曰: | 蘭公曰: '東方亦有未婚守節者否?' 進軒曰: '納幣則已成婚, 故不敢改嫁.' 力闇曰: '此無於禮之禮也. 以其隣于愚之勸之, 而有其人焉, 大吏以之上聞, 則仿于子婆, 猶之封殷之孝子也.' (『鐵橋話』, 閒話 20) |

| | | |
|---|---|---|
| 而有其人焉, 大夫以之聞, 則仍子褒, 猶之封贈之孝子也. 進軒曰: '貴處不改嫁, 亦有旌表之典耶.' 柳蓭曰: '未婚守節之婦, 律不載其文, 以其鄰于勸之也.' 夫死從死, 或遭難不屈而死, 爲烈婦. 夫死守節, 爲貞婦. 婦人有三等名目. 我國士大家則無改嫁. 只許死夫家舍. 死固烈矣, 亦非正經道理, 猶滅性之孝子也.' | 力閣曰: '此止於禮之禮也. 古貞女例不請旌, 以其鄰于勸之也, 而有其人焉, 大夫以之上聞, 則仍子褒, 猶之封贈之孝子也.' 蘭公曰: '貴處不改嫁者, 亦有旌表之典耶.' 余曰: '我國不改嫁是常事. 故無旌表之事.' 蘭公曰: '未婚守節之婦, 律不載其文, 以其鄰于勸之也.' 蘭公曰: '早寡守節者, 能無失行之弊耶.' 余曰: '雖或有之, 千百中一, 見覺則必死. 其父兄近族, 皆見枳仕路.' 蘭公曰: '父兄之見枳, 何也.' 力閣曰: '爲淸議所不容.' 余曰: '然.' 蘭公曰: '太過. 父兄奚罪焉.' 余曰: '終係偏邦, 故於此甚偏, 亦曰不妨.' 力閣曰: '然. 亦不足見貴國禮教之嚴矣.' 余曰: '貴處小兒, 始讀何書.' 力閣曰: '始讀千字文, 次讀史略, 次讀小學, 而及於經書.' 力閣曰: '史略何謂.' 余曰: '曾先之所作十九史略.' 力閣曰: '此間謂之鑑略, 亦與小兒讀之.' 又曰: '小學最好.' 又曰: '小學外篇, 雖都說大學事, 然多識前言往行, 自宜于幼悟之童, 或有穎悟之童, 自宜于終身終事. 此昔儒之所以教幼童時講日記故事也. 聖經賢傳, 幼童如何解得.' 余曰: '我東先輩, 有終身自稱小學童子者, 其意非不好也, 終不若經書.' | 力閣問: '貴處小兒始讀何書.' 進軒曰: '始讀千字文, 次讀史略, 次讀小兒讀之.' 曰: '史略, 此間謂之鑑略, 亦與小兒讀之.' 又曰: '小學外篇, 小學外篇, 雖都說大學事, 然多識前言往行, 自宜于幼悟之童, 則不易忘. 且土先器識, 或有穎悟之童, 竟能中心素效, 未必非終身記古事也. 聖經賢傳, 此昔儒之所以教幼童時講日記古事也.' (『鐵橋話』, 閒話 20) |

| | | |
|---|---|---|
| 力闇曰: '然. 旣字讀禮記, 則幼儀如鷄初鳴咸盥漱櫛縰笄總之屬, 何從見之?' | 力闇曰: '然. 旣字讀禮記, 幼儀如鷄初鳴咸盥漱櫛縰笄總之屬, 何從見之?' | |
| 余曰: '童幼讀之, 非不好也.' | 余曰: '童幼讀之, 非不好也.' | |
| 力闇頷之曰: '我輩原可不講.' | 力闇頷之曰: '我輩原可不講.' | |
| 余曰: '然. 經書有進於此者, 不必終身用力於此也.' | 余曰: '然. 經書有進於此者, 不必終身用力於此也.' | |
| 蘭公曰: '東方風流佳話, 願聞之.' | 蘭公曰: '東方風流佳話, 願聞之.' | |
| 余曰: '我東人, 大抵鈍濁, 風流之事, 絶無可傳. 其稍自好者, 靦風流二字, 若將浼焉, 是以無傳焉.' | 余曰: '我東人, 大抵鈍濁, 風流之事, 絶無可傳. 其稍自好者, 靦風流二字, 若將浼焉, 是以無傳焉.' | |
| 蘭公曰: '風流才子, 亦非可願乎?' | 蘭公曰: '風流才子, 亦非可願乎?' | |
| 仍大笑. | 仍大笑. | |
| 余曰: '嘗聞君子之交, 義勝情, 小人之交, 情勝義. 弟近日以來, 別緒關心, 寢寐食不便, 抑或人情之不得不爾耶?' | 余曰: '嘗聞君子之交, 義勝情, 小人之交, 情勝義. 弟近日以來, 別緒關心, 寢寐食不便, 抑或人情之不得不爾耶?' | 進軒曰: '君子之交, 義勝情, 小人之交, 情勝義. 弟近日以來, 別緒關心, 寢食不便, 抑或人情之不得不爾那?' |
| 力闇曰: '此亦尙是情之得其正者, 未至大背聖賢理義. 弟則自今心折之後, 竟至奉吾兄若神明然. 此亦不免大過耶?' | 力闇曰: '此亦尙是情之得其正者, 未至大背理義. 弟則自今心折之後, 竟至奉吾兄若神明. 此亦不免大過耶?' | 力闇曰: '此亦情之得其正者, 未至大背理義. 弟則自今心折之後, 竟至奉吾兄若神明. 萬事皆不足說, 只各相努力, 爲第一大事.' |
| 余曰: '一別之後, 萬事皆不足說, 只各相努力, 無傷彼此知人之明, 爲第一大事.' | 余曰: '一別之後, 萬事皆不足說, 只各相努力, 無傷彼此知人之明, 爲第一大事.' | 進軒曰: '所可恨者, 弟自一闊吾兄縱論, 自覺平生未見此人. 將來相遇者, 雖不至于淫朋暱友, 而欲求如此古義敎飭之人, 頻相鞭策, 不可得矣.' |
| 力闇曰: '所可恨者, 弟自一闊吾兄緒論, 自覺平生未見此人, 將來相遇者, 雖不至于淫朋暱友, 而欲求如此古義敎飭之人, 頻相鞭策, 不可得矣. 並非以離別之苦傷心.' | 力闇曰: '所可恨者, 弟自一闊吾兄緒論, 自覺平生未見此人, 將來相遇者, 雖不至于淫朋暱友, 而欲求如此古義敎飭之人, 頻相鞭策, 不可得矣. 並非以離別之苦傷心.' | (『鐵橋話』, 實話 9) |
| | 余曰: '弟二兄, 非愛其才也, 取其學也, 非取其學也, 慕其心也, 只限言語不通, 逢別太忙, 未能盡叩深奧, 弟亦略有平日小小自得, 而不得效愚, 此爲至恨.' | |
| 余曰: '言語不通, 逢別太忙, 此爲至恨.' | | |
| 蘭公曰: '弟於聖賢之學, 茫無求心, 終日悠悠, 奈何?' | 蘭公曰: '弟於聖賢之學, 茫無求心, 終日悠悠, 奈何?' | |
| 又曰: '不敢見吾兄矣.' | | |
| 力闇曰: '安得如吾兄者, 朝夕相處, 將來自有進境? 弟天資原好, 只恐泪亡之時多, 無正人講論之功, 蘭公亦當共勉之.' | 力闇曰: '安得如吾兄者, 朝夕相處, 將來自有進境? 弟天資原好, 只恐泪亡之時多, 無正人講論之功, 蘭公亦當共勉之.' | 力闇曰: '安得如吾兄者, 朝夕相處, 將來自有進境? 弟天資原好, 只恐泪亡之時多, 無正人講論之功, 蘭公亦當共勉之.' |

| | | |
|---|---|---|
| 余曰: '二兄之日邁月征, 何待別人? 弟悠悠泛泛, 只待明日之意, 最是甚於鴆毒, 弟所以四十無聞也. 從此而歸, 當補自刻責, 庶無負吾兄. 蘭兄須效在色之誠, 非戲言也, 且雖年少所致, 然更加意於威重二字.' 蘭公起身, 扶之就坐. 力闇曰: '昔人云, 號爲文人, 餘無足觀. 而又安可酷慕風流二字乎? 此蘭公之大病也.' 又曰: '將來吾輩相見, 必時時以吾兄之言, 互相提策, 決不敢忘.' 余曰: '蘭公或有戲言, 任弟此言, 實是由中之語, 系與蘭公爲友, 敢不勉之?' 余曰: '風流二字, 如杜牧輩當之, 此何足道哉? 雖如米元章趙松雪輩, 文墨之士, 仰之若山斗, 而自識者觀之, 亦卑而又卑耳.' 力闇曰: '蘭公只望如米趙二公之類, 亦恐終身不到.' 又曰: '要言不煩, 只要步步脚踏實地.' 又曰: '此等學問, 委懇起存梁, 要堅不振, 不免醉生夢死. 卽申論日悠悠忽忽, 如米趙之精于藝者, 亦非一朝一夕所能成就, 移而至于身心性命之學, 又何境地, 不可到乎?' 余曰: '彼亦奪天巧然後能之, 亦自大不易.' 余又曰: '闇兄今科不中, 則無意復來耶?' 力闇曰: '不作証人之語, 如不中則斷不來矣. 生平以誤字命名, 又別號不二.' 余曰: '蘭兄不免再來, 以幾次爲準?' 蘭公曰: '三次.' 力闇曰: '父母之命, 親友之勸, 亦自難辭.' 余曰: '弟亦以此, 尙未斷跡科場.' | 余曰: '二兄之日邁月征, 何待別人? 弟悠悠泛泛, 只待明日之意, 最是甚於鴆毒, 弟所以四十無聞也. 從此而歸, 當補自刻責, 庶無負吾兄. 蘭兄須效在色之誠, 非戲言也. 且雖年少所致, 然更加意於威重二字.' 蘭公起身, 扶之就坐. 力闇曰: '昔人云, 號爲文人, 餘無足觀. 而又安可酷慕風流二字乎? 此蘭公之大病也.' 又曰: '將來吾輩相見, 必時時以吾兄之言, 互相提策, 決不敢忘.' 余曰: '蘭公或有戲言, 任弟此言, 實是由中之語, 系與蘭公爲友, 敢不勉之?' 余曰: '風流二字, 如杜牧輩當之, 此何足道哉? 雖如米元章趙松雪輩, 文墨之士, 仰之若山斗, 而自識者觀之, 亦卑而又卑耳.' 力闇曰: '蘭公只望如米趙二公之類, 亦恐終身不到.' 又曰: '要言不煩, 只要步步脚踏實地.' 又曰: '此等學問, 委懇起存梁, 要堅不振, 不免醉生夢死. 卽申論日悠悠忽忽, 如米趙之精于藝者, 亦非一朝一夕所能成就, 移而至于身心性命之學, 又何境地, 不可到乎?' 余曰: '彼亦奪天巧然後能之, 亦自大不易.' 余又曰: '闇兄今科不中, 則無意復來耶?' 力闇曰: '不作証人之語, 如不中則斷不來矣. 生平以誤字命名, 又別號不二.' 余曰: '蘭兄不免再來, 以幾次爲準?' 蘭公曰: '三次.' 力闇曰: '父母之命, 親友之勸, 亦自難辭.' 余曰: '弟亦以此, 尙未斷跡科場.' | 進軒曰: '二兄之日邁月征, 何待別人? 弟悠悠泛泛, 只待明日之意, 最是甚於鴆毒, 弟所以四十無聞也. 從此而歸, 痛自刻責, 庶無負吾兄. 只恐烏頭之力不久而淡淡也. 蘭兄加意於威重二字.' 力闇曰: '昔爲文人, 餘無足觀. 而又安可酷慕風流二字乎? 此蘭公之大病也.' 又曰: '將來吾輩相見, 必時時以吾兄之言, 互相敬忘. 蘭公或爲敦友, 敢不勉之?' 進軒曰: '風流二字, 如杜牧輩當之, 此何足道, 雖如米元章趙松雪之, 文墨而又卑.' '蘭公只望如米趙二公之類, 亦恐終身不到, 今聞吾兄之論, 眞正差幾千刻也.' 又曰: '要言不煩, 只要步步脚踏實地. 此等學問, 要堅起存梁, 方可做得. 卽申論之, 終日悠悠忽忽, 不免醉生夢死, 亦非一夕所能成就, 精于藝者, 水非一朝一夕所可到, 身心性命之學, 又問境地不可到乎?' (『鐵橋話』, 實 10) 進軒問: '闇兄今科不中, 則無意復來耶?' 力闇云: '不作証人之語, 如不中則斷不來矣. 生平以誤字命名, 又別號不二.' (『鐵橋話』, 實 11) |

| | | |
|---|---|---|
| | 余又曰: '來此, 聞以財得官者多, 與之比肩難矣.' | 余又曰: '來此, 聞以財得官者多, 與之比肩難矣.' |
| | 蘭公曰: '科甲出身, 亦自有辨, 得之無味, 求之不可, 已之不能, 奈何?' | 亦大夫有及於刑者, 爲士者可以量之.' |
| | 余曰: '大夫有及於刑者, 爲士者可以量之.' | 蘭公曰: '量字何義?' |
| | 蘭公曰: '量字何義?' | 余曰: '量而後入也.' |
| | 余曰: '量而後入也.' | 蘭公頗憮然. |
| | 蘭公頗憮然. | 余曰: '東國, 惡逆外, 刑不上大夫.' |
| 力闇曰: '本朝除前明廷杖之制, 最爲寬重. 若前明則科道官, 反以得廷杖爲榮矣, 此是秕政. 桐菴曰: '廷杖之法, 左右賴它物, 杖之不陽, 只辱之而已. 明之季世, 則負杖之, 死者沮望.' | 余曰: '東國, 惡逆外, 刑不上大夫.' | 蘭公曰: '此雖相臣不免.' |
| | 蘭公曰: '此雖相臣不免.' | 余曰: '士可殺, 不可辱.' |
| | 余曰: '士可殺, 不可辱.' | 力闇曰: '本朝除前明廷杖之制, 最爲寬典. 若前明則科道官, 反以得廷杖爲榮矣, 此是秕政.' |
| | 力闇曰: '本朝除前明廷杖之制, 最爲寬典. 若前明則科道官, 反以得廷杖爲榮矣, 此是秕政.' | 余曰: '同是普天之下, 何妨屋下私談? 在東方, 聞說中國多災異, 民心多動, 未知實狀如何.' |
| | 余曰: '同是普天之下, 何妨屋下私談? 在東方, 聞說中國多災異, 民心多動, 未知實狀如何.' | 力闇曰: '此說實在無之.' |
| | 力闇曰: '此說實在無之.' | 蘭公曰: '並無此事. 數年前, 回部抗逆, 三年而滅.' |
| | 蘭公曰: '並無此事. 數年前, 回部抗逆, 三年而滅.' | 力闇曰: '此時太平極盛之世, 卽有小醜, 無聊竊發, 皆是卽時勦滅. 如有所謂馬朝柱者, 叛跡雖難著, 然大荼天下, 十年不獲. 今聞其人已斃, 伏天誅矣. 至于民心, 則普天之下, 無不感戴. 並蠲騷動之說, 江浙尤甚, 屢蒙蠲租賜腸復之恩故也.' |
| | 力闇曰: '此時太平極盛之世, 卽有小醜, 無聊竊發, 皆是卽時勦滅. 如有所謂馬朝柱者, 叛跡雖難著, 然大荼天下, 十年不獲. 今聞其人已斃, 伏天誅矣. 至于民心, 則普天之下, 無不感戴. 並蠲騷動之說, 江浙尤甚, 屢蒙蠲租賜腸復之恩故也.' | 余曰: '我東亦被顧恤, 貢獻奏請, 事事便宜.' |
| | 余曰: '我東亦被顧恤, 貢獻奏請, 事事便宜.' | 力闇曰: '本朝顧恤東方者, 何事?' |
| | 力闇曰: '本朝顧恤東方者, 何事?' | 余曰: '自康熙以來, 待之迥異他藩. 有請曲徇. 前明時則大監用事, 欽差一出, 國內震擾. 雖然, 豈敢以此怨父母之國哉?' 凡我東所欽爲, 靡不由徇. |
| | 余曰: '自康熙以來, 待之迥異他藩. 有請曲徇. 前明時則大監用事, 欽差一出, 國內震擾. 雖然, 豈敢以此怨父母之國哉?' | 蘭公曰: '厚往薄來, 今日如是否?' |
| | 蘭公曰: '厚往薄來, 今日如是否?' | 余曰: '只以貢米言之, 前則一萬包, 年年蠲減, 今則數十餘包而已.' |
| | 余曰: '只以貢米言之, 前則一萬包, 年年蠲減, 今則數十餘包而已.' | 力闇曰: '本朝除前明廷杖之制, 最爲寬典. 若前明則科道官, 反以得廷杖爲榮矣, 此是秕政.' (『鐵橋話』, 閒話 22) |
| | | 進軒問: '在東方, 聞說中國多災異, 民心多動, 未知實狀如何.' 曰: '此時太平極盛之世, 卽有小醜, 無聊竊發, 有所謂馬朝柱者, 叛跡雖難著, 然大荼天下, 十年不獲. 今聞其人已斃, 至于民心, 則無不感戴. 江浙尤甚, 屢蒙蠲租賜腸復之恩故也.' (『鐵橋話』, 閒話 23) |

| | |
|---|---|
| 力闇曰: '國初定朝時, 東方入貢, 見衣冠, 猶沿明制, 而不以爲訝, 亦見忠厚.' | 力闇曰: '國初, 東方入貢, 衣冠猶沿明制, 而不爲可否, 亦見忠厚.' |
| | 蘭公曰: '使臣歸時, 亦有賞賜否?' |
| | 余曰: '甚厚. 穀帛數百匹, 銀子數千兩, 饌饋草料經費不貲矣.' |
| | 蘭公曰: '有馬貢乎?' |
| | 余曰: '東馬體小, 日不蕃殖, 自前無貢. 貢使每於十二月二十七入京, 二月旬後回程. 兄在昔美湖之從祖稼齋公, 須珍此咸人, 交付于朗亭也. 與闕內人程洪, 一夜定交, 幾年書信不絶. 此有古例, 當無彼此邦禁也.' |
| 此時, 有人持書求購. | |
| 余遂辭退, 留後期而歸. | |
| 十四日. | 十四日. |
| 姿佇, 附弨蘭公所托書帖. | 附弨蘭公所托書帖. |
| 平仲題一絶曰: 異域開襟有友生, 不妨經歲帶寒城. 離亭草綠斜陽外, 萬里垂鞭獨去情. | 平仲題一絶曰: 異域開襟有友生, 不妨經歲帶寒城. 離亭草綠斜陽外, 萬里垂鞭獨去情. |
| 余題于其最下一帖曰: 樂莫樂兮新相知, 悲莫悲兮長別離. 岸有柳兮山有花, 千秋萬歲兮新薰帶. 歸來兮道遙, 西江波浪向時不. 荷衣兮薰帶, 願携手兮同行. | 余題于其最下一帖曰: 樂莫樂兮新相知, 悲莫悲兮長別離. 岸有柳兮山有花, 千秋萬歲兮長相思. 歸來兮道遙, 西江波浪向時不. 荷衣兮薰帶, 願携手兮同行. |
| 仲回, 力闇又姿一帖. | |
| 書曰: 俄見蘭公冊頁, 具審三位大人厚誼. 弟初不敢以冊子求書者, 耀相潰可獻耳. 今見此冊, 中心艶羨不置. 乘來使之便, 再將一冊付上, 不可更累大人作書, 只求進軒之養虛兩兄, 麗謝塗墨子其上, 而初不計字之工拙也. 二詩亦望錄入得塗上, 滿此幅, 更感高誼. 伸世世子孫, 傳爲家寶. 二兄或有見萬之需, 不妨隨手寫入, 至禱. 十五六七三日內, 能過萬一談, 即弟等宿楊以待. 僕人歸言: '兩君看書單, 待以茶烟, 極其厚接云.' 辭不得, 即使長坐子椅上, 累 | |

| 十五日. | 十五日. |
|---|---|
| 浗作. 書曰: | 浗書. 曰: |
| 見阻衙門, 大爲悵悵, 頃與金兄劇談, 而不得復望見顏色, 爲之悶絶. 明日果有可出之勢, 則弟將處亦無甚冗雜, 掃候早臨, 以紆鬱抱, 實懸鬱願不備. | 弟以日前西山之行, 見過衙門, 數日不得出門, 悶鬱. 昨承冊員謹簡, 金見二兄厚誼, 閒其畧定, 報也. 弟等行期, 似在廿一或廿四, 未知將何以接遝也. 或恐虛佇, 令人一喜一悵. 謹此夫告. 不宣. |
| 東國大畧, 弦以記上, 而行中無書籍可告, 語多草草, 諒之. | 東國大畧, 弦以記上, 而行中無書籍可考, 語多草草, 諒之. |
| 其東國記畧曰: | 其東國記畧曰: |
| 朝鮮, 南北四千餘里, 東西一千餘里, 分爲八道, 居其中曰京畿道, 國都在焉. 京畿之東曰江原道, 瀕于東海. 江原之北曰咸鏡道, 東接海, 北至于白頭山. 咸鏡之西曰平安道, 西濱海, 北界鴨綠江. 平安之南曰黃海道, 亦濱于西海, 南界京畿. 京畿之南曰忠淸道, 東連江原, 西濱于海. 忠淸之西南曰全羅道, 西南瀕海, 登萊瀕海. 全羅之東曰慶尙道, 杭幅建商船, 多漂到者. 全羅之西北曰江原道, 此東南瀕海, 其北則忠淸, 其東北則江原道, 此一國畫野之大槩也. | 朝鮮, 南北四千餘里, 東西一千餘里, 分爲八道, 居其中曰京畿道, 國都在焉. 京畿之東曰江原道, 瀕于東海. 江原之北曰咸鏡道, 東接海, 北至于白頭山. 咸鏡之西曰平安道, 西濱海, 北界鴨綠江. 平安之南曰黃海道, 亦濱于西海, 南界京畿. 京畿之南曰忠淸道, 東連江原, 西濱于海. 忠淸之西南曰全羅道, 西南瀕海, 登萊瀕海. 全羅之東曰慶尙道, 杭幅建商船, 多漂到者. 全羅之西北曰江原道, 此東南瀕海, 其北則忠淸, 其東北則江原道, 此一國畫野之大槩也. |
| 郡縣三百六十, 道有觀察使, 州有牧使, 府有府使, 縣有縣監:縣令. 其大府則或置府尹, 牧使以下, 皆統於觀察使. | 郡縣三百六十, 道有觀察使, 州有牧使, 府有府使, 縣有縣監:縣令. 其大府則或置府尹, 牧使以下, 皆統於觀察使. |
| 東方初無君長, 有神人降于太白山檀木下, 推以爲君, 號曰檀君, 其元年乃唐堯戊辰也. 其後中葉, 箕子東封, 設八條之敎, 設人者償其命, 竊盜者沒入爲奴婢, 其餘忘未記. | 東方初無君長, 有神人降于太白山檀木下, 推以爲君, 號曰檀君, 其元年乃唐堯戊辰也. 其後中葉, 箕子東封, 設八條之敎, 設人者償其命, 竊盜者沒入爲奴婢. |
| 箕子之後, 分爲三國, 曰辰韓卞韓馬韓. 三韓之後, 漢武帝盡滅之, 置四部, 有玄兔樂浪等名. 宣帝五鳳年間, 朴氏建國, 曰新羅. 又有曰濟高句麗, 三國並立. 隋煬帝唐太宗征之無功者, 卽高句麗也. 至唐明宗時, 遣蘇定方次征之, 新羅使其將金庾信次征之, 遂滅麗濟, 地皆屬新羅, 新羅學國五百年. 洪武二十八年, 爲木國大祖, 高麗學國命名高麗. 皇帝命名朝鮮. 此國朝沿革之大槩也. | 箕子之後, 分爲三國, 曰辰韓卞韓馬韓. 三韓之後, 漢武帝盡滅之, 置四部, 有玄兔樂浪等名. 宣帝五鳳年間, 朴氏建國, 曰新羅. 又有曰濟高句麗, 三國並立. 隋煬帝唐太宗征之無功者, 卽高句麗也. 至唐明宗時, 遣蘇定方次征之, 新羅使其將金庾信次征之, 遂滅麗濟, 地皆屬新羅, 新羅學國五百年. 洪武二十八年, 爲木國大祖, 高麗學國命名高麗. 皇帝命名朝鮮. 此國朝沿革之大槩也. |

| | |
|---|---|
| 箕子都平壤, 今平安道. 新羅都慶州, 今慶尚道. 百濟都扶餘, 今忠淸道. 高句麗亦都平壤. 高麗都松京. 本國都漢陽. 其餘未記. | 箕子都平壤, 今平安道. 新羅都慶州, 今慶尚道. 百濟都扶餘, 今忠淸道. 高句麗亦都平壤. 高麗都松京. 本國都漢陽. |
| 白頭山在寧古塔之南, 此一國山勢之祖也. 南走千五百餘里爲鐵嶺, 又百里爲金剛山, 又南爲五臺山雪嶽山, 太白山小白山, 烏嶺俗離山, 秋風嶺, 又南數百里爲智異山, 距于南海. 鳥嶺之秋風嶺, 又南數百里爲智異山, 距于南海. 入海千餘里爲濟州漢拏山. 此山脈之大棣也. | 白頭山在寧古塔之南, 此一國山勢之祖也. 南走千五百餘里爲鐵嶺, 又百里爲金剛山, 又南爲五臺山雪嶽山, 太白山小白山, 烏嶺俗離山, 秋風嶺, 又南數百里爲智異山, 距于南海. 入海千餘里爲濟州漢拏山. 此山脈之大棣也. |
| 白頭山上有大澤, 西流爲鴨綠江, 行千餘里, 入于西海, 東流爲豆滿江, 數百里入于東海, 兩水爲中國界. 鐵嶺之水, 西流爲臨津江. 太白之水, 西流爲漢江. 由國都南入于南海. 鳥嶺之水, 南流爲洛東江, 中分慶尙道而入于南海. 此水源之大派也. | 白頭山上有大澤, 西流爲鴨綠江, 行千餘里, 入于西海, 東流爲豆滿江, 數百里入于東海, 兩水爲中國界. 鐵嶺之水, 西流爲臨津江. 太白之水, 西流爲漢江. 由國都南入于南海. 鳥嶺之水, 南流爲洛東江, 中分慶尙道而入于南海. 此水源之大派也. |
| 江原咸鏡, 多山少野, 其餘山野相間. 近山民貧而俗淳, 近野民富而俗薄, 其勢然也. 大抵無百里之野, 鮮萬金之富. 但三面瀕海, 魚鹽甚饒, 土地多沃, 農桑有業, 亦可謂左海之一樂土也. | 江原咸鏡, 多山少野, 其餘山野相間. 近山民貧而俗淳, 近野民富而俗薄, 其勢然也. 大抵無百里之野, 鮮萬金之富. 但三面瀕海, 魚鹽甚饒, 土地多沃, 農桑有業, 亦可謂左海之一樂土也. |
| 箕子之後, 典章散亡, 俗尙剛勵, 武力雖競, 文敎猶抛地. 逮丁麗末, 有鄭圃隱夢周, 始信理學. 其人本國以來, 文學漸興. 其金葉暗玄鄭鄭一蠹汝昌, 皆表章程朱之學. 有趙靜庵光祖, 天資極高, 年三十掌風憲, 數年國中化之, 男女異路, 庶民無葬, 不幸早死, 未究其學, 有李晦齋彦迪, 闡明義理. 有李退溪滉, 踐履篤實, 信道益盛. 其論性理諸說, 其要旨也, 並時齊名, 條理淸通, 見其原. 如發之者氣也, 所以發者理也非氣則不能發非理則無所發數句語. 有成牛溪渾, 與栗谷, 毫分縷析, 同時齊名, 四十九而卒. 其後有金沙溪長生, 金闡體學, 條理燦然. 其後末尤庵時烈, 同時信道, 尤庵享年最久, 尊尙春秋, 皆從信道, 圃隱以下諸賢, 皆從祀木國聖廟. | 箕子之裔, 典章散亡, 俗尙剛勵, 武力雖競, 文敎猶抛地. 逮丁麗末, 有鄭圃隱夢周, 始信理學. 其人本國以來, 文學漸興. 其金葉暗玄鄭鄭一蠹汝昌, 皆表章程朱之學. 有趙靜庵光祖, 天資極高, 年三十掌風憲, 數年國中化之, 男女異路, 庶民無葬, 不幸早死, 未究其學, 有李晦齋彦迪, 闡明義理. 有李退溪滉, 踐履篤實, 信道益盛. 其論性理諸說, 其要旨也, 並時齊名, 條理淸通, 見其原. 如發之者氣也, 所以發者理也非氣則不能發非理則無所發數句語. 有成牛溪渾, 與栗谷, 毫分縷析, 同時齊名, 四十九而卒. 其後有金沙溪長生, 金闡體學, 條理燦然. 其後末尤庵時烈, 同時信道, 尤庵享年最久, 尊尙春秋, 皆從祀木國聖廟. |

| | |
|---|---|
| 洪軒曰: '我國文章, 新羅有崔孤雲, 高麗有李奎報李牧隱, 本國朴挹翠軒盧穌齋崔簡易等, 車五山·權石洲.' 柳菴曰: '灡佔畢齋及三洲翁, 可謂缺典. 又別立門目, 書金東峯徐文康李忠武趙文烈數人, 似好矣.' | 文章則新羅有崔孤雲致遠, 唐時人中國, 登科後居高騈幕下, 詩與巢時為檄文, 黃巢見之, 驚倒榻下, 語在中國選賦中. 高麗時有李相國奎報以詩名, 及其末, 有李牧隱穡, 詩文幷著. 其題岳陽樓詩曰: 一點君山落照紅, 長風吹送夕陽紅. 澄波萬頃忽翻空. 銀燭紗籠豔豔中. 木國以後, 則朴挹翠軒閣·盧蘇齋守愼崔簡易笠·車五山山天轍·權石洲韠, 皆以詩名. 此外刊行詩文百餘家, 不能盡記. | 文章則新羅有崔孤雲致遠, 唐時人中國, 登科後居高騈幕下, 詩與巢時為檄文, 黃巢見之, 驚倒榻下, 語在中國選賦中. 高麗時有李相國奎報以詩名, 及其末, 有李牧隱穡, 詩文幷著. 其題岳陽樓詩曰: 一點君山落照紅, 銀燭紗籠豔豔中. 長風吹送夕陽紅. 一句忘未記. 木國以後, 則朴挹翠軒閣·盧蘇齋守愼崔簡易笠·車五山天轍·權石洲韠, 皆以詩名. 此外刊行詩文百餘家, 不能盡記. |
| | 風俗則木國以後, 敎尙學敎, 謹守禮法, 自王家達于庶人, 雖民庶賤品, 稍自好者, 無改嫁之法. 內外之分甚嚴, 家舍必深宮固門, 皆乘轎垂帷, 興儷之妻, 不事浮屠, 名分截嚴. 仕宦之家, 稱以兩班. 其子孫雖食, 不業農商. 農商之子, 雖有才智, 鮮人仕路. | 風俗則木國以後, 敎尙學敎, 謹守禮法, 自王家達于庶人, 雖民庶賤品, 稍自好者, 無改嫁之法. 內外之分甚嚴, 家舍必深宮固門, 皆乘轎垂帷, 興儷之妻, 不事浮屠, 名分截嚴. 婦女出門, 其面而後行. 四體多違家禮, 不事浮屠, 名分截嚴. 仕宦之家, 稱以兩班. 其子孫雖食, 鮮人仕路. 農商之子, 雖有才智, 鮮人仕路. |
| | 惡逆之外, 刑不上大夫. 是以爲官者, 亦畏謹邦憲, 砥礪名節, 以貪汚受罪者絶少. 重臺閣, 雖有大政令, 一人論之, 事格不行. | 惡逆之外, 刑不上大夫. 是以爲官者, 亦畏謹邦憲, 砥礪名節, 以貪汚受罪者絶少. 重臺閣, 雖有大政令, 一人論之, 事格不行. |
| 洪軒曰: '東國科制, 三年一次, 爲大比科. 又有進士初試會試皆兩場. 初場詩賦, 終場疑義. 有增廣別試庭試謁聖等名. 此外學校月果, 小小科名, 不可勝數.' 柳菴曰: '若不行貢擧之法, 則只存一科, 其餘小小雜名, 急罷之可也. 國體日損, 士習日薄, 財力之耗, 職官之冗, 專由於此.' | 科制則三年一次, 爲大比科. 八道分鄕試, 如中國之法. 初試三場. 第一場賦表, 第二場論疑, 第三場策. 會試于京. 四書三經, 取其入選者, 幷註背誦. 一書不通, 則不得入選. 每抽一章, 初試合取五百餘人, 會試取三十三人, 此爲大科, 始通仕路, 壯元探花, 如中國之制. 有進士初試會試皆兩場. 初場詩賦, 終場疑義. 亦分鄕試, 會試于京. 初取二千餘人, 會取一百人, 此爲小科, 非若中國之進士也. 登進士者, 謂之大學生. 通蔭仕, 蔭仕者, 內監郎署, 外典州府. 此外國有慶事, 則設科取士, 有增廣別試庭試謁聖等名. 初試則或有或無, 皆賦表策論, 臨時出一文試取. 選初試取, 則幷削其初試, 此亦異於中國也. | 科制則三年一次, 爲大比科. 八道分鄕試, 如中國之法. 初試三場. 第一場賦表, 第二場論疑, 第三場策. 會試于京. 四書三經, 取其入選者, 幷註背誦. 一書不通, 則不得入選. 每抽一章, 初試合取五百餘人, 會試取三十三人, 此爲大科, 始通仕路, 壯元探花, 如中國之制. 有進士初試會試皆兩場. 初場詩賦, 終場疑義. 亦分鄕試, 會試于京. 初取二千餘人, 會取一百人, 此爲小科, 非若中國之進士也. 登進士者, 謂之大學生. 通蔭仕, 蔭仕者, 內監郎署, 外典州府. 此外國有慶事, 則設科取士, 有增廣別試庭試謁聖等名. 初試則或有或無, 皆賦表策論, 臨時出一文試取. 選初試取, 則幷削其初試, 此亦異於中國也. |

此外學校月課, 小小科名, 不可盡記. 武科與文科并設, 其制亦大同. 但試取法多, 無小科進士之名. 步射騎射使鎗放砲, 略如中國制.

每歲, 郡邑薦行誼特異者, 轉聞于朝, 擇其優者, 授以官, 謂之鄕薦, 林下讀書之士, 名德著聞, 則招延禮之, 授以風憲總延之官, 謂之儒賢. 每一人至, 則自僚寮霈, 一國想望其風采.

大學養士, 常數百人, 待之極其豐厚, 國有大事, 學生皆敢木論之, 卿相以下, 皆畏憚之.

書院遍國中, 殆過千數, 皆安享名賢, 仍爲講學之所. 爲士者, 稍失行檢, 則斥罰紛然.

故蹟則不壞有箕子陵, 有井田遺制, 可數百千畝, 阡陌雖埋廢, 尙有行餘制之可考.

山川則漢陽之三角山, 松京之天磨山, 黃海之九月山, 咸鏡之七寶山, 平安妙香山, 江原之金剛山, 五臺山雪嶽山, 慶尙之太白山, 忠清之俗離山, 全羅之智異山, 濟州之漢挐山, 峯巒水石之勝, 北京以東, 無可與比. 其中金剛智最奇秀者也. 中國人曾有詩曰: 願生高麗國, 一見金剛山. 本國人曾有詩曰: 銀闕曉開金鎭鑰, 瑤空束出芙蓉. 盖山有一萬二千峯, 而皆白石岌岌, 九層之巓, 千尺之瀑, 洞府幽邃, 嚴壁蒼潤, 珠宮佛梵, 羅絡上下. 秋則滿山楓葉, 如張紅錦, 以此又號楓嶽.

江原咸鏡, 東皆瀕海, 而無潮汐, 此則中國人所不知也. 江原瀕海, 有關東八景, 沿海七百里, 山勢明媚, 海棠遍於白沙, 亭臺相望, 爲國內東一勝景.

家舍之制, 京城外, 大抵草舍十之八九. 寢室皆溫埃, 四旁爲壁, 皆設戶, 與中國坑制不同. 窒外, 以木板爲廳事. 凡屋皆曲折逶迆, 雖百餘間, 或有幾盡相連者.

有三相曰, 領議政, 左右議政. 六曹判書參判.

| 날짜 | 내용 |
|---|---|
| | 參議, 猶中國之六部尙書侍郞, 每曹有郞人員, 又有大將五員, 分統衛卒, 此官方之大略也. |
| | 公服有藍綠兩色, 三品以上紅袍. 凡有官者公服, 皆著紗帽, 別有朝服, 紅色黑緣, 上衣下裳, 蔽膝後綬, 金冠玉佩, 象笏皆具. 二品乘韶軒, 獨輪高丈許. 一品乘不轎子. 凡官人騶從甚盛, 行辞人, 不如中國之簡率. |
| | 無論有官無官, 非公事則皆著大竹帽, 衣道袍, 帶藍綠. 正三品以上帶紅絲, 居家則戴巾方巾或幅巾, 其餘綸巾及程朱遺制, 皆不中及僕隸, 皆笠笠. |
| | 婦人衣狹袖, 長及腰, 承以裳及地, 髻鬟甚大. |
| | **德裕受答歸.** |
| | **仲回. 力闇書曰:** |
| | 連日思念甚苦, 讚手敎, 令人駭記, 何緣怪至此耶? 不知向日得一過耶. 平仲兄能未甚佳, 竟訂定準于明日, 早晨屈駕, 千萬勿爽至懇. 昨日朋貢一本, 求二兄作書, 望隨意揮灑點墨, 皆足至寶, 初不計工拙也. |
| | 有見敎之語, 務爲滿爲佳. 昨筇所奉一札, 不審得達否. 總求二兄手蹟, 傳示子孫. 二詩萬望寫人. 專此復候起居. 不一. |
| | 十六日. |
| | 將與平仲同住, 爲衙門所阻不得出. 平仲獨住, 乃送作. |
| | **書曰:** |
| | 弟見阻衙門, 不得與金兄偕作, 明日欲進去, 恐有貴冗, 幸示之. 不宣. |
| | **仲回. 力闇書曰:** |
| 2/16 | 見阻衙門, 大爲怪事. 頃與金兄劇談, 而不覆望見顏色, 爲之悶絶. 明日果有可出之勢, 則弟處亦無甚冗雜, 歙候早臨, 以抒靜悰, 實懸顒願. 不備. |
| | 平仲垂暮而歸, 携談草數嘔, 略傳問答之話. |
| | **力闇曰:** '日前可恨之極胸中, 不得過者數日, |

| | |
|---|---|
| 何也? 因見此帖, 備諸墨妙, 而蘭公獨得此三大人寶. 故前日弟亦將一冊呈到, 不敢再煩三大人作書, 只求吾兄及洪兄, 隨意揮灑, 務滿此冊而止. 此意不知洪兄能嗛否?' | |
| 又曰: '離亭草綠斜陽外, 萬里垂鞭獨去情, 此千古不朽之句, 風調之佳, 近時作者, 罕有其匹. 此詩豈獨與蘭公者耶? 弟求書之意, 原不計工拙, 況吾兄之書, 已工絶乎?' | 何也? 因見此帖, 備諸墨妙, 而蘭公獨得此三大人寶. 故前日弟亦將一冊呈到, 不敢再煩三大人作書, 只求吾兄及洪兄, 隨意揮灑, 務滿此冊而止. 此意不知洪兄能嗛否?' |
| | 平仲曰: '又何閭兄之諛爭, 實不難彰諸人也, 自媿自媿. 三位大人已書之, 而弟夯無能, 猶未及書矣.' |
| | 力闇曰: '離亭草綠斜陽外, 萬里垂鞭獨去情, 此千古不朽之句, 風調之佳, 近時作者, 罕有其匹. 此詩豈獨與蘭公者耶? 弟求書之意, 原不計工拙, 況吾兄之書, 已工絶乎?' |
| 蘭公曰: '前日, 弟輩小詩呈上, 諸大人以爲可敎否?' | 平仲曰: '奇屈抗爽, 滿腹輪囷, 以兄老實, 必不過譽, 而此詩則大過矣.' |
| 平仲曰: '諸大人皆稱賞嘖嘖, 弟亦賞誦不已.' | 力闇打圈老實二字而曰: '老實之極.' |
| 蘭公曰: '拙作不堪, 老兄不賜敎誨, 外之耶?' | 蘭公曰: '前日, 弟輩小詩呈上, 諸大人以爲可敎否?' |
| 平仲曰: '蘭詩秀雅明麗, 闇詩沈欎康慨, 此世則罕見矣.' | 平仲曰: '諸大人皆稱賞嘖嘖, 弟亦賞誦不已.' |
| 力闇曰: '如吾兄則兼此二語, 平生感慨一嚬, 則沈欎之類, 曉天欗外及離亭二句, 則秀雅之類, 可見兄無所不有也.' | 蘭公曰: '拙作不堪, 老兄不賜敎誨, 外之耶?' |
| 蘭公曰: '遊西山有佳詠乎?' | 平仲曰: '蘭詩秀雅明麗, 闇詩沈欎康慨, 此世則罕見矣.' |
| | 力闇曰: '如吾兄則兼此二語, 平生感慨一嚬, 則沈欎之類, 曉天欗外及離亭二句, 則秀雅之類, 可見兄無所不有也.' |
| | 平仲曰: '一行百餘人, 喧囂叢中, 何能有詩乎? 西山乃伏莽篆燧, 而陷此佳麗, 金知錢塘之勝也. 然只是壞觀之麁而已, 實無天機之流動處也.' |
| 力闇曰: '臺榭之壯麗, 或過之, 泉石之幽秀, 西湖安可及也?' | |
| | 平仲曰: '弟之小帖, 欲受兩兄各體筆法, 以作水賽, 今有蘭兄之畫而闇兄則無之, 是可恨也. 然筆與畫, 猶涉技藝, 豈可相迫耶?' |

平仲曰: "落拓兄我同然, 而吾友之抗我固執, 可爲一時之標準, 毋數其窮也."

力闇曰: "不得志, 獨行其道, 異日無可復之言耶? 特以兄覩來, 顧志願不堅, 豈空言無實者耶? 即或出世, 亦無忘今日之言, 若言不由忠直, 狗屁己告者, 或知不可無洪之嚴散, 而無進境, 爲知可告者, 氣正性爲藥石生我也."
(『鐵橋話』, 筆話 12)

---

力闇曰: "蘭公係好畫之人, 是以易多, 弟則懶于作畫之人, 必須發憤, 始能一作, 是以未嘗動筆. 然爲吾兄必當竭其醜拙, 姑抹一二."

蘭公曰: "畫纔完, 詩易易耳."

力闇然曰: "近數日非出門應酬, 則寓中有客, 意緒紛雜之至. 此等事, 必須屛人靜處, 始能爲之, 故弟之書畫, 大率皆塾下作者多耳, 然不工矣."

平仲曰: "詩文與書畫, 任東國, 間有能之者, 而兼備者絶少. 今見兩兄, 天下之通才也. 且有才者, 自恃嫩少, 俗輩之常情, 而兩兄志氣高邁, 而忠厚爲維, 此亦老弟之所罕見聞也."

力闇曰: "凡事以專精, 乃堪不朽, 如弟者, 俗所云般般皆會, 件件不精者也, 何足道哉?"

平仲曰: "詩文書畫, 任東國, 間有能之者, 而兼備者絶少. 今見弟, 乃曰天下不朽, 如弟者, 俗所云般般皆會, 件件不精者也, 何足道哉?"

力闇曰: "貴同鄕走詼來者幾人? 其中有如吾兄之胸襟者乎?"

力闇曰: "來京會試之擧人, 即浙省己有百餘人矣. 欲如弟等之胸襟者, 豈有其匹? 然則弟等與一二兄, 相遇而成莫逆, 更非偶然矣. 萬一兄等所訪者, 非弟輩之類, 亦將有見面, 不如聞名之遠, 一見而廢然返矣, 然則眞有奇緣也."

平仲曰: "落拓兄我同然, 而吾友之抗我固執, 可爲一時之表準, 毋數其窮也."

力闇曰: "不得志, 獨行其道, 異日無可復之言耶? 特以兄覩不堅, 顧志願不堅, 豈空言無實者耶? 即或出世, 亦無忘今日之言, 若言不由忠直, 直狗皮莫, 所病者, 或不免洪友之嚴散, 懶散, 而無進境. 爲知己告者, 得兄與弟之胸次, 友之嚴氣以學識, 而充之以學識, 即不求至聖賢之位, 亦可以無幾矣."

蘭公曰: "弟年少失學, 然愛朋友若性命. 今見兄胸襟高曠, 眞乃豪傑之士, 弟所傾心拜服."

力闇曰: "老兄於古人之詩, 所愛何家?"

平仲曰: '古詩則漢魏, 律則唐, 其次好明詩耳.'

力闇曰: '宋元之詩, 無取焉.'

平仲曰: '豈無取焉? 但非正音體格耳.'

力闇曰: '兄則每以洛拓而悲歎, 弟輩不免懶散而無進境, 不可無洪友之嚴氣正性爲藥石我也.'

平仲曰: '日月任苒, 及至亥年, 見其得譽於平品格調, 又下於甚劣者, 皆是緣林黨也. 且其得譽於卒相而托以心服者, 無廉與否耳. 無廉者, 不避讒謗, 貴人愛之, 有廉而無所不爲, 貴人雖愛易踈, 所以不避譏謗廉恥, 大者之得譽於人而有所不爲者之見踈於來矣, 大抵行世之道, 有言學仙, 有言世則絶恩愛之情, 學仙則絶廉恥, 節功皆棄, 行世而若一毫有有廉則雖力轉成汚, 即功功棄之矣, 大都論之, 都不如無廉恥三字耳.'

力闇指緣林云曰: '猶是緣林客, 磊磊落落, 光明正大.'

指有所不爲云曰: '此四字, 想出甚妙, 吾輩正坐此病耳.'

又曰: '此一段, 文氣亦絶妙, 又繼慨添之曰, 快哉暢哉! 此論感慨之極, 兄之此地不小, 何不以道得之?'

平仲曰: '兄之門地不小矣, 何不以道得之, 而作一美官乎?'

平仲曰: '憂翻見踈於採權, 自歎體骨不媚, 況弟以踈懶之性, 何能供世乎? 門地雖好, 而供世不媚, 則亦無奈何.'

力闇曰: '然則窮愁著書, 水差不惡, 再不然則與我有身後名, 不如卽時一杯酒耳.'

平仲曰: '身後則無貴賤矣. 雖不得官, 有實地則不朽, 但無貴地耳.'

蘭公曰: '努力著述, 自可不朽.'

力闇曰: '必傳必傳.'

平仲曰: '不朽何益? 死後則徒付一虛, 故弟以養虛自號, 且樂生前一杯酒, 乃養虛之至意也.

| | | |
|---|---|---|
| | 力闇曰: '必當作一記文, 不誤.' | |
| | 平仲曰: '文或有之, 亦不欲傳後耳. 且樂生前一杯酒, 乃養虛之至意也.' | 專由於屈强, 不能循事唯諾, 自歎自笑. |
| | 又曰: '弟乃衆人者也, 專由於屈强, 不能循事唯諾, 自歎自笑.' | |
| | 力闇曰: '直可睃矙一世, 豈惟雄長東方?' | 力闇謂不仲曰: '直可睃矙一世, 豈惟雄長東方?'<br>(『鐵橋話』, 閒話 24) |
| | 平仲曰: '無挾自恃, 古人所戒, 噬臍而已.' | |
| | 力闇曰: '此種識見, 卽是所挾, 有何噬臍? 但高達夫五十始能詩, 而兄年已幾及之. 然詩才之妙, 已早達夫二十年, 充以力量, 卽此亦是一生心力所得, 必欲何物爲傳世之物耶?' | |
| | 平仲曰: '達夫五十始爲詩, 而論其事職, 則已至於節度, 志氣豪曠, 無所拘礙, 此亦爲詩之一助也. 弟則五十無聞, 已極頹矣, 無異於枯木死灰矣. 且雖善於詩律, 亦何益於民國乎? 男兒大志, 非在於雕蟲小技, 而雕蟲小技, 又不能如意, 無異於櫟驥瑪牛矣.' | 平仲曰: '弟五十無聞, 無異於枯木死灰. 且善於詩律, 何益於民國?'<br>力闇曰: '吾輩志願不遂, 多抱此憾. 然欲有益于君國, 而又無人世之媚骨, 多慮其無益于君國, 且作詩吃酒可也.<br>(『鐵橋話』, 閒話 25) |
| | 力闇曰: '對他人或不爲此言, 對弟何必爾耶?' | |
| | 平仲曰: '今乃對兄初發口矣.' | |
| | 力闇曰: '兄之心事, 盡弟所知, 何須支離? 大抵吾輩志願不遂, 多抱此憾. 然欲有益于君國, 而又無人世之媚骨, 欲以著述自娛, 而又慮其無益于君國. 然則將如之何而可耶? 總而言之, 且作詩吃酒可也.' | |
| | 平仲曰: '五十無聞, 無所見信於人, 則强爲大談, 直有長風破浪之意, 而皆是愛惡耳.' | |
| | 又曰: '頃見蘭兄詩, 足知內相之鼓瑟, 而終嘔不發, 賤荊亦不能過我, 恨無前有開端, 而終不我聞, 弟何敢强請?' | 又曰: '頃見蘭兄詩, 足知內相之鼓瑟, 而終嘔不發, 未知其詩與蘭公高下如何? 蘭兄前有開端, 而終不我聞, 弟何敢强請?' |
| | 蘭公曰: '弟詩不佳, 賤荊亦不能過我, 恨其一二語以供一笑也.' | |
| | 平仲曰: '終不肯見示, 弟何强請?' | |
| | 蘭公曰: '有舊月樓詩一卷, 不能呈敎, 恨事.' | 蘭公曰: '有舊月樓詩一卷, 而無謄本, 惜不能呈敎, 可歎.' |

| 구분 | 乾淨錄2 | 乾淨筆談 | 乾淨衕筆談 | 其他 |
|---|---|---|---|---|
| | | 力闇曰: '終不肯見示一二, 然則前言殆假耳. 弟亦何難説幾荀齷詩乎? 如言實任不記得, 則老兄乃天下第一無情之漢否, 則亦天下第一沒記性丈人矣.' 相與大笑而別. | 相與大笑而別. | |
| 2/17 | 十七日. ⓛ食ⓐ甸, ⓕ食ⓒ何ⓞ甸, ⓔ入ⓐ彼ⓘ久, ⓑ下ⓕ彼⑭是 ⓛ守ⓜ既ⓑ夂, ⓖ而ⓐ得ⓐ之, 乃ⓕ又ⓖ彼⑰王 ⓐ轎⑫勞, ⓞ車ⓐ俊ⓐ豹ⓒ食, 門者先報, 蘭公走出迎入, 過力闇ⓘ所ⓒ居⑩之⑫坑, 隔簾而呼曰: '嚴兄.' | 十七日. 早食而任, 門者先報, 蘭公走出迎入, 過力闇所居之坑, 隔簾而呼曰: '嚴兄.' | 十七日. 早食而任, 門者先報, 蘭公走出迎入, 過力闇所居之坑, 隔簾而呼曰: '嚴兄.' | 其他 |
| | 力闇ⓒ曰: '諾.' | 力闇曰: '諾.' | 力闇曰: '諾.' | |
| | 蘭公疾曰: '洪碩士來啊.' | 蘭公曰: '洪兄來.' | 蘭公曰: '洪碩士來啊.' | |
| | 力闇疾應曰: '唯.' | 力闇疾應曰: '唯.' | 力闇疾應曰: '唯.' | |
| | 掀簾而出, 相揖而入. | 掀簾而出, 相揖而入. | 掀簾而出, 相揖而入. | |
| | 兩生所寓, 同屋而隔壁, 門皆向北, 吾輩自初會話者, 蘭公之寓也. | 兩君所寓, 同屋而隔壁, 門皆向北, 吾輩自初會話, 蘭公之寓也. | 兩生所寓, 同屋而隔壁, 門皆向北, 吾輩自初會話, 蘭公之寓也. | |
| | 坐定. 余曰: '昨日, 於金兄冬日之日, 於弟夏日之日也.' | 坐定. 余曰: '昨日, 於金兄冬日之日, 於弟夏日之日也.' | 坐定. 余曰: '昨日, 於金冬日之日也, 於弟夏日之日也.' | |
| | 皆未達. | 皆未達. | 皆未達. | |
| | 余又曰: '金兄苦日短, 弟則苦日長.' | 余又曰: '金兄苦日短, 弟則苦日長.' | 余又曰: '金兄苦日短, 弟則苦日長.' | |
| | 兩生始覺而皆笑. | 兩君皆笑. | 兩生始覺而皆笑. | |
| | 余又曰: '今日幸食出門, 又爲馮門所阻, 再三返言, 所以晚來.' | | 余又曰: '今日幸食出門, 又爲馮門所阻, 再三返言, 所以晚來.' | |
| | 蘭公曰: '何物通官, 敢放肆乃爾?' | | 蘭公曰: '何物通官, 敢放肆乃爾?' | |
| | 余曰: '以西山之行, 不告而去, 渠怒致此.' | | 余曰: '以西山之行, 不告而去, 渠怒致此.' | |
| | 蘭公曰: '出入必告則至此, 渠亦知之耶?' | | 蘭公曰: '出入必告則至此, 渠亦知之耶?' | |
| | 余曰: '只懇門外遊玩, 其未此則彼何知之?' | | 余曰: '只懇門外遊玩, 其未此則彼如何知那?' | |
| | 蘭曰: '三位大人, 亦無如彼何那?' | | 蘭公曰: '三位大人, 亦無如彼何那?' | |
| | 余曰: '無奈他何.' | | 余曰: '無奈他何.' | |
| | 僕人以飯具進. | | 僕人以飯具進. | |

力闇曰: "可以共吃否?"

余曰: "已吃早飯, 肚裏果然, 但共卓一飽, 亦自有趣. 蘭公之僕年頗老, 安足辭乎?"

遂進飯. 蘭公之僕年頗老.

余問曰: "你京裏幾盞米?"

答曰: "頭一盞米."

余曰: "老爺頭一盞米, 你也是頭一盞米?"

答曰: "是了."

余曰: "你雖是頭一盞米, 你說的話, 我此巴此兒懂得, 你的老爺說話麼一句話, 不懂得."

老僕大笑.

余又向兩生曰: "京裏的人者, 呢他說的話我懂得, 我說的話, 他也是懂得, 兩位說的話, 眞箇都不懂得."

兩生未即解聽, 老僕解聽而更以吾言明說之, 兩生始知之.

力闇笑曰: "南蠻鴃舌之人."

余亦解聽而笑. 兩生以食無肉, 很接待之誅.

余曰: "弟平生不愛吃肉, 多吃則必不免腹痛."

余來時, 以行中所用炒醬一甫授儉給, 至是使之坼封而進之曰: "東國豆醬備菜之用, 俗稱上味, 恐食性不同, 不合於貴胃也."

蘭公: "南方鹽皮味水同, 特大尊慈以飽老饕."

蘭公饋以竹笋一片, 如我國脯肉, 嚼之有龍眼之味.

又有小者, 如我國乾笋.

蘭公曰: "小笋出杭天目山, 大笋出括蒼山, 其味恐不佳."

余曰: "(鹽)."

蘭公曰: "(南)(亦)(東)(國)(史)(建)(章), (酉)(使)(方), (自)(臣), (蘭)(飽)(不)(得)(麥)(安), (到)(申)(俊), (即)(所)(種)(之)(國), (乙)(女)(女)(俱), (蘭)(申)(俊)(亦)(不)(暢)(失), (如)(子)(亦)(必)(必)."

| | | | |
|---|---|---|---|
| 鏞, 其信然耶?<br>余曰: '外國所傳或訛, 因惟優劣之不齊.'<br>申使觀盛, 或不過如之.'<br>嚴公曰: '中人固不可望, 何論小人耶?'<br>蘭子曰: '何論小人耶?'<br>余笑.<br>余曰: '今之士亦不無不會非有禁令, 特自不爲之, 不屑之.' | | 力闇出示八詠詩, 更吟曰:<br>幽人借遙夜, 起坐理未紋. 樓高萬籟靜, 響與空山連. 悠悠念皇古, 孜意誰能傳. 山樓鼓琴籟籟此何聲, 或緣蓮花漏. 不分二六時, 以警昏與晝. 主人常惺惺, 不必待晨敬. 鳥閣鳴鍾清泉何淪滴, 白石水磊砢. 儵魚若遊空, 鑑沼觀魚藤花妥. 眞樂誰得知, 一笑于非我. 林影鑑沼通野氣, 晚步意超忽. 孤吟到明發. 倒吸藤略約通野氣, 晚步意超忽. 孤吟到明發. 俯見大古月. 不借露沾衣, 落瓣自何年. 不袠木蘭船. 逐波學水仙. 叩舷歌一曲, 萬古法檾東. 任來驗盈虛, 遲速辨義和與常儀. 陋彼拘墟子,[『遺睡』作墟子.] 逐遊學祥音. 靈龕有何靈. 居易以俟命, 枯草行可拾. 靈龕占菩歛苟日. 居易以俟命, 枯草行可拾. 靈龕占菩學者志於毀, 審固技乃神, 中豈由爾力, 發增射鵠其身, 直內而方外, 欽義文相因. | 力闇出示八詠詩, 其詩曰:<br>幽人借遙夜, 起坐理未紋. 樓高萬籟靜, 響與空山連. 悠悠念皇古, 孜意誰能傳. 山樓鼓琴籟籟此何聲, 或緣蓮花漏. 不分二六時, 以警昏與晝. 主人常惺惺, 不必待晨敬. 鳥閣鳴鍾清泉何淪滴, 白石水磊砢. 儵魚若遊空, 倒吸藤花妥. 眞樂誰得知, 一笑于非我. 鑑沼觀魚略約通野氣, 晚步意超忽. 林影鑑沼明發, 俯見大古月. 不借露沾衣, 孤吟到明發. 剡木爲形似, 連動學水仙. 叩舷歌, 落瓣自何年, 不袠木蘭船. 逐波學水仙. 叩舷歌常儀. 陋彼拘墟子, 萬古法檾東. 任來驗盈虛, 遲速辨祥音. 玉衡窺天義和與常儀. 陋彼拘墟子, 以同乞靈者. 吉凶論定非, 玉衡窺天乃坐井. 靈龕有何靈, 以同乞靈者. 吉凶論定非. 移遊敢苟日. 居易以俟命, 枯草行可拾.[鐵橋原注: 昔朱子欲進軒見此詩, 攻擊不已, 其以爲疑, 玆得遂非而止. 故告之曰: 義則可問, 志則否, 而顏含亦曰. 無務善學者志於毀, 審固技乃神, 中豈由爾力, 發增射鵠其身, 直內而方外, 欽義文相因.] | 幽人借遙夜, 起坐理未紋. 樓高萬籟靜, 響與空山連. 悠悠念皇古, 孜意誰能傳. 山樓鼓琴籟籟此何聲, 或緣蓮花漏. 不分二六時, 以警昏與晝.[『遺睡』作晨敬.] 主人常惺惺, 不必待晨敬.[『遺睡』作晨敬.] 鳥閣鳴鍾新敬.] 鳥閣鳴鍾清泉何淪滴, 白石水磊砢. 儵魚若遊空, 倒吸藤花妥. 眞樂誰得知, 一笑于非我. 鑑沼觀魚略約通野氣, 晚步意超忽. 林影鑑沼明發, 俯見大古月. 林明發. 俯見大古月. 孤吟到岳蓮開十丈, 落瓣自何年, 剡木爲形似,[『文藻』曰: 此五字據『遺睡』改. 紫鐵橋家藏遺稿, 作中有養霞子.] 逐波學水仙. 連動學水仙. 叩舷歌一曲, 不袠木蘭船. 羲和與常儀. 陋彼拘墟子, 萬古法檾東. 任來驗盈虛, 遲速辨祥音. 玉衡窺天乃坐井. 玉衡窺天靈龕有何靈. 陋彼拘墟, 以同乞靈. 吉凶論定非. 移遊敢苟日. 居易以俟命, 枯草行可拾.[鐵橋原注: 昔朱子欲進軒見此詩, 攻擊不已, 其以爲疑, 余謂遂非而止. 故告之曰: 義則可問, 志則否, 而顏含亦曰. 無務善學者志於毀, 審固技乃神, 中豈由爾力, 發增射鵠失當反其身, 直內而方外, 欽義文相因.]<br>(洪高士尺牘, <附鐵橋愛吾盧八詠>) |

홍대용(洪大容) 필담(筆談) 자료집(資料集)

| | |
|---|---|
| 余看畢曰: '草堂自此有顔色.' | 余看畢曰: '草堂自此有顔色.' |
| 力闇笑曰: '草堂自此無顔色.' | 力闇笑曰: '草堂自此無顔色.' |
| 蘭公曰: '他是多卽他是, 甲非人之之.' 余曰: '頑也何謂也?' 蘭公曰: '賢者謂也, 記大人有信勇懷象, 愼中人, 何爲之謂也?' | |
| 余指靈龜詩而問力闇曰: '揲蓍不足法耶?' | 余指靈龜詩曰: '揲蓍不足法耶?' |
| 力闇曰: '不是然. 只謂吉凶任我之是非, 不必待揲蓍而知之也.' | 力闇曰: '不然. 只謂吉凶任我之是非, 不必待揲蓍而知之也.' |
| 余曰: '然. 朱子亦以爲易不過惠廸吉從逆凶也.' | 余曰: '然. 朱子亦以爲易不過惠廸吉從逆凶也.' |
| 蘭公曰: '揲蓍, 聖人之道, 渠乃不以爲然, 眞妄人也.' | 蘭公曰: '揲蓍, 聖人之道, 渠乃不以爲然, 眞妄人也.' |
| 力闇指蘭公語曰: '此答話在別紙, 眞以我爲妄人矣.' | 力闇指蘭公之語曰: '此答話在別紙, 使人見之, 眞以我爲妄人矣.' |
| 蘭公曰: '東方以世祿取人, 此却非善政. 世祿雖三代之法, 然人才不擇地而生, 立賢無方, 必以此拘之, 恐華胄中未必皆賢者, 而賢者反限于資格矣.' | 蘭公曰: '東方以世祿取人, 此却非善政. 世祿雖三代之法, 然人才不擇地而生, 立賢無方, 必以此拘之, 恐華胄中未必皆賢者, 而賢者反限于資格矣.' |
| 余曰: '兒童便也.' ■■■■■■■■ | |
| 蘭公又曰: '東方亦崇奉釋敎之釋敎耶?' | 又曰: '東方亦崇奉釋敎耶?' |
| 余曰: '羅麗時甚崇信之, 卽今寺觀遍國中, 幾盡伊時所創. 本國以後, 儒道大盛, 士人家皆羞稱之, 獨無識陵品, 動於報應之說, 或有供佛飯僧之擧, 而亦不甚盛耳.' | 余曰: '羅麗時甚崇信之, 卽今寺觀遍國中, 幾盡伊時所創. 本國以後, 儒道大盛, 士人家皆羞稱之, 獨無識陵品, 動於報應之說, 或有供佛飯僧之擧, 亦不甚盛耳.' |
| 蘭公曰: '道敎之學甚粗, 不及釋氏遠甚. 好道而輕釋, 東方士夫, 亦惑之甚矣.' | 蘭公曰: '道敎之學甚粗, 不及釋氏遠甚. 好道而輕釋, 東方士夫, 亦惑之甚矣.' |
| 蓋錯看余儒道之語也. | 蓋錯看余儒道之語也. |

| |
|---|
| 潘軒指力闇靈龜詩, 以問之靈龜, 靈龜有何靈, 吉凶論是非, 移避敢苟且. 居易以俟命, 枯草行可拾. 曰: '揲蓍不足耶?' 曰: '不然. 只謂吉凶任我之是非, 不必待揲蓍而知之也.' (『鐵橋話』, 閒話 26) |

| | | | |
|---|---|---|---|
| 余卽改道會爲敎曰: '道敎則絶無傳者.' | 余卽改道會爲敎曰: '道敎則絶無傳者.' | 余卽改道會爲敎曰: '道敎則絶無傳者.' | |
| 時余與力闇語人詠詩. | 時余與力闇語人詠詩. | 時余與力萬語人詠詩. | |
| 蘭公歎曰: '此詩多頭巾氣, 非詩人之詩.' | 蘭公歎曰: '此詩多頭巾氣, 非詩人之詩.' | 蘭公歎曰: '此詩多頭巾氣, 非詩人之詩.' | |
| 又曰: '渠詩乃末儒餘唾, 何必詳觀②之?' | 又曰: '渠詩乃末儒餘唾, 何必詳觀之?' | 又曰: '渠詩乃末儒餘唾, 何必詳觀之?' | |
| 余曰: '正④愛其末儒餘唾④④⑤②.' | 余曰: '正愛其末儒餘唾.' | 余曰: '正愛其末儒餘唾.' | |
| 兩④人皆笑. | 兩君皆笑. | 兩人皆笑. | |
| 余曰: '南邊亦有爲西國②西洋學者乎?' | 余曰: '南邊亦有爲天主學者乎?' | 余曰: '南邊亦有爲西洋學者乎?' | |
| 蘭公曰: '因國西敎亦行于中國. 此禽獸之敎, 士大夫皆以爲非.' | 蘭公曰: '天主敎亦行于中國. 此禽獸之敎, 士大夫皆以爲非.' | 蘭公曰: '西敎亦行于中國. 此禽獸之敎, 士大夫皆以爲非.' | 洪湛軒大容『乾淨衕筆談』: '天主敎亦行于中國. 有所謂十字架之非, 敎中人必以爲天主受此刑而死. 天主敎中有經, 吾曾見之, 其中多言天主, 以爲天主, 立敎而權拜之, 因立敎而誦語揑奏, 且西主慘死, 人敎者常涕泣悲痛, 一念不忘, 其惑甚矣. (『五洲衍文長箋散稿』, <斥邪辨證說>) |
| 余曰: '天妃爲誰?' | 余曰: '天妃爲誰?' | 余曰: '天妃爲誰?' | |
| 蘭公曰: '天妃, 黃河之神, 回回多入此敎. 傳聞福建人林氏, 今勅封爲天后, 回回多入此敎. 明萬曆時, 西洋利瑪竇人中國, 其敎始行. 有所謂十字架之敎, 以爲因西主受此刑而死也, 可笑. 因國敎中有圖匿拜之, 蓋因②虛多安也, 因國圖又傳因國西主慘死, 因因而權罪, 因立敎而權語揑奏, 一念不忘, 其惑甚矣.' | 蘭公曰: '天妃, 黃河之神, 回回多入此敎. 傳聞福建人林氏, 今勅封爲天后, 回回多入此敎. 明萬曆時, 西洋利瑪竇人中國, 其敎始行. 有所謂十字架之敎, 以爲西主受此刑而死也, 可笑. 西敎中人必禮拜之, 敎中多不經語揑奏, 且西主慘死, 因立敎而權罪, 一念不忘, 其惑甚矣.' | 蘭公曰: '天妃, 黃河之神, 回回多入此敎. 傳聞福建人林氏, 今勅封爲天后, 回回多入此敎. 明萬曆時, 西洋利瑪竇人中國, 其敎始行. 有所謂十字架之敎, 以爲西主受此刑而死, 可笑. 西敎中人必禮拜之, 敎中多不經語揑奏, 且西主慘死, 以爲天主, 因立敎而權罪, 一念不忘, 其惑甚矣.' | |
| 力闇曰: '此有明禁.' | 力闇曰: '此有明禁.' | 力闇曰: '此有明禁.' | |
| 余曰: '明禁者謂朝禁耶?' | 余曰: '明禁者謂朝禁耶?' | 余曰: '明禁者謂朝禁耶?' | |
| 曰: '然.' | 曰: '然.' | 曰: '然.' | |
| 余曰: '旣有朝禁, 京城④中, 何以有建堂耶?' | 余曰: '旣有朝禁, 京城中, 何以有建堂耶?' | 余曰: '旣有朝禁, 京城中, 何以建堂耶?' | |
| 兩君皆驚曰: '在何處?' | 兩君皆驚曰: '在何處?' | 兩人皆驚曰: '在何處?' | |
| 余曰: '有東西南北四堂, 其東西二堂, 弟亦見之, 西洋人來守傳敎.' | 余曰: '有東西南北四堂, 其東西二堂, 弟亦見之, 西洋人來守傳敎.' | 余曰: '有東西南北四堂, 其東西二堂, 弟亦見之, 西洋人來守傳敎.' | |
| 兩君曰: '弟守來京屬耳, 尙未聞之.' | 兩君曰: '弟守來京屬耳, 尙未聞之.' | 兩君曰: '弟守來京屬耳, 尙未聞之.' | |
| 余曰: '論天及曆法, 西法甚高, 可謂發前未發. 但其學則竊吾儒上帝之號, 粧之以佛家輪廻之語, 淺陋可笑, 而末見中國人多有崇奉者, 未知士大夫無論南北, 皆無信從者耶?' | 余曰: '論天及曆法, 西法甚高, 可謂發前未發. 但其學則竊吾儒上帝之號, 粧之以佛家輪廻之語, 淺陋可笑, 而末見中國人多有崇奉者, 未知士大夫無論南北, 皆無信從者耶?' | 余曰: '論天及曆法, 西法甚高, 可謂發前未發. 但其學則竊吾儒上帝之號, 粧之以佛家輪廻之語, 淺陋可笑, 而末見中國人多有崇奉者, 但其士大夫無論南北, 皆無信從者耶?' | |
| 皆曰: '沒有.' | 皆曰: '沒有.' | 曰: '沒有.' | |

| | | |
|---|---|---|
| 皆曰: '士大夫不然.' | 皆曰: '士大夫不然.' | |
| 余曰: '錢牧齋何如人?' | 余曰: '錢牧齋何如人?' | 余曰: '錢牧齋何如人?' |
| 蘭公曰: '此公雅評曰浪子, 此眞知己.' | 蘭公曰: '此公雅評曰浪子, 此眞知己.' | 蘭公曰: '此公雅評曰浪子, 此眞知己.' |
| 余曰: '浪子知幾絜身, 辭靠隊而遠引, 恐牧齋少此一着.' | 余曰: '浪子知幾絜身, 辭靠隊而遠引, 恐牧齋少此一着.' | 余曰: '浪子知幾絜身, 辭靠隊而遠引, 恐牧齋少此一着.' |
| 蘭公曰: '少年爲黨魁, 末路乃爲降臣. 文章名世, 要是國家可惜人.' | 蘭公曰: '少年爲黨魁, 末路乃爲降臣. 文章名世, 要是國家可惜人.' | 蘭公曰: '少年爲黨魁, 末路乃爲降臣. 文章名世, 要是國家可惜人.' |
| 力闇曰: '使其早死, 今人亦無訾之者.' | 力闇曰: '使其早死, 今人亦無訾之者.' | 力闇曰: '使其早死, 今人亦無訾之者.' |
| 蘭公曰: '名德不昌, 乃有頤期之壽.' | 蘭公曰: '名德不昌, 乃有頤期之壽.' | 蘭公曰: '名德不昌, 乃有頤期之壽.' |
| 力闇曰: '牧齋人品, 無可言.' | 力闇曰: '牧齋人品, 無可言.' | 力闇曰: '牧齋人品, 無可言.' |
| 余曰: '恐是反上落下之人.' | 余曰: '恐是反上落下之人.' | 余曰: '恐是反上落下之人.' |
| 力闇頷之. | 力闇頷之. | 力闇頷之. |
| 蘭公曰: '牧齋文集, 有註本耶?' | 蘭公曰: '牧齋文集, 有註本耶?' | 蘭公曰: '牧齋文集, 有註本耶?' |
| 余曰: '詩有註本, 乃錢曾所註.' | 余曰: '詩有註本, 乃錢曾所註.' | 余曰: '詩有註本, 乃錢曾所註.' |
| 余曰: '文則無註耶?' | 余曰: '文則無註耶?' | 余曰: '文則無註耶?' |
| 蘭公曰: '然.' | 蘭公曰: '然.' | 蘭公曰: '然.' |
| 余謂蘭公曰: '錢曾爲誰?' | 余謂蘭公曰: '錢曾爲誰?' | 余謂蘭公曰: '錢曾爲誰?' |
| 蘭公曰: '曾字遵王, 牧齋族孫. 年與牧齋相等. 國初詩人, 與吳梅村龔芝麓爲三大家, 皆明之達官而仕于國朝者. 吳晚年多悔恨之語, 此人差可.' | 蘭公曰: '曾字遵王, 牧齋族孫. 年與牧齋相等. 國初詩人, 與吳梅村龔芝麓爲三大家, 皆明之達官而仕于國朝者. 吳晚年多悔恨之語, 此人差可.' | 蘭公曰: '曾字遵王, 牧齋族孫. 年與牧齋相等. 國初詩人, 與吳梅村龔芝麓爲三大家, 皆明之達官而仕于國朝者. 吳晚年多悔恨之語, 此人差可.' |
| 力闇曰: '牧齋亦佞佛, 自著楞嚴義疏百卷, 可謂大觀. 然轉益支離, 徒肢人目. 此亦佛敎之罪人也. 況以此才情學問, 而耗日力于比書, 眞可惜.' | 力闇曰: '牧齋亦佞佛, 自著楞嚴義疏百卷, 可謂大觀. 然轉益支離, 徒肢人目. 此亦佛敎之罪人也. 況以此才情學問, 而耗日力于比書, 眞可惜.' | 力闇曰: '牧齋亦佞佛, 自著楞嚴義疏百卷, 可謂大觀. 然轉益支離, 徒肢人目. 此亦佛敎之罪人也. 況以此才情學問, 而耗日力于比書, 眞可惜.' |
| 蘭公曰: '弟家有牧齋楞嚴稿木, 乃親筆所書.' | 蘭公曰: '弟家有牧齋楞嚴稿木, 乃親筆所書.' | 蘭公曰: '弟家有牧齋楞嚴稿木, 乃親筆所書.' |
| 力闇曰: '値少間, 欲求一觀.' | | 潘軒問: '錢牧齋何如人?' |
| | | 蘭公曰: '少年爲黨魁, 末路乃爲降臣. 文章名世, 要是國家可惜人.' |
| | | 力闇曰: '牧齋亦佞佛, 自著楞嚴義疏百卷, 可言. 然轉益支離, 徒肢人目. 且渠既知此才情學問, 而耗日力于比書, 眞可惜. 牧齋之敗行, 自其爲浪子, 而已預決之矣, 豈正人所有耶?' |
| | | (『鐵橋話』, 閒話 27) |

| | | |
|---|---|---|
| 蘭公曰: '傳聞不及, 請如君言.' 力闇曰: '可以見之耶?' 蘭公曰: '亦以狼子爲目.' 力闇曰: '然則狼等耶?' 幽曰: '儂重難言, 後人必能辨之.' 又曰: '此令吾.' | | |
| ㉘力闇曰: '人品之正不正, 定之於早, 牧齋之敗行, 自其爲浪子, 而已預決之矣. 即爭枚卜之敗, 豈正人所有耶?' | 力闇曰: '人品之正不正, 定之於早, 牧齋之敗行, 自其爲浪子, 而已預決之矣. 即爭枚卜之, 豈正人所有耶?' | 力闇曰: '人品之正不正, 定之於早, 牧齋之敗行, 自其爲浪子, 已預決之矣. 即爭枚卜之, 豈正人所有耶?' |
| 余曰: '爭枚卜一事, 曾未聞之, 不意其汚下之至此也.' | 余曰: '爭枚卜一事, 曾未聞之, 不意其汚下之至此.' | 余曰: '爭枚卜一事, 曾未聞之, 不意其汚下之至此也.' |
| 蘭公曰: '枚卜之爭, 至於鬨訟, 乃其徒爲之, 與牧齋無㉙涉. 牧齋瞠望, 一時無兩, 門人滿朝, 皆崇奉之, 遂至于此.' | 蘭公曰: '枚卜之爭, 至於鬨訟, 乃其徒爲之, 與牧齋無涉. 牧齋瞠望, 一時無兩, 門人滿朝, 皆崇奉之, 遂至于此.' | 蘭公曰: '枚卜之爭, 至於鬨訟, 乃其徒爲之, 與牧齋無兩, 門人滿朝, 皆崇奉之, 遂至于此.' |
| 又曰: '烏程相而天下事無可問矣.' | 又曰: '烏程相而天下事更無可問矣.' | 又曰: '烏程相而天下事更無可問矣.' |
| 又曰: '老生常談, 徒費筆舌.' | 又曰: '老生常談, 徒費筆舌.' | 又曰: '老生常談, 徒費筆舌.' |
| 皆塗抹之. | | 皆塗抹之. |
| 力闇曰: '摠以可惜二字畢之, 不必須言.' | 力闇曰: '摠以可惜二字畢之, 不必須言.' | 力闇曰: '摠以可惜二字畢之, 不必須言.' |
| 余曰: '尊敎甚當.' | | 余曰: '尊敎甚當.' |
| 蘭公曰: '弟豈以牧齋爲然者耶?' | 蘭公曰: '弟豈以牧齋爲然者耶?' | 蘭公曰: '弟豈以牧齋爲然者耶?' |
| 力闇曰: '我輩以筆代舌, 一日之叙, 只抵半日, 語以簡歎爲貴. 蘭兄好支離, 咬文嚼字, 眞無奈㉚他何?' | | 力闇曰: '我輩以筆代舌, 一日之叙, 只抵半日, 語以簡歎爲貴. 蘭兄好支離, 咬文嚼字, 眞無奈他何?' |
| 蘭公笑曰: '此等說話, 殊可不必.' | | 蘭公笑曰: '此等說語, 殊可不必.' |
| 余曰: '仰托記文, ㉛日覧㉜尚未完成耶? 請示之.' | | 余曰: '仰托記文, 尙未完耶? 請示之.' |
| 蘭公曰: '連日像像, 尙未書出.' | | 蘭公曰: '連日像像, 尙未書出.' |
| 蘭公又曰: '京師至東國, 渡一鴨江, 其餘皆岸路耶?' | | 蘭公又曰: '京師至東國, 渡一鴨江, 其餘皆岸路耶?' |
| 余曰: '渡鴨江, 又有薩水浪江二大川.' | | 余曰: '渡鴨江, 又有薩水浪江二大川.' |
| 余曰: '近日不治擧業耶?' | 余曰: '近日不治擧業耶?' | 余曰: '近日不治擧業耶?' |

| | | |
|---|---|---|
| 力闇曰: '連日勞勞于酬應, 實無間隙.' | 力闇曰: '連日勞勞于酬應, 實無間隙.' | |
| 余熟視②其言, 力闇意余不安於久坐. | 余熟視其言, 力闇意余不安於久坐. | |
| 又曰: '此語爲可厭之酬應言之. 吾兄細心人, 切勿疑其有妨于吾輩擧業也. 得吾兄頻頻相叙, 乃更快耳.' | 又曰: '此語爲可厭之酬應言之. 吾兄細心人, 切勿疑其有妨于吾輩擧業也. 得吾兄頻頻相叙, 乃更快耳.' | |
| 余謝曰: '東人大抵用心必細, 作事多鹵, 弟實亦未免於此.' | 余謝曰: '東人大抵用心必細, 作事多鹵, 弟實亦未免於此.' | 洪軒曰: '東人大抵用心必細, 作事多鹵, 弟實亦未免於此.' |
| 力闇曰: '人豈可不細心? 古人云, 忙裏錯了, 特吾兄作事, 實未嘗鹵.' | 力闇曰: '人豈可不細心? 古人云, 忙裏錯了, 特吾兄作事, 實未嘗鹵.' | 曰: '人豈可不細心? 古人云, 忙裏錯了, 特吾兄作事, 實未嘗鹵.' (『鐵橋話』, 閒話 28) |
| 蘭公曰: '養虛兄豁達, 殊不類東人, 甚妙.' | 蘭公曰: '養虛兄豁達, 殊不類東人, 甚妙.' | |
| 余曰: '其胸次灑然, 弟之畏友也.' | 余曰: '其胸次灑然, 弟之畏友也.' | |
| 蘭公曰: '東方有篤學之道, 至於一人至, 朝士皆擧之, 所擧者盡賢者耶?' | 蘭公曰: '東方有篤學之道, 至於一人至, 朝士皆擧之, 所擧者盡賢者耶?' | |
| 余曰: '安能盡然?' | 余曰: '安能盡然?' | |
| 力闇曰: '名存實亡, 處處皆然.' | 力闇曰: '名存實亡, 處處皆然.' | |
| 蘭公曰: '聞宮妓中多能詩者, 能擧一二否?' | 蘭公曰: '聞婦女中多能詩者, 能擧一二否?' | |
| 余曰: '無一記得. 設或有之, 此不過淫褻戲慢之語, 何足以汚君子之目也? 且兄於妓詩, 若是眷眷何也?' | 余曰: '無一記得. 設或有之, 此不過淫褻戲慢之語, 何足以汚君子之目也? 蘭兄家自有關雎葛草, 不必外求鄭衛之音.' | |
| 蘭公笑曰: '好色耳.' | | |
| 余曰: '蘭兄家自⑤有關雎葛章, 不必外求鄭衛之音⑯.' | | |
| 蘭公大笑. | 蘭公大笑. | |
| 又曰: '名流勝事, 可得聞否?' | 又曰: '名流勝事, 可得聞否?' | |
| 余曰: '我東先輩嘉言善行, 多有可記可傳, 而 | 余曰: '我東先輩嘉言善行, 多有可記可傳, 而 | |

| | | | |
|---|---|---|---|
| 而倉卒之間②同，不能記出，歸後如⑥有通信②便，當略記以送，至於風流數慢之語，則雖或可備一粲，決不可爲蘭兄助桀爲虐②.」 | 倉卒之間，不能記出，歸後如有通信之便，當略記以送，至於風流數慢之語，則雖或可備一粲，決不可爲蘭兄助桀爲虐矣.」 | 倉卒之間，不能記出，歸後如有通信之便，當略記以送，至於風流數慢之語，則雖或可備一粲，決不可爲蘭兄助桀爲虐矣.」 | |
| 蘭公笑. | 蘭公笑. | 蘭公笑. | |
| 力闇曰：「卽能記出，渠亦端晃而隊矣，貽我問如?」 | 力闇曰：「卽能記出，渠亦端晃而隊矣，貽我問如?」 | 力闇曰：「卽能記出，渠亦端晃而隊矣，貽我問如?」 | |
| 彼此皆笑. | 彼此皆笑. | 彼此皆笑. | |
| 余曰：「浙省同年凡幾人?」 | 余曰：「浙省同年凡幾人?」 | 余曰：「浙省同年凡幾人?」 | 進軒問：「浙省同年凡幾人?」 |
| 力闇曰：「同榜九十四人，皆謂之同年，而外省同科者，謂之遙同耳.」 | 力闇曰：「同榜九十四人，皆謂之同年，而外省同科者，謂之遙同耳.」 | 力闇曰：「同榜九十四人，皆謂之同年，而外省同科者，謂之遙同耳.」 | 曰：「同榜九十四人，而外省同科者，謂之遙同.」 |
| 又曰：「順天鄕試，謂之北榜，其中多有南土. 此則如同鄕同年一般②.」 | 又曰：「順天鄕試，謂之北榜，其中多有南土. 此則如同鄕同年一般.」 | 又曰：「順天鄕試，謂之北榜，其中多有南土. 此則如同鄕同年一般.」 | 又曰：「順天鄕試，謂之北榜，其中多有南土.」（『鐵橋話』，閒話 29） |
| 余曰：「吾輩往來，知之者必多，皆不以爲怪耶?」 | 余曰：「吾輩往來，知之者必多，皆不以爲怪耶?」 | 余曰：「吾輩往來，知之者必多，皆不以爲怪耶?」 | |
| 又曰：「此亦細心之問.」 | 又曰：「此亦細心之問.」 | 又曰：「此亦細心之問.」 | |
| 力闇曰：「大可不必細心. 弟輩來任，朋友除一二相知外，可見可不見. 其有知我輩來往者，亦大率相好者居多，渠卽知之，亦斷不以爲怪也.」 | 力闇曰：「大可不必細心. 弟輩來任，朋友除一二相知外，可見可不見. 其有知我輩來往者，亦大率相好者居多，渠卽知之，亦斷不以爲怪也.」 | 力闇曰：「大可不必細心. 弟輩來任，朋友除一二相知外，可見可不見. 其有知我輩來往者，亦大率相好者居多，渠卽知之，亦斷不以爲怪也.」 | |
| 又曰：「弟輩擧動，大異紛紛之輩. 卽如擧業，已絶口不談，而同輩人皆以爲怪. 然得之不得有命，此孔子家法也. 紛紛者自生荊棘耳. 所謂君子之所爲，衆人固不識也.」 | 又曰：「弟輩擧動，大異紛紛之輩. 卽如擧業，已絶口不談，而同輩人皆以爲怪. 然得之不得有命，此孔子家法也. 紛紛者自生荊棘耳. 所謂君子之所爲，衆人固不識也.」 | 又曰：「弟輩擧動，大異紛紛之輩. 卽如擧業，已絶口不談，而同輩人皆以爲怪. 然得之不得有命，此孔子家法也. 紛紛者自生荊棘耳.」 | 力闇曰：「弟輩擧動，大異紛紛之輩. 已絶口不談，而同輩人皆以爲怪. 然得之不得有命，此孔子家法也. 紛紛者自生荊棘耳.」（『鐵橋話』，閒話 30） |
| 又曰：「昨日與金兄有信，幸而二兄相訪者，爲弟二人. 不然則浙省擧人，亦有百餘人矣，使吾兄一見，便當唾之多矣.」 | 又曰：「昨日與金兄有信，幸而二兄相訪者，爲弟二人. 不然則浙省擧人，亦有百餘人矣，使吾兄一見，便當唾之多矣.」 | 又曰：「昨日與金兄有信，幸而二兄相訪者，爲弟二人. 不然則浙省擧人，亦有百餘人矣，使吾兄一見，便當唾之多矣.」 | |
| 蘭公曰：「餘子碌碌，何足掛齒?」 | 蘭公曰：「餘子碌碌，何足掛齒?」 | 蘭公曰：「餘子碌碌，何足掛齒?」 | |
| 余曰：「科場亦有借文代述之弊耶?」 | 余曰：「科場亦有借文代述之弊耶?」 | 余曰：「科場亦有借文代述之弊耶?」 | |
| 蘭曰：「卽不借文代述，亦無足道. 總之科目中，庸人多而奇人千無一人耳. 古語云孝廉聞一知幾，今日科目中，聞十而不知一者也.」 | 蘭曰：「卽不借文代述，亦無足道. 總之科目中，庸人多而奇人千無一人耳. 古語云孝廉聞一知幾，今日科目中，聞十而不知一者也.」 | 蘭曰：「卽不借文代述，亦無足道. 總之科目中，庸人多而奇人千無一人耳. 古語云孝廉聞一知幾，今日科目中，聞十而不知一者也.」 | |
| 力闇曰：「科場之弊多矣. 有懷挾，有代倩，有傳遞，必行搜驗，而歸號合後，必 | 力闇曰：「科場之弊多矣. 有懷挾，有代倩，有傳遞，必行搜驗，而歸號合後，必 | 力闇曰：「科場之弊多矣. 有懷挾，有代倩，有傳遞，必行搜驗，而歸號合後，必 | 力闇曰：「科場之弊多矣. 有懷挾，有代倩，有傳遞，必行搜驗，故下入場時，有，嚴 |

嚴其鎖鑰, 搜卷後, 必彌封謄錄種種, 皆以防作奸者也. 此時立法甚嚴, 則不肖者, 亦皆有身家之念, 犯法者少矣.'

蘭公曰: '如今少矣. 此謂關節, 情輕法重, 則欲騰頭, 駢首就戮.'

余曰: '此寶天下同然. 其搜驗之際, 決非豪傑之士可以甘心處.'

蘭公曰: '疏衣草履, 以收盜相待, 此西林先生所以終身不入試場也.'

力闇曰: '黃陶菴時文內有二句, 上也元纁束帛以加之, 則上重土而土亦因以自重也, 上也詞章記誦以取之, 則上輕土而土亦因以自輕. 此事總之, 上下交譏, 亦不得徒咎乎上也.'

又曰: '古人有應試, 聞唱名而拂衣以去者, 此何人哉? 此時搜驗, 殆同于防賊, 不知此公處其時, 又何以爲情?'

蘭公曰: '東方試士以賦, 律賦耶? 古賦耶?'

余又曰: '非古非律, 自作一體耳.'

蘭公曰: '頃見硃卷, 有習易習春秋之語, 此何謂也?'

力闇曰: '中國試士以五經, 分取其專習一經者, 謂之本經. 卽有通五經者, 亦必專歸一經, 此則明經遺制也.'

余曰: '試之若何?'

力闇曰: '試之以經義四篇, 每經出四題, 人隨一經. 然近時經學荒蕪, 卽專習一經者, 亦多有茫然不知經義者矣. 習之一字, 殊爲苟且.'

蘭公曰: '弟正任此選.'

力闇曰: '蘭公原習詩經而改易者, 弟原習詩經而改春秋.'

余曰: '是無所不通故然也.'

其鎖鑰, 緻卷後, 必彌封謄錄種種, 立法甚嚴, 卽不肖者, 亦皆有身家之念, 犯法者少.'

又曰: '黃陶菴時文內有二句, 上也元纁束帛以加之, 則上重土, 而土亦因以自重, 上也詞章記誦之, 則上輕土, 而土亦輕徒咎于上也.'

又曰: '古人有應試, 聞唱名而拂衣以去者, 此何人哉? 此時搜驗, 殆同于防賊, 不知此公處其時, 又何以爲情?' (『鐵橋話』, 閏話 31)

力闇曰: '中國試士以五經, 分取其專習一經者, 謂之本經. 卽有通五經者, 亦必專歸一經.' 進軒曰: '試之若何?'

曰: '試之以經義四篇, 卽每經出一經者, 人隨有茫然近時經學荒蕪, 不知經義者.'
(『鐵橋話』, 閏話 32)

| | | |
|---|---|---|
| 兩生皆笑. | 兩君皆笑. | 兩生皆笑. |
| 蘭公曰: '東方會試, 有背書之法, 成誦後不別試以文耶?' | 蘭公曰: '東方會試, 有背書之法, 成誦後不別試以文耶?' | 蘭公曰: '東方會試, 有背書之法, 成誦後不別試以文耶?' |
| 余曰: '別有殿試, 試以文. 但背書之法極難, 別有諺解, 必盡誦無一字差, 然後乃入選. 應此試者, 專用力於記誦, 蓋多徒誦其文, 而全不識其義. 以此應之者少. 弟輩亦不得應此試, 以其工力之難也.' | 余曰: '別有殿試, 試以文. 但背書之法極難, 別有諺解, 必盡誦無一字差, 然後乃入選. 應此試者, 專用力於記誦, 蓋多徒誦其文, 而全不識其義. 以此應之者少. 弟輩亦不得應此試, 以其工力之難也.' | 余曰: '別有殿試, 試以文. 但背書之法極難, 別有諺解, 必盡誦無一字差, 然後乃入選. 應此試者, 專用力於記誦, 蓋多徒誦其文, 而全不識其義. 以此應之者少. 弟輩亦不得應此試, 以其工力之難也.' |
| 力闇曰: '默寫背誦, 最爲良法, 不可以爲小子之學而忽之也. 自以文取士, 而荒經者多矣.' | 力闇曰: '默寫背誦, 最爲良法, 不得以爲小子之學而忽之也. 自以文取士, 而荒經者多矣.' | 力闇曰: '默寫背誦, 最爲良法, 不可以爲小子之學而忽之也. 自以文取士, 而荒經者多矣.' |

力闇又曰: "中國凡鄉試, 則第一場, 試以四書文三篇性理論三篇性理論進, 一晝夜而畢, 此等場最爲辛苦, 否則不能支矣."

又曰: "中國凡鄉試, 則第一場, 試以四書文三篇性理論一篇, 一晝夜而畢. 此等場進, 先要精神爲主, 否則不能支矣."

余曰: "經試者任任吐血云, 然否?"

力闇曰: "連日連夜不能睡, 卽苦矣. 第二場, 試以經文四篇排律一首, 一日而畢. 第三場, 試以策五道, 或一日或二日或三日, 或一晝夜. 此一場亦極苦, 每必七八百言或千言, 會試水同. 殿試, 亦一晝夜, 亦一晝夜. 然必至萬餘言, 乃可入翰林, 試必認誑諧詩, 此最難. 又必格式無一差誤, 而此後又有朝考, 試以詔誥論詩, 亦只許一日而畢. 鄉試百人取一, 會試三十取一, 殿試則無不取者, 但分一二三甲耳."

余曰: "策中亦論時務耶?"

力闇曰: "鄉會試五道內, 則三條古策, 二條時務, 至于殿試則時務."

蘭公曰: "然而倖選者多矣. 其宿學者, 或不得與此選, 亦不少也."

力闇曰: "吾鄉亦多有耆儒老學. 然終身靑衿, 可憐. 鄉試, 有經過十七八場者. 三年一擧, 如年十七八時入學, 至六十歲時是也."

余曰: "賺得英雄盡白頭, 正指此等人也."

蘭公曰: "有其徒之徒, 已登科甲, 而其師之師, 尙應鄉試者, 可笑."

力闇曰: "其實得之甚易."

余曰: "運好者實容易. 若終身爲擧人, 實是此生可憐."

力闇曰: "運好者實容易. 若終身爲擧人, 知幾者不如早爲之所."

余曰: "終身爲秀才, 乃眞可憐. 若已中鄉試爲擧人, 則待至十餘年, 得爲一知縣, 亦差足慰窮儒之願矣."

力闇曰: "終身爲秀才, 乃眞可憐. 若已中鄉試爲擧人, 則待至十餘年, 得爲一知縣, 亦差足慰窮儒之願矣."

余曰: "一經知縣, 歸於致仕乎?"

力闇曰: "日暮途窮而爲知縣, 亦惟有致仕耳."

又曰: "若已中鄉試爲擧人, 則待至十餘年, 得爲一知縣, 至府至道可至巡撫摠督矣." (『湛軒書』, 閒話 33)

否則有卓異而陞遷, 至府至司至巡撫總督者.

余曰: '會試, 三月初八日耶?'

曰: '然.'

余曰: '出榜後, 傳示遠近耶?'

力闇曰: '四月初五六時出榜, 亦如鄕試. 本人則有報子, 鳴鑼持紅單書姓名來飛報.'

余曰: '報子來時, 必鞶動隣里矣.'

皆曰: '然.'

余笑曰: '天下一理.'

力闇曰: '若遠近則一出榜後, 有賣題名錄者, 無論識字不識字, 必入買一紙, 恐有渠相知者在內. 故諺有之曰, 一擧成名天下聞.'

蘭公曰: '過一月則皆不知之矣. 惟會元姓名, 雖百年, 猶在人口也.'

余曰: '狀元後雖官高, 必以狀元稱之耶?'

蘭公曰: '則亦不然. 但鄕里必以此稱之. 卽任被此聲者, 亦甚樂其稱比之, 而不願以官稱之也. 錢塘有梁詩正, 位至宰相, 而吾鄕人皆稱之曰梁探花, 渠詩自注曰鄕人至今稱余爲梁探花. 探花自然, 況狀元乎?'

又曰: '狀元臚唱後, 皇上開午門大滿門, 狀元一人, 騎馬由中門出. 順天府尹執鞭, 送狀元歸第, 賜錦袍, 皆宮人所製. 夫人則本省城上, 乘興遍邏五穀, 以驅荒歉, 分福于人. 二事雖幸相, 皆不能與焉.'

余指遍邏五穀云曰: '此有何法?'

| | |
|---|---|
| 力闇曰: '府縣具供帳, 都人聚觀, 近千萬人.' 又曰: '外省總督巡撫儀從長及里餘司道以下, 遞殺皆傳呼, 辟人于道, 高門列戟, 鼓吹放砲, 爲之堅甲牽扯旗. 其夫人遊城之儀從, 幾不減督撫, 此其所以爲榮也. 然而任我者, 皆古之制也, 任彼者, 皆我所不爲也.' 蘭公曰: '凡女子必囑其夫爲狀元. 狀元夫人, 與諸命婦不同, 不亦妙乎?' 余曰: '如呀啊②見, 不下堂, 最足婦人妙處.' 蘭公曰: '不下堂而上城.' 余曰: '城上尤非婦人可登.' 蘭曰: '禁城之上, 無論官民婦女, 皆不許登. 狀元夫人之輿, 不行于街而行于城上者, 尊之爲天上人也, 此事乃朝家制度, 府縣到門, 彴請而出, 儀從甚盛, 非不下堂之謂也.' 余曰: '雖然, 此恐非先王明法.' 蘭公曰: '夫人夫人❻笑, 只②出②主①于④, 回 ②由②元人⑤.' 又曰: '狀②元④或②曰?曰呢元夫②人①.' 力闇曰: '終⑰反②家⑫一⑨参⑱.' ⑰此②笑.' 力闇②曰: '②里⑲利②彼⑭句⑱舍.' 余亦歡②曰: '奉⑱祝蘭②兄⑫蘭②窓②周①中④, 必占狀頭, 無失夫人之榮.' 蘭公又笑. 力闇又曰: '周延儒非狀元耶?' 余曰: '此誰耶?' 力闇曰: '明末大奸臣.' 蘭公曰: '周延儒魏德藻, 明⑲然⑱也, ②由⑭夫人②外, ⑩他⑲魏德藻, ①皆⑯狀元也. 周大奸臣, 壞明國事⑳.' 又指局⑬: '⑪此②人⑥降⑯李自成疝被刑, | 力闇曰: '府縣具供帳, 都人聚觀, 近千萬人.' 又曰: '外省總督巡撫儀從長及里餘司道以下, 遞殺皆傳呼, 辟人于道, 高門列戟, 鼓吹放砲, 爲之堅甲牽扯旗. 其夫人遊城之儀從, 幾不減督撫, 此其所以爲榮也. 然而任我者, 皆古之制也, 任彼者, 皆我所不爲也.' 蘭公曰: '凡女子必囑其夫爲狀元. 狀元夫人, 與諸命婦不同, 不亦妙乎?' 余曰: '如呀啊見, 不下堂, 最足婦人妙處.' 蘭公曰: '不下堂而上城.' 余曰: '城上尤非婦人可登.' 蘭曰: '禁城之上, 無論官民婦女, 皆不許登. 狀元夫人之輿, 不行于街而行于城上者, 尊之爲天上人也, 此事乃朝家制度, 府縣到門, 彴請而出, 儀從甚盛, 非不下堂之謂也.' 余曰: '雖然, 此恐非先王明法.' 余又歡曰: '奉祝蘭兄, 必占狀頭, 無失夫人之榮.' 蘭公又笑. 力闇又曰: '周延儒非狀元耶?' 余曰: '此誰耶?' 力闇曰: '明末大奸臣.' 蘭公曰: '周延儒魏德藻, 皆狀元, 而延儒以大奸臣, 魏德藻降李自成而被刑, 皆狀元中匪類也.' |

| | | |
|---|---|---|
| 皆狀元中匪類也.' | | |
| 又曰: '羅洪先亦狀元也, 云二十年學道, 纔胸中忘狀元二字.' | 又曰: '羅洪先亦狀元也, 二十年學道, 纔胸中忘狀元二字.' | 又曰: '羅洪先亦狀元, 二十年學道, 纔胸中忘去狀元二字.' |
| 余曰: '近思內省之語. 卽此一語, 其人之賢可知⊙也.' | 余曰: '近思內省之語. 卽此一語, 其人之賢可知.' | 余曰: '近思內省之語. 卽此一語, 其人之賢可知也.' |
| 蘭公曰: '此明大儒, 崇祀孔廟⊙也.' | 蘭公曰: '此明大儒, 崇祀孔廟.' | 蘭公曰: '此明大儒, 崇祀孔廟.' |
| 又曰: ⊙'使⊙人⊙不⊙思⊙狀⊙元⊙者, 豈⊙不⊙難⊙多⊙哉. 也. ⊙兼⊙復⊙以⊙無⊙思⊙狀⊙元⊙爲⊙樂, 而⊙不⊙知⊙狀⊙元⊙之⊙可⊙樂⊙矣.' | 又曰: '某人亦杭人, 吾與之相識者. 上科會元, 極力謀求, 竟得他人所爲, 其難可知.' | 又曰: '某人亦杭人, 吾與之相識者. 上科會元, 極力謀求, 竟爲他人所有, 其難可知.' |
| 力闇曰: '竟中狀元之人, 又卻以無意得之, 可見不必強求.' | 力闇曰: '竟中狀元之人, 又卻以無意得之, 可見不必強求.' | 力闇曰: '竟中狀元之人, 又卻以無意得之, 可見不必強求.' |
| 蘭公曰: '自宰相以下, 無不欲以此人爲狀元, 孰知天命有在, 竟爲他人所得.' | 蘭公曰: '自宰相以下, 無不欲以此人爲狀元, 孰知天命有在, 竟爲他人所得.' | 蘭公曰: '自宰相以下, 無不欲以此人爲狀元, 孰知天命有在, 竟爲他人所得.' |
| ⊙余⊙又曰: '東方狀元, 亦榮乃爾耶?' | 又曰: '東方狀元, 亦榮乃爾耶?' | 又曰: '東方狀元, 亦榮乃爾耶?' |
| 余曰: '國小故榮亦小. 且我東之狀元, 只見其憂, 而未見其榮.' | 余曰: '國小故榮亦小. 且我東之狀元, 只見其憂, 而未見其榮.' | 余曰: '國小故榮亦小. 且我東之狀元, 只見其憂, 而未見其榮.' |
| 兩生皆驚問曰: '此何故⊙也?' | 兩君皆驚問曰: '此何故?' | 兩生皆驚問曰: '此何故也?' |
| 余曰: '千金之軀, 一朝委而致之於君, 死生榮辱, 不能自保, 豈非可憂乎? 戴花張盖, 鼓吹前導, 遊遊於街上, 僅得市童之憐, 而其有識者笑之, 此有何榮耶?' | 余曰: '千金之軀, 一朝委而致之於君, 死生榮辱, 不能自保, 豈非可憂乎? 戴花張盖, 鼓吹前導, 遊遊於街上, 僅得市童之憐, 而其有識者笑之, 此有何榮耶?' | 余曰: '千金之軀, 一朝委而致之於君, 死生榮辱, 不能自保, 豈非可憂乎? 戴花張盖, 鼓吹前導, 遊遊於街上, 僅得市童之憐, 而其有識者笑之, 此有何榮耶?' |
| 兩⊙生⊙皆⊙大笑. | 兩君皆大笑. | |
| 力闇⊙曰⊙問曰: '貴⊙國⊙之⊙制⊙而⊙曰: "⊙國⊙此⊙也?"' ⊙余曰: '然.' ⊙力闇⊙曰: '此⊙他⊙他⊙不⊙國⊙尺⊙許, 而⊙東⊙國⊙則⊙長⊙可⊙一⊙丈?' ⊙余曰: '⊙國⊙小⊙則⊙不⊙國⊙耶?' ⊙力闇⊙曰: '⊙然⊙則⊙長?' ⊙余曰: '⊙國⊙科⊙且⊙其⊙有⊙皇⊙及⊙我⊙東⊙之⊙實⊙體.' ⊙余⊙又⊙曰: '⊙然⊙則⊙有⊙一⊙○⊙體⊙樣?' ⊙蘭⊙公⊙曰: '⊙然⊙則⊙中⊙國⊙狀⊙元⊙之⊙所⊙不⊙能⊙效⊙也.' | | |

余曰: "二兄如不中會試, 當即日治歸耶?"

力闇曰: "然則留耳."

余曰: "兩公何爲?"

力闇曰: "吾亦只得歸耳, 留此何爲?"

余又曰: "量二兄才學, 似無不中之理."

力闇曰: "不中乃意中事, 中則意外耳. 雖忘任必中者, 亦豈曾見其果中哉? 然則仿彙想中, 彼此皆笑."

余曰: "若得中則歸鄕, 當在何時?"

力闇曰: "點入翰林, 必須待三年, 散館授職, 此三年內, 可以告暇省親. 然爲期多只一年, 外官則爲知縣, 此須于吏部, 卽隣省分官, 亦不在五百里內, 知縣不爲本省官, 卽隣省分官, 亦不在五百里內."

余曰: "翰林惟狀元爲之耶?"

力闇曰: "一甲三人, 狀元榜眼探花. 狀元, 卽授職爲翰林修撰, 榜探爲翰林編修. 二甲百餘人或卽授翰林, 三甲百餘人. 凡二甲三甲內, 點翰林, 或授班進士, 謂之歸班主事知縣之人, 約二百餘人, 知縣則無定額. 近時亦不過四五六十人爲翰林, 二十人爲主事, 其餘皆是歸班."

余曰: "十年後得知縣, 則是歸班, 與擧人無異."

力闇曰: "與擧人等耳."

又曰: "從前放知縣者極多, 此時反以外官爲重耳. 官中轉可敎貪, 此亦世運升降之一端也."

余笑曰: "此亦天下一理."

兩君問曰: "貴處亦如是耶?"

進軒問曰: "點入翰林, 當在何時?"

余曰: "若得中則歸鄕, 須待三年, 外官則爲知縣, 此須于吏部, 擊籤分省, 不能自主, 卽隣省, 亦不在五百里內."

進軒曰: "翰林惟狀元爲之耶?"

余曰: "一甲三人, 狀元榜眼探花. 狀元, 卽授職爲翰林修撰, 榜探爲翰林編修. 二甲百餘人或八九十, 三甲百餘人. 凡二甲三甲內, 點翰林, 或授班進士, 謂之歸班主事知縣之人, 凡二甲第一人, 謂之傳臚, 丁朝考後, 其不爲翰林, 或授知縣, 或點爲主事, 其不爲翰林, 十年得知縣. 然翰林三年內授職者, 爲庶常吉士, 張黃盖帶數珠, 終身不確晚生, 與督撫平行." (『鐵橋話』, 用紙 34)

| | | | |
|---|---|---|---|
| | 余曰: '然.' | 余曰: '然.' | 余曰: '然.' |
| | 兩人亦笑. | 兩君皆笑. | 兩人亦笑. |
| | 力闇曰: '翰林一官, 最爲淸華之選. 然甚貧, 近年多有翰林求出外者.' | 力闇曰: '翰林一官, 最爲淸華之選. 然甚貧, 近年多有翰林求出外者.' | 力闇曰: '翰林一官, 最爲淸華之選. 然甚貧, 近年多有翰林求出外者.' |
| | ●●曰: '●●●●之●●●●(四)錢, 便●●●●(友)●.' | 蘭公曰: '翰林若與之三四兩銀, 便成密友矣.' | 力闇曰: '翰林三年內未授職者, 爲庶吉士. 然翰林三年內未授職者, 爲庶吉士. 然翰林不論大小, 皆得張蓋黃盖帶數珠, 終身不稱晩生, 與督撫爲平行. 在家鄕爲名稱晩生, 與督撫爲平行. 在家鄕爲名東字寸許大, 一改知縣, 卽變爲小字矣.' |
| | 力闇曰: '點翰林不論大小, 皆得張蓋黃盖帶數珠, 終身不稱晩生, 與督撫爲平行. 在家鄕爲名東字寸許大, 一改知縣, 卽變爲小字矣.' | 力闇曰: '點翰林三年內未授職者, 爲庶吉士. 然翰林不論大小, 皆得張蓋黃盖帶數珠, 終身不稱晩生, 與督撫爲平行. 在家鄕爲名東字寸許大, 一改知縣, 卽變爲小字矣.' | |
| | 又曰: '帶數珠之制, 以爲何如?' | 又曰: '帶數珠之制, 以爲何如?' | 又曰: '帶數珠之制, 以爲何如?' |
| | 余曰: '非先王②法服●, 不須問也.' | 余曰: '非先王法服, 不須問也.' | 余曰: '非先王法服, 不須問也.' |
| | 力闇曰: '然. 必須五品以上帶之, 而翰林則以七品官而亦許帶.' | 力闇曰: '然. 必須五品以上帶之, 而翰林則以七品官而亦許帶.' | 力闇曰: '然. 必須五品以上帶之, 而翰林則以七品官而亦許帶.' |
| | 余曰: '此必自己崇佛者●帶之⊙.' | 余曰: '此必自己崇佛者帶之?' | 余曰: '此必自己崇佛者帶之耶?' |
| | 力闇笑曰: '非也. 雖程朱處今之世, 敢不●帶耶? 今時有例, 不得帶數珠, 而其居鄕, 任任臂帶以爲榮.' | 力闇笑曰: '非也. 雖程朱處今之世, 敢不帶耶? 今時有例, 不得帶數珠, 而其居鄕, 任任臂帶以爲榮.' | 力闇笑曰: '非也. 雖程朱處今之世, 敢不帶耶? 今時有例, 不得帶數珠, 而其居鄕, 任任臂帶以爲榮.' |
| | ●●●●●. | 蘭公曰: '程朱爲知縣, 得以免矣.' | |
| | ●公●●曰: '●朱●●知縣, 便以免矣.' | 余曰: '中國衣冠之變, 已百餘年矣. 今天下推吾東方, 略存舊制, 而其人中國也, 無識之輩, 莫不笑之, 嗚呼, 其忘本也. 見帽帶則謂之類場戱, 見頭髮則謂之類婦人, 見大袖衣則謂之類和尙.' | 余曰: '中國衣冠之變, 已百餘年矣. 今天下推吾東方, 略存舊制, 而其人中國也, 無識之輩, 莫不笑之, 嗚呼, 其忘本也. 見帽帶則謂之類場戱, 見頭髮則謂之類婦人, 見大袖衣則謂之類和尙.' |
| | 余●●⊙●, ●●●●, ●●●●, ●●●●●, ●●●●, ●●●●. ●●●●●●●●●, ●●●●●●●●, ●●●●●●●●之類和尙. | | |
| | 力闇笑曰: '類僧誠然. 帽帶水類僧耶, 中國之僧, 夏天多戴笠子.' | 力闇笑曰: '類僧誠然. 帽帶水類僧, 賴有髮耳.' | 力闇笑曰: '類僧誠然. 帽帶水類僧耶, 中國之僧, 夏天多戴笠子.' |
| | | | 仿畫笠形, 如我們所戴笠而向: '或藤或草或稷. |
| | 又問余曰: '帽頂以何物爲之?' | | 又問余曰: '帽頂以何物爲之?' |

| | | |
|---|---|---|
| 余曰: '皆以銀.' | | 余曰: '皆以銀.' |
| 力闇曰: '武官如此乎?' | | 力闇曰: '武官如此乎?' |
| 余曰: '然.' | | 余曰: '然.' |
| 力闇曰: '不分品級之大小, 皆一樣耶?' | | 力闇曰: '不分品級之大小, 皆一樣耶?' |
| 余曰: '然. 國制惟以網巾貫子分品級耳.' | | 余曰: '然. 國制惟以網巾貫子分品級耳.' |
| 力闇諮: '孔雀翎有分別耶?' | | 余曰: '孔雀翎有分別耶?' |
| 余曰: '也一樣.' | | 余曰: '也一樣.' |
| 力闇指余服曰: '此私居便服耶?' | | 力闇指余服曰: '此私居便服耶?' |
| 余曰: '非也. 此或戎服也, 戰陣之所着, 而便服則皆大袖衣冠方巾及各樣古制耳.' | | 余曰: '非也. 此私居服也, 戰陣之所着, 而便服則皆大袖衣冠方巾及各樣古制耳.' |
| 力闇曰: '金兄平時水戴方巾耶?' | | 力闇曰: '金兄平時水戴方巾耶?' |
| 余曰: '與我一樣.' | | 余曰: '與我一樣.' |
| 盖兩生來館時, 惟余着方巾, 故有此問耳. | | 盖兩生來館時, 惟余着方巾, 故有此問耳. |
| 余別以小紙書問曰: '近聞宮中有大事, 擧朝波湯云, 兄輩亦聞之乎?' | 余別以小紙書問曰: '近聞宮中有大事, 擧朝波湯云, 兄輩亦聞之乎?' | 進軒曰: '近聞宮中有大事, 擧朝波湯云, 兄輩亦聞之乎?' |
| 蘭公失色曰: '何以知之?' | 蘭公失色曰: '何以知之?' | 蘭公曰: '我朝家法, 無廢立事, 且皇太后有聖德, 賴以無事, 滿人阿永阿極諫幾死, 漢人無一人敢言, 可愧.' |
| 余曰: '豈無所聞乎?' | 余曰: '豈無所聞乎?' | 進軒曰: '天知地知, 子知我知, 老兄何畏? 抑汝意欲出此等情狀? 湛軒先生, 篤實君子, 汝以須爲何等人耶?' |
| 蘭公曰: '我朝家法, 無廢立事. 且皇太后有聖德, 故賴以無事, 滿人阿永阿極諫幾死, 漢人無一人敢言者, 可愧.' | 蘭公曰: '我朝家法, 無廢立事. 且皇太后有聖德, 故賴以無事, 滿人阿永阿極諫幾死, 漢人無一人敢言者, 可愧.' | 進軒曰: '兄果怕死, 他日爲諫官, 吾不知其何所止泊. 出身爲君, 不能辦得一死, 其勢必無所不至.' |
| 此時, 蘭公隨書隨裂, 擧措慌忙. | 此時, 蘭公隨書隨裂, 擧措慌忙. | 力闇奮然曰: '中庸不可能也.' |
| 余曰: '安待春受, 輕發此言. 兄之驚動如是, 請勿敢言.' | 余曰: '安待春受, 輕發此言. 兄之驚動如是, 請勿敢言.' | 蘭公曰: '恐老兄之中庸, 乃胡公之飮頭便欲現, 此嚴將軍話也.' |
| 蘭公曰: '國朝法令甚嚴, 自不覺如此.' | 蘭公曰: '國朝法令甚嚴, 自不覺如此.' | 力闇曰: '既明且哲以保其身二句, 誤盡天下好人.' |
| 余曰: '不然. 同是中國之人, 即此等酬酢, 亦何妨乎? 但弟於兄輩, 雖曰密交, 其中外之別自在也, 兄之驚動, 亦無足惟也.' | 余曰: '不然. 同是中國之人, 即此等酬酢, 亦何妨乎? 但弟於兄輩, 雖曰密交, 其中外之別自在也, 兄之驚動, 亦無足惟也.' | 蘭公曰: '此雖未大儒, 我亦不能盡然之也, 如程子之不論斜法.' |
| 此時, 力闇與蘭公品, 若相競者, 而不可解聽. | 此時, 力闇與蘭公品, 若相競者, 而不可解聽. | (『湛軒書』, 會話 21) |
| 蘭公曰: '不然不然. 非爲中外之別也. 弟平生怕死.' | 蘭公曰: '不然不然. 非爲中外之別也. 弟平生怕死.' | |

| | | |
|---|---|---|
| 怕死之人, 是以不願爲官, 而歸老田間也.' | 怕死之人, 是以不願爲官, 而歸老田間也.' | |
| 力闇奮然曰: '天知地知, 子知我知, 老兄何畏? 抑故意表出此等情狀耶? 澁軒先生, 篤實君子, 我實不得. | 力闇奮然曰: '天知地知, 子知我知, 老兄何畏? 澁軒先生, 篤實君子, 汝以渠爲何等人而有此粧撰?' | |
| 又曰: '澁軒先生, 篤實君子, 汝以渠爲何等人耶?' | 又曰: '澁軒先生, 篤實君子, 汝以渠爲何等人耶?' | |
| 又向蘭公大言之. | 又向蘭公大言之. | |
| 蘭公變色着急曰: '闇兄殊競氣.' | 蘭公變色着急曰: '闇兄殊競氣.' | |
| 余曰: '此闇兄過矣. 危行言遜, 豈非聖訓乎? 雖然, 蘭公非中外云云, 欲以親我而反誅我也. 且兄果怕死, 在今日爲擧人, 則猶可也. 在他日爲諫官, 則吾不知其何所止泊也. 誠如是也, 不如早歸田之爲無過也. 余嘗以爲出身事君者, 不能辦得一死, 則其勢必無所不至矣. | 余曰: '此闇兄過矣. 危行言遜, 豈非聖訓乎? 雖然, 蘭公非中外云云, 欲以親我而反誅我也. 且兄果怕死, 在今日爲擧人, 則猶可也. 在他日爲諫官, 則吾不知其何所止泊也. 誠如是也, 不如早歸田之爲無過也. 余嘗以爲出身事君者, 不能辦得一死, 則其勢必無所不至矣. | |
| 力闇奮筆大書曰: '飮頭便飮頭, 此嚴將軍語也.' | 力闇奮筆大書曰: '飮頭便飮頭, 此嚴將軍語也.' | |
| 又曰: '凡事總有箇恰好處, 此公只是不恰好耳.' | 又曰: '凡事總有箇恰好處, 此公只是不恰好耳.' | |
| 蘭公曰: '中庸不可能也.' | 蘭公曰: '中庸不可能也.' | |
| 又曰: '恐老兄之中庸, 乃胡公也.' | 又曰: '恐老兄之中庸, 乃胡公也.' | |
| 力闇又奮然曰: '旣明且哲以保其身二句, 誤盡天下好人.' | 力闇又奮然曰: '旣明且哲以保其身二句, 誤盡天下好人.' | |
| 又曰: '此雖末大儒, 我亦不能盡然之也, 如程子之不論新法.' | 又曰: '此雖末大儒, 我亦不能盡然之也, 如程子之不論新法.' | |
| 余曰: '此雖有爲而發, 不免苛論.' | 余曰: '此雖有爲而發, 不免苛論.' | |
| 蘭公曰: '此等皆悖謬之論.' | 蘭公曰: '此等皆悖謬之論.' | |
| 余笑曰: '不用相激, 由弟妄發, 致此紛紛.' | 余笑曰: '不用相激, 由弟妄發, 致此紛紛.' | |
| 彼此皆笑而爲他語. | 彼此皆笑而爲他語. | |
| 余以日本美濃紙一束示之曰: '此是倭紙, 曾見之否?' | 余以日本美濃紙一束示之曰: '此是倭紙, 曾見之否?' | |
| 蘭公曰: '未曾見之.' | 蘭公曰: '未曾見之.' | |
| 余曰: '此不合於書畫耶?' | 余曰: '此不合於書畫耶?' | |

蘭公曰: '紙品甚妙.'

余曰: '此堅韌不及麗產, 其品則不及華紙, 適入行中, 聊以奉贈. 要之兼有二者之德.'

[…本文…]

且以牛皮煎及丸劑前贈者又加.

余因曰: '但欲以與朋友則求之, 欲以獻親則不求, 此其義安在?'

蘭公笑曰: '異味得嘗, 少許已足, 多便不貴.'

余亦笑曰: '多便不貴, 誠有此理. 兄之巧於護過, 從而爲之辭, 竊爲之惜焉.'

蘭公笑曰: '弟知過矣.'

余曰: '以中國之大, 兄之細心尚如此, 我輩亦何足道哉?'

兩生人皆笑.

余曰: '牛皮煎不甚貴, 官府則處處有之. 清心丸頗有奇效, 而眞品亦多等. 其眞者過半, 只出於官劑, 此最可用. 北京人甚珍此物, 雖明知其假, 而求之不已, 似亦略有效耳.'

蘭公曰: '聞丸中有古水在內, 其信然耶?'

余曰: '古水何物也?'

蘭公曰: '謂海中多年不化之水.'

余曰: '此誤傳也.'

余即探囊取給.

余曰: "日將暮矣, 鬲門之嘆可念, 請告退. 行期若在廿一, 則未必再來, 若至廿四, 則當探貴處, 無冗可以進敍. 惟於行前, 須頻通候可也. 況雖會面, 所以通情者, 不在口而在筆那?"

蘭公悽然曰: "生死永別矣. 卽使廿一, 亦乞過我一談."

余曰: "非敢歇後也, 以鬲門之阻也. 雖然, 敢不極力圖之耶?"

蘭公打圈于極力圖之四字.

余曰: "此後只有一日之期, 四五時之內, 將作何說話耶? 只增傷心, 恐不如更不逢也."

力闇曰: "前蘭兄翰墨, 尤不可多得也."

余曰: "已書之. 下段略有謝語, 覽可悉也."

● ● 向送高遠亭賦體一篇, 無拙可笑. 但不日無所著述, 此適記得, 故聊以露醜. 所謂高遠亭主人, 金鍾厚, 字伯高, 號直齋, 亦我東儒者, 以貴曾退居讀書, 見識高邁, 文詞通敏, 文詞亦貴通敏, 篇末數句, 時望廷重, 所以益期其遠大, 毋安於小成也. 覽後幸斥示之.

力闇曰: "甚好."

| | | |
|---|---|---|
| 力闇曰: '如吾兄之筆, 乃以人重, 卽極拙亦佳, 將來可睹物懷人, 況木拙耶?' 握somehow, 申心感●, 實以●書. | 力闇曰: '如吾兄之筆, 乃以人重, 卽極拙亦佳, 將來可睹物懷人, 況木拙耶?' | 力闇曰: '如吾兄之筆, 乃以人重, 卽極拙亦佳, 將來可睹物懷人, 況木拙耶?' |
| 余曰: '睹物懷人之教, 實是感切. 但其奈人筆俱拙何?' | 余曰: '睹物懷人之教, 實是感切. 但其奈人筆俱拙何?' | 余曰: '其奈人筆俱拙何?' |
| 又曰: '兄畫之眷愛至此, 固不敢以兄輩爲面輥背笑, 或憐其一段愚恩而由於中耶?' | 余曰: '睹物懷人之教, 實是感切. 但其奈人筆俱拙何? 兄輩之眷愛至此, 固不敢以兄輩爲面輥背笑, 實未知緣何致此. 性好賢而由於中耶?' | 兄輩之眷愛至此, 固不敢以兄輩爲面輥背笑, 實未知緣何致此. |
| 力闇變色曰: '弟輩推誠相與, 而吾兄猶作此世情之談, 然則吾兄豈始不與弟相好耶? 弟等豈中爲面輥背笑之人? 實是中心誠服. | 力闇變色曰: '弟輩推誠相與, 而吾兄猶作此世情之談, 然則吾兄豈始不與弟相好耶? 弟等豈中爲面輥背笑之人? 實是中心誠服. | 力闇變色曰: '弟輩推誠相與, 而吾兄猶作此世情之談, 然則吾兄豈始不爲面輥背笑之人? 實是中心誠服. |
| 弟可出一言, 如敢胸中稍有一不然之念者, 令我前程不吉.' | 弟可出一言, 如敢胸中稍有一不然之念者, 令我前程不吉.' | 弟可出一言, 如敢胸中稍有一不然之念者, 令我前程不吉.' |
| 又曰: '此話則難蘭公, 不敢強之使共矣.' | 又曰: '此話則難蘭公, 不敢強之使共矣.' | 又曰: '惟於別後, 時時提起頭, 力求進覚, 庶幾小有 |
| 蘭公曰: '如不中心誠服于兄者, 非人類也.' | 蘭公曰: '如不中心誠服于兄者, 非人類也.' | 若時時有吾湛軒之在其旁而督責之, 以無負我良友千萬里之成就, 以無負我良友千萬里之外而已. |
| 余曰: '自乾狀然, 乃有此言, 豈敢疑兄輩? 承此各出誓言, 殆同春秋之咀盟, 由弟多心, 致此過擧, 可謂有失之矣. | 余曰: '自乾狀然, 乃有此言, 豈敢疑兄輩? 承此各出誓言, 殆同春秋之咀盟, 由弟多心, 致此過擧, 可謂有失之矣. | 進軒曰: '願兩兄, 居家盡孝友之功, 勿爲俗人, 爲學務眞實之功, 勿爲俗儒.' |
| 但兄輩每於於弟, 以比擬不倫之語加之, 此弟所以不能心服也. | 但兄輩每於於弟, 以比擬不倫之語加之, 此弟所以不能心服也. | (『湛軒書』, 實話 13) |
| 力闇曰: '弟本無他語, 惟於別後, 時時提起頭, 力求進覚, 若時時有吾湛軒之在其旁而督責之, 以無負我良友千萬里之成就, 以無負我良友千萬里之外而已. | 力闇曰: '弟本無他語, 惟於別後, 時時提起頭, 力求進覚, 若時時有吾湛軒之在其旁而督責之, 以無負我良友千萬里之成就, 以無負我良友千萬里之外而已. | |
| 余曰: '雖不敢當, 感服之極, 惟願兩兄, 居家盡孝友之行, 勿爲俗人, 爲學務眞實之功, 勿爲俗儒, 則弟雖遠伏海外, 永不敢以爲恨矣, 且不敢以爲書.' | 余曰: '雖不敢當, 感服之極, 惟願兩兄, 居家盡孝友之行, 勿爲俗人, 爲學務眞實之功, 勿爲俗儒, 則弟雖遠伏海外, 永不敢以爲恨矣, 且不敢以爲書.' | |
| 力闇曰: '一切感佩之言, 書不勝書, ●●●●書.' | 力闇曰: '一切感佩之言, 書不勝書矣.' | |

| | | | |
|---|---|---|---|
| 2/19 | 蘭公曰: '今日之談, 弟二人, 多②涉閑話, 殊可笑殊可借.' 余曰: '今日問答之紙, 亦並爲持去, 如何?' 力闇曰: '但言語不倫, 字畫欹斜, 可笑.' 余曰: '歸後, ③以此錄出問答之語, 以爲生前睹思之資. 且以示之儕流, 傳之後探耳.' 蘭公曰: '足徵古誼. 然必擇其話稍可倫次者記之, 不然, 見譏後人矣.' 余曰: '知道.' 兩④人遍考問答, 其稍涉忌諱者, 或裂而取之, 或全取之, 此則前後皆如是焉. 遂相別而歸. ⑤篋, 日⑥禾秄. ⑦匵, ⑧⑨鉛送伴. 書曰: 頃者⑩余⑪日者晚去早來, 令人快快. 昨又阻雨, 不得奉候, 悵鬱之極, 夜來瘧風, 衾旅味無恙否? 弟等行朝, ⑫⑬⑭⑮⑯⑰⑱更進. 然以有限之客, 欲叙無限決, 可圖更進. 然以有限之客, 欲叙無限之懷, 其味津津, 咀之嚼之, 八詠詩, 無非其卓犖峻拔, 信乎有德者之言也. 玅⑲中靈龕⑳一詩, 直令人有凌萬頃超八垠之意, 無世儒拘攣之氣, 可以知其人矣. 雖然, 才高者過于脫灑, 誦其詩, 則或不免於大軍遊騎出太遠而無所歸也, 此則弟之不能無過計之憂于兄也. 其書木薄而易損, 差能作帖, 宜於作帖, 而不合於粘壁. 此去麗紙品雖劣, 幸再努揮灑以惠也. 八詩, 皆以各行字樣, 皆以得隸法見其妙. 匃更以隸書因② | 蘭公曰: '今日之談, 弟二人, 亦並爲持去, 可笑.' 余曰: '今日問答之紙, 亦並爲持去, 如何?' 力闇曰: '但言語不倫, 字畫欹斜, 可笑.' 余曰: '歸後, 以此錄出問答之語, 以爲生前睹思之資. 且以示之儕流, 傳之後探耳.' 蘭公曰: '足徵古誼. 然必擇其話稍可倫次者記之, 不然, 見譏後人矣.' 余曰: '知道.' 兩人遍考問答, 其稍涉忌諱者, 或裂而取之, 或全取之, 此則前後皆如是焉. 遂相別而歸. 十九日. 送伴. 書曰: 日者晚去早來, 令人怏怏. 昨又阻雨, 不得奉候, 悵鬱之極, 夜來瘧風, 衾旅味無恙否? 弟等行朝未決, 可圖更進. 然以有限之客, 欲叙無限津津, 咀之嚼之, 其味津津, 信乎有德者之言也. 玅中靈龕一詩, 無非其卓犖峻拔, 直令人有凌萬頃超八垠之意, 無世儒拘攣之氣, 可以知其人矣. 雖然, 才高者過于脫灑, 誦其詩, 則或不免於大軍遊騎出太遠而無所歸也, 此則弟之不能無過計之憂于兄也. 其書木薄而易損, 差能作帖, 宜於作帖, 而不合於粘壁. 此去麗紙品雖劣, 幸再努揮灑以惠也. 八詩, 皆以各行字樣, 皆以得隸法見其妙. | 蘭公曰: '今日之談, 弟二人, 多涉閑話, 殊可笑殊可借.' 余曰: '今日問答之紙, 亦並爲持去, 如何?' 力闇曰: '但言語不倫, 字畫欹斜, 可笑.' 余曰: '歸後, 以此錄出問答之語, 以爲生前睹思之資. 且以示之儕流, 傳之後探耳.' 蘭公曰: '足徵古誼. 然必擇其話稍可倫次者記之, 不然, 見譏後人矣.' 余曰: '知道.' 兩人遍考問答, 其稍涉忌諱者, 或裂而取之, 或全取之, 此則前後皆如是焉. 遂相別而歸. 十九日. 送伴. 書曰: 頃者晚去早來, 令人怏怏. 昨又阻雨, 不得奉候, 悵鬱很鬱, 夜來瘧風, 可圖更進. 八詠詩, 其味津津, 咀之嚼之, 信乎有德者之言也. 玅中靈龕之詩, 直見其卓犖峻拔, 無世儒拘攣之氣, 直令人有凌萬頃超八垠之意, 可以知其人矣. 免于大軍遊騎出太遠而無所歸也, 此弟之亦不能過計之憂于此也. 其書木薄而易損, 差能作於粘壁. 此去麗格品雖劣, 而不合于粘壁. 此去麗格品雖劣, 幸再努揮灑以惠也. 八詩, 皆以各行字樣, 皆以得隸法見其妙. | (洪高士尺牘, <與鐵橋秋庚>) 蘭兄記文, 亦以大小二本, 書惠爲望. 別告鐵橋兄, 叔父欲得晚合齋三字爲堂扁, 或楷或隸或草, 隨意寫出無妨, 白榕二本, 爲此付上. 前惠飛來峯畫本, 叔父以貽費旋裝, 深致愧謝, 相對時忘未及之, 漫此付告. |

| | | | |
|---|---|---|---|
| 種種煩瀆, 自爾多端. 其所以愛慕之, 若將以役使之, 不勝愧悚. | 種種煩瀆, 自爾多端. 其所以愛慕之, 若將以役使之, 不勝愧悚. | 種種煩瀆, 自爾多端. 其所以愛慕之, 若將以役使之, 不勝愧悚. | 種種煩瀆, 自爾多端. 其所以愛慕之, 若將以役使之, 不勝愧悚. |
| ㉘, 弟於㉙之㉚書與畵, ㉛好之, ㉜於人, ㉝講㉞本於市上, 而量㉟變㊱, ㊲不敢所㊳, ㊴. 日後遊詠之際, 如有所得, ㊵, 幸蒙寄惠, 何啻百朋之賜也? ㊶. | 以此, 弟於二兄之書與畵, 愛好之, 不後於人, 亦嘗謀購空帖于市上, 而終以貽口之難, 終不敢講焉. 日後遊詠之際, 如有所得, 一年一便, 幸蒙寄惠, 何啻百朋之賜也? 不備. | 以此, 弟於二兄之書與畵, 愛好之, 不後于人, 亦嘗謀購空帖木於市上, 而終不敢講焉. 日後遊詠之際, 如有所得, 一年一便, 幸蒙寄惠, 何啻百朋之賜也? 不宣. 小弟洪大容拜上鐵橋秋庫僉座下. |
| ㊷, ㊸, <與秋庫> 書成未發, 秋庫兄見記文付來, 莊誦再三, 不勝感幸. 蘄粘荒蘆, 可是無上之寶. 且從此而於漢字之義, 如有一半道進益, 乃是吾秋庫之賜也. 來書未頹堅親, 從後繕之, 可以傳久無損, 再以小紙, 如闡兄所書久詠詩者以惠, 要帖之寶, 妓冀於張呈. 記文甚懷部望, 惟其稱道鄙人之處, 必此以爲大言證人, 蘄後流輩之見之者, 殊爲悶絶, 閣兄所托他同具, 皆己遙抹, 玆以付上. | 書成未發, 秋庫兄見記文付來, 莊誦再三, 不勝感幸. 蘄粘荒蘆, 可是無上之寶. 且從此而於漢字之義, 如有一半道進益, 乃是吾秋庫之賜也. 來書未頹堅親, 從後繕之, 可以傳久無損, 再以小紙, 如闡兄所書久詠詩者以惠, 要帖之寶, 妓冀於張呈. 記文甚懷部望, 惟其稱道鄙人之處, 必此以爲大言證人, 蘄後流輩之見之者, 殊爲悶絶, 閣兄所托他同具, 皆己遙抹, 玆以付上. | (洪高士尺讀, <與秋庫>) 書成未發, 秋庫兄見記文付來, 莊誦再三, 只深感幸. 蘄粘荒蘆, 又是無上之寶. 且從此而于漢字之義, 如有一半道進益, 乃是吾秋庫之賜也. 來書未頹堅親, 可以傳久無損, 再以小紙, 如闡兄所書久詠詩者以惠, 要帖之寶, 語近張呈. 記文甚懷部望, 惟其稱道鄙人之處, 必此以爲大言證人, 蘄後流輩之見之者, 殊爲悶絶, 閣兄所托大言證人, 浮實之美婆也, 大造告秋庫尊兄下. |
| 上房送作, 回便, 蘭公港軒記文付來. 文曰: | 上房送作, 回便, 蘭公港軒記文付來. 文曰: | 蘭公港軒記文曰: | (『港軒書』早号, 「港軒記」) |
| 燕之外區曰朝鮮, 其俗知禮節解蠻詩, 與他國異. 自唐迄今, 采風者有取焉. 丙戌春, 子未京師, 適洪君港軒隨使人之北, 盖慕中國聖人之化, 欲得一友中國之奇士, 而不憚跋涉數千里以至也. | 燕之外區曰朝鮮, 其俗知禮節解蠻詩, 與他國異. 自唐迄今, 采風者有取焉. 丙戌春, 子未京師, 適洪君港軒隨使人之北, 盖慕中國聖人之化, 欲得一友中國之奇士, 而不憚跋涉數千里以至也. | 燕之外區曰朝鮮, 其俗知禮節解蠻詩, 與他國異. 自唐迄今, 采風者有取焉. 丙戌春, 余未京師, 適洪君港軒隨使人之北, 盖慕中國聖人之化, 欲得一友中國之奇士, 而不憚跋涉數千里以至也. |
| 聞余名亟來訪余, 主客以筆, 縱論劇談, 幷以道義相朂, 成君子交, 嗚呼斯亦奇矣. 洪君博聞強記, 於晉歌戰陣之法, 廉洛關閩之宗旨, 律歷戰陣之法, 無所不窮, 無所不能. 自詩文以及筆數, 執古醇臨, 有儒者風, 此中國所不意得之於辰韓荒遠之地也. | 聞余名亟來訪余, 主客以筆, 縱論劇談, 幷以道義相朂, 成君子交, 嗚呼斯亦奇矣. 洪君博聞強記, 於晉歌戰陣之法, 廉洛關閩之宗旨, 律歷戰陣之法, 無所不窮, 無所不能. 自詩文以及筆數, 執古醇臨, 有儒者風, 此中國所不意得之於辰韓荒遠之地也. | 聞余名亟來訪余, 主客以筆, 縱論劇講, 幷以道義相勗, 成君子交, 嗚呼斯亦奇矣. 洪君博聞強記, 於廉洛關閩之法, 廉洛關閩之宗旨, 無不究心. 自詩文以及技術, 無所不能. 執古醇風, 有儒者廳, 此中國所不能得之於中國, 而不意得之於辰韓荒遠之地也. |
| 一日語余曰:「某王京人, ㊹心抱微尙, 退居于清之壽村, ㊺田㊻與農人遊. 有屋數檻, 有閣有樓, 有閣有橋, 沼之中有舟可以方, 樓之外有樹可以陰. 入此室處, 有玉衡之儀, 有候時之鐘, 有失絃之桐. 將有爲也, 有奢可占, 有弓可㊼之餘, 至樂在中, 不願於外. | 一日語余曰:「某王京人, 心抱微尙, 退居于清之壽村, 與農人遊. 有屋數檻, 有閣有樓, 有閣有橋, 沼之中有舟可以方, 樓之外有樹可以陰. 入此室處, 有玉衡之儀, 有候時之鐘, 有失絃之桐. 將有爲也, 有奢可占, 有弓可耕讀書之餘, 至樂在中, 不願於外. | 一日語余曰:「某王京人, 心抱微尙, 退居于清之壽村, 與農人遊. 有屋數檻, 有閣有樓, 有閣有舟可以方, 樓之外有樹可以陰. 沼之中有舟可以方, 樹之陰有馬可以盤. 入此室處, 有玉衡之儀, 有候時之鐘, 有紋紋之桐也, 將有爲也, 有奢可占, 耕讀之餘, 有弓可彎, 至樂於中, 不願於外, 有漢湖先生者, 有美湖先生者, |

| | | |
|---|---|---|
| 外, 有湛湖先生者, 吾師也, 顏其額曰湛軒, 而吾卽以爲字. 子其爲我記之. | 也, 顏其額曰湛軒, 而吾卽以爲字. 子其爲我記之. | 吾師也, 顏其額曰湛軒, 而吾復取以爲字. 子其爲我記之. |
| 子旣高其人, 又聞其池舘之勝, 思欲一往, 以畫徇其趣, 而徒以遠在萬里之外, 卒不可得. 昔有外國貢使, 聞倪高士搆淸閟閣, 求見不可, 再拜歎息而去, 余今日始有能, 復相反也. 然其名軒之義, 有可以知者. | 子旣高其人, 又聞其池舘之勝, 思欲一往, 以盡徇其趣, 而徒以遠在萬里之外, 卒不可得. 昔有外國貢使, 聞倪高士搆淸閟閣, 求見不可, 再拜歎息而去, 余今日始知者. 然其名軒之義, 有可以知者. | 余旣高其人, 又聞其池舘之勝, 思欲一任, 以盡徇其趣, 而徒以遠在萬里之外, 卒不可得. 昔有外國貢使, 聞倪高士搆淸閟閣, 求見不可, 再拜歎息而去, 余今日始有能, 其名軒之義, 有可以記之. |
| 君子之道, 心則不淆, 物則不緇, 其身淸明, 其室虛白, 庶幾於湛字之說有合, 而洪君每與子, 講性命之學, 其言大醇, 蓋深有待于湛字之義者. 子雖不文, 方將自勉于君子之道, 以求無負於良友, 幷欲以洪君之文行, 遍示中國之士, 亦何敢以枯禿之管爲辭? 將未審湛湖先生聞余言, 以爲何如也? | 君子之道, 心則不淆, 物則不緇, 其身淸明, 其室虛白, 庶幾於湛字之說有合, 而洪君每與子, 講性命之學, 其言大醇, 蓋深有待于湛字之義者. 子雖不文, 方將自勉于君子之道, 以求無負於良友, 幷欲以洪君之文行, 遍示中國之士, 亦何敢以枯禿之管爲辭? 將未審湛湖先生聞余言, 以爲何如也? | 君子之道, 心則不淆, 物則不緇, 其身淸明, 其至虛白, 庶幾於湛字之說有合, 而洪君每與母, 講性命之學, 其言大醇, 蓋深有待于湛字之義者. 余雖不文, 方將自勉於君子之道, 以求無負於良友, 幷欲以洪君之文行, 遍示中國之士, 亦何敢以枯禿之管固辭? 特未審湛湖先生聞余言, 當以爲何如? |
| 庵郡潘庭筠頓首拜譔. | 杭郡潘庭筠頓首拜譔. | |
| 力闇帖中, 季父與上副使以次書之, 不仲又書于其下. | 力闇帖中, 季父與上副使以次書之, 不仲又書下. | |
| 余書贍蘭公四句, 又書高遠亭賦曰: 秀野之園, 散樵之石. 有翼其亭, 君子攸息. 扁以高遠, 盡取其義. 目極川原, 雲煙萬狀. 大客作頌, 賦而詞且比. 其主伊誰, 惟伯高氏. 有石盤陀兮山之阿, 上蔭松栢兮下出寒泉. 辟蒙茸兮掃靑苔, 縕翠茅兮架素樣. 繁陽舘兮晝扆, 疏石澗兮夜聲. 若有人兮坐素月, 戴芰笠兮爲竹纓. 歌溘頭兮浩蕩, 響簝琴兮冷冷. 山之外兮路險難. 攀桂枝兮聊道邊. 風颯颯兮多違, 靈鳳飛盡兮盤桓. 飛鳥兮畫號. 悵塵事兮所令. 憑檻兮遠堂, 見龍門兮怳. 積一筆兮成萬仞. 日遠遊兮高山. 鼉螟翼兮雖信美. 顧妓居兮翩翾. 脂名車兮翱翔. 鴛長風兮沛然. 履周道兮翱翔, 脂名車兮斯征. 策良驥, 顧從子兮斯征. | 余書贍蘭公四句, 又書高遠亭賦曰: 秀野之園, 散樵之石. 有翼其亭, 君子攸息. 扁以高遠, 盡取其義. 目極川原, 雲煙萬狀. 大客作頌, 賦而詞且比. 其主伊誰, 惟伯高氏. 有石盤陀兮山之阿, 上蔭松栢兮下出寒泉. 辟蒙茸兮掃靑苔, 縕翠茅兮架素樣. 繁陽舘兮晝扆, 疏石澗兮夜聲. 若有人兮坐素月, 戴芰笠兮爲竹纓. 歌溘頭兮浩蕩, 響簝琴兮冷冷. 山之外兮路險難. 攀桂枝兮聊道邊. 風颯颯兮多違, 靈鳳飛盡兮盤桓. 憑檻兮遠堂, 見龍門兮怳. 積一筆兮成萬仞. 日遠遊兮高山. 鼉螟翼兮雖信美. 顧妓居兮翩翾. 履周道兮翱翔, 脂名車兮斯征. 策良驥, 顧從子兮斯征. |
| 又書曰: 德行本也, 文藝末也, 知所先後, 乃不悖道. 尊德性道問學, 如車之輪, 如鳥之翼, 廢其一, 別行圓, 不圓. | | |

| | | | | |
|---|---|---|---|---|
| | 窩, ⑭便㊂, ①或學也. | 不成學也. | 文書曰: 余素拙於書, 殆不成字樣. 以是凡贈人文字, 必借手於能者. 今於鐵橋之請, 無他, 以鐵橋之意不在書也. 嗚呼, 讓焉, 良厚, 吾未敢言矣. | |
| | 文書曰: 余素拙於書, 殆不成字樣. 以是凡贈人文字, 必借手於能者. 今於鐵橋之請, 無他, 以鐵橋之意不在書也. 嗚呼, 讓焉, 良厚, 吾未敢言矣. 此意必借手於能者下㊂筆, 不少讓焉, 無他, 以鐵橋之意不在書也. 嗚呼, 此意良厚, 吾未敢言矣. | | | |
| | ⑱㊂㉛倈何回㋈? 念念. 頃讀手敎, ①句㊊悉. 弟冊有勞揮翰, 幷蒙諸大人賜以墨妙, 感塊之至, 所委謹當如命書上. 行期不在什甚喜. 再行任駑矣. 刻在尺寸之間, 不及多贅率復. 不備. | 伻回: '又有客撓, 草草裁答云.' | 伻回曰: 別後起居何如? 念念. 頃讀手敎, 一切都悉. 弟冊有勞揮翰, 幷蒙諸大人賜以墨妙, 感塊之至, 所委謹當如命書上. 行期不在什甚喜, 再行任駑矣. 刻在尺寸之間, 不及多贅率復. 不備. | 別後起居何如? 念念. 頃讀手敎, 一切都悉. 弟冊有勞揮翰, 幷蒙諸大人賜以墨妙, 感塊之至, 所委謹當如命書上. 行期不在什甚喜, 再行任駑矣. 刻在尺寸之間, 不及多贅率復. 不備. (洪高士尺牘, 〈附鐵橋答進軒書〉10) |
| | 昨日, 以㊆回㊂回公來回, 諄諄公來, 言不回㊂, 容之可感也. 弟要當見而問之云. | | | |
| | 自㊉至二十日, 門禁至嚴, 下輩不得出門. | 自是日至二十日, 門禁至嚴, 下輩亦不得出門. | | |
| | 二十一日. | 二十一日. | | |
| | 送伻. | 送伻. | | |
| | 書回: 數日間, 一舘始㊊年坐, 既不得躬拜, 尺紙亦無由寄去, 這間悶懣, 一筆難盡. 弟等行期, 豈不爾邑室是完峽, 而事機如右, 不得抽身. 妓裘近候, 不宣. | 書曰: 數日間, 一舘始同年坐, 既不得躬拜, 尺紙亦無由寄去, 這間悶懣, 一筆難盡. 弟等行期, 豈不爾邑思是遠, 而古人已先獲之矣. 不宣. | | |
| 2/21 | ⑬㉛伻回, 力闇有兩度書, 其一前此書置者. 書曰: | 伻回, 力闇有兩度書, 其一前此書置者. 書曰: | 伻回. 力闇曰: | 伻回. 力闇曰: |
| | 誠再拜. 別後起居何似? 念切念切. 行期未決甚善. 如得乘隙一過, 深慊鄙願. 一切離別可憐之語, 都不贅叙, 而終日悵悵惘惘, 如有所失, 不知其然而然. 此種兄同之也, 想兩情景, 謹已書訖, 以來紙係二幅, 轉奈何奈? 晚合齋額, 以書紙係二幅, 轉奈何奈? 晚合齋額, 謹已書訖, 以來紙係二幅, 轉 | 誠再拜. 別後起居何似? 念切念切. 行期未決甚善. 如得乘隙一過, 深慊鄙願. 一切離別可憐之語, 都不贅叙, 而終日悵悵惘惘, 如有所失, 不知其然而然. 此種兄同之也, 想兩情景, 晚合齋額, 謹已書訖, 以來紙係二 | 誠再拜. 別後起居何似? 念切念切. 行期未決甚善. 如得乘隙一過, 深慊鄙願. 一切離別可憐之語, 都不贅叙, 而終日悵悵惘惘, 如有所失, 不知其然而然. 此種兄同之也, 想兩情景, 晚合齋額, 謹已書訖, 以來紙係二 | 誠再拜. 別後起居何似? 念切念切. 行期未決甚善. 如得乘隙一過, 深慊鄙願. 一切離別可憐之語, 都不贅叙, 而終日悵悵惘惘, 如有所失, 不知其然而然. 此種兄同之也, 想兩情景, 晚合齋額, 謹已書訖, 以來紙係二 |

| | | |
|---|---|---|
| 幅, 轉恐粘接有痕, 輒敢擅易長幅書之. 但筆蹤醜劣, 恐無當於大人之意耳. 八詩如用各體, 記文及詩, 竟全作隸體如何? 靈寵詩, 承敎極是, 敢不書紳? 貴處有賢師友見之, 不足供其一噱, 辛爲藏拙, 聊存手跡, 未達改正, 亦姑存其說可耳. 弟等筆墨, 以誌相好之情, 至感至感, 卽當奉令承敎, 有不暇請之過矣. 養虛兄所作養虛堂記一篇, 然寫一邊而兩邊甚苦, 頃具苦心, 亦不敢如此沾沾自喜也. 至於金兄, 雖極不工, 稱其筆法尙向漢魏, 則弟不敢當命矣. 卽不敢云同世, 亦當于辰刻到鳶, 弟尙未刻到鳶, 弟尙未任他, 必可相見. 旣幸來任之跡, 皆可臨期謝絶. 且我輩來任之跡, 亦甚不淡無奇, 毫無記異之處, 吾兄盍可不必自懷嫌疑過爲之億也. 況兩兄人品學術, 經誇輩誦說, 雖無識之子, 久生敬仰, 又誰得以中外妄生區別耶? 會面有期, 言不盡意. 推照察. 不宣. ①建向足下. ②恐無當於大人之. ③此中寫. ⑤秋庫安. ⑥不另⑦故. ④遠向? ⑧金大人前呼弟之. ⑨好他時. ⑩未盡意. ⑪有他? ⑫敢穫之? ⑭今月日. ⑮古極⑬. 而今得數行, 如獲奇寶, 而詳味同意, 寸心如割, 吾輩緣慳至此乎? 室邇人遐, 彌增忉怛. 不知行前尙能儉 | 恐粘接有痕, 輒敢擅易長幅書之. 但筆蹤醜劣, 恐無當於大人之意耳. 八詩如用各體, 記文及詩, 竟全作隸體如何? 靈寵詩, 承敎極是, 敢不書紳? 貴處有賢師友見之, 不足供其一噱, 至感至感, 弟等筆墨, 以誌相好之情, 至感至感, 卽當奉令承敎, 有不敢請之過矣. 此則又細心之過矣. 養虛兄所作養虛堂記一篇, 然寫一邊而兩邊甚苦, 頃具苦心, 亦不敢如此沾沾自喜也. 至於金兄, 雖極不工, 稱其筆法尙向漢魏, 則弟不敢當命矣. 卽不敢云同世, 亦當于辰刻到鳶, 弟尙未任他, 必可相見. 旣幸來任之跡, 皆可臨期謝絶. 且我輩來任之跡, 亦甚不淡無奇, 毫無記異之處, 吾兄盍可不必自懷嫌疑過爲之億也. 況兩兄人品學術, 經誇輩誦說, 雖無識之子, 久生敬仰, 又誰得以中外妄生區別耶? 會面有期, 言不盡意. 推照察. 不宣. | 幅, 轉恐粘接有痕, 輒敢擅易長幅書之. 但筆蹤醜劣, 恐無當於大人之意耳. 八詩如用各體, 記文及詩, 竟非大方, 敢不書紳? 貴處有賢師友見之, 不足供其一噱, 辛爲藏拙, 聊存手跡, 亦姑存其說可耳. 敢改其情, 未達改正, 亦姑存其說可耳. 弟等筆墨, 以誌相好之情, 至感至感, 卽當奉令承敎, 縱有他冗, 亦不暇恤, 而昨日來敎, 或吾兄倘有見委之處, 卽感存之意, 承敎. 縱有他冗, 似非至好之誼, 此非任意委曲世情耶? 及和正使大人詩一紙, 幷一幷上呈. 弟前爲金兄所作養虛堂記, 小有得意之處, 借題以兩兄之合傳, 兼寫一邊, 其中離一邊而兩邊甚苦, 頃具苦心, 不知吾兄以爲何如. 非如己前, 小不敢如此沾沾自喜也. 至於金兄, 雖極不工, 稱此等文字, 法尙向漢魏, 則弟不敢當命矣. 卽不敢云同世, 傳便使傳刻到鳶, 弟尙未刻到鳶, 但期于辰刻相見, 如能枉屈, 旣幸來任之跡, 必可相見. 如能枉屈, 旣幸來任之跡, 皆可臨期謝絶. 且我輩來任之跡, 朋友中太半不知之, 亦甚不淡無奇, 毫無記異之處, 吾兄盍可不必自懷嫌疑過爲之億也. 況兩兄人品學仰, 朋友人品學仰, 經誇輩誦說, 毫無記異之處, 又誰得以中外妄生區別耶? 會面有期, 言不盡意. 推照察. 不宣. (洪大容答潘軒書) 11) |
| 又書曰: | 其答書曰: | 又書曰: |
| 不但不得接奉談笑, 以爲煩辭, 以爲煩辭, 僕人亦復絶迹, 弟與秋庫, 雙眼幾穿, 苦極苦極, 而今得數行, 如獲奇寶, 而詳味同意, 寸心如割, 吾輩緣慳至此乎? 勢又不能移赴館前探望, 室邇人遐, 彌增忉怛. 不知行前尙能儉 | 不但不得接奉談笑, 以爲煩辭, 而兩日以來, 人亦復絶迹, 弟與秋庫, 雙眼幾穿, 苦極苦極, 今得數行, 如獲奇寶, 而詳味同意, 寸心如割, 吾輩緣慳至此乎? 勢又不能移赴館前探望, 室邇人遐, 彌增忉怛. 不知行前尙能儉 | 不但不得接奉談笑, 以爲煩辭, 而兩日以來, 僕人亦復絶迹, 弟與秋庫, 雙眼幾穿, 苦極苦極, 今得數行, 如獲奇寶, 而詳味同意, 寸心如割, 吾輩緣慳至此乎? 勢又不能移赴館前能儉 |

| | | |
|---|---|---|
| 便一顧, 以作永訣否. 書至此, 弟雖無情之人, 亦手顫心酸, 淚滂沱下矣. 所委諸筆墨, 十八日俱已辦就, 無由緻上. 幷一小札, 亦都未達. 今籍使納上, 惟默鑒此忱耳. 前蒙書冊內德行文藝及德性問學之苦, 切中膏肓, 謹當陳之左右, 以作終身之佩, 敢不拜嘉? 前札忘謝, 並請近安. 不備. ㉕㉖長兒㉗, ㉘㉙誠㉚, ㉛㉜曰. | 作永訣否. 書至此, 弟雖無情之人, 亦手顫心酸, 淚滂沱下矣. 所委諸筆墨, 十八日俱已辦就, 無由緻上. 幷一小札, 亦都未達. 今籍使納上, 惟默鑒此忱耳. 前蒙書冊內德行文藝及德性問學之苦, 切中膏肓, 謹當陳之左右, 以作終身之佩, 敢不拜嘉? 前札忘謝, 並請近安. 不備. | 一顧, 以作永訣否. 書至此, 弟雖無情之人, 亦手顫心酸, 淚滂沱下矣. 所委諸筆墨, 十八日俱已辦就, 無由緻上. 幷一小札, 亦都未達. 今籍使納上, 惟默鑒此忱耳. 前蒙書冊內德行文藝及德性問學之語, 切中膏肓, 謹當陳之左右, 以作終身之佩, 敢不拜嘉? 前札忘謝, 並請近安. 不備. (洪高士尺牘, <附鐵橋答湛軒書> 12) |
| 蘭公書曰: 風塵多厪, 輿居萬安? 念甚念甚. 數日來, 不接文履, 並使者亦復不至, 心甚疑懼, 日夕懸想相思之苦, 非紙筆所能言也. 頃讀方札, 如獲異珍. 細味辭旨, 令人悲酸, 何我輩緣慳一至此極? 翻覺不如不曾訂交之爲得也. ㉝㉞國㉟建㊱㊲. | 蘭公書曰: 風塵多厪, 輿居萬安? 念甚念甚. 數日來, 不接文履, 並使者亦復不至, 心甚疑懼, 日夕懸想相思之苦, 非紙筆所能言也. 頃讀方札, 如獲異珍. 細味辭旨, 令人悲酸, 何我輩緣慳一至此極? 翻覺不如不曾訂交之爲得也. | 蘭公書曰: 風塵多厪, 輿居萬安? 念甚念甚. 數日來, 不接文履, 並使者亦復不至, 心甚疑懼, 日夕懸想相思之苦, 非紙筆所能言也. 頃讀方札, 如獲異珍. 細味辭旨, 令人悲酸, 何我輩緣慳一至此何奈? |
| 拙文已書就數日, 無由呈上. 今還附去, 易數語, 與前稿付異, 終不能掩其醜拙也. 再前日方朼中有云, 幷欲弟輩塗鴉, 何以不見鄉下? 弟筆墨醜劣, 本不足以供滿覽. 但云弟輩多冗, 不欲以此事復撓, 則大不然. 天涯知己有所命, 卽當以此有效, 何論多冗? 況尙有餘暇可爲耶? 幸勿見外爲禱. 忽忽不及詳陳. | 拙文已書就數日, 無由呈上. 今還附去, 易數語, 與前稿付異, 終不能掩其醜拙也. 再前日方朼中有云, 幷欲弟輩塗鴉, 何以不見鄉下? 弟筆墨醜劣, 本不足以供滿覽. 但云弟輩多冗, 不欲以此事復撓, 則大不然. 天涯知己有所命, 卽當以此有效, 何論多冗? 況尙有餘暇可爲耶? 幸勿見外爲禱. 忽忽不及詳陳. 惟有相思無窮而已. | 拙文已書就數日, 無由呈上. 今還附去, 易數語, 與前稿付異, 終不能掩其醜拙也. 再前日方朼中有云, 幷欲弟輩塗鴉, 何以不見鄉下? 弟筆墨醜劣, 本不足以供滿覽. 但云弟輩多冗, 不欲以此事復撓, 則大不然. 天涯知己有所命, 卽當以此有效, 何論多冗? 況尙有餘暇可爲耶? 幸勿見外爲禱. 忽忽不及詳陳. 惟有相思無窮而已. |
| ㊳君可㊴㊵人, ㊶小㊷㊸簡㊹申㊺, 不㊻㊼另㊽. | 明日若可乘便一顧, 幸甚辛甚. | |
| 力闇養虛堂記曰: 丙戌之春, 余遊京師, 交二異人焉, 曰金君養虛洪君湛軒, 二君者朝鮮人也. 思一友中國之士, 隨貢使來, 輩下居三閱月矣. 卒落落無所遇, 又出人必谷寸者, 窘速慾苦, 志不得遂. 旣與余相見, 則歡然如舊識, 嗟乎, 余何以得此於二君哉? 洪君於中國之書, 無所不讀, 金君談理學, 喜論理學, 喜談理學, 具篤祁論, 顧性篤落, 具屬者氣象, 不可羈紲, 趣若不同而交相善也. 余旣欽洪君之爲人, 而愛之甚. ㊾戴㊿ | 力闇養虛堂記曰: 丙戌之春, 余遊京師, 交二異人焉, 曰金君養虛洪君湛軒, 二君者朝鮮人也. 思一友中國之士, 隨貢使來, 輩下居三閱月矣. 卒落落無所遇, 又出人必谷寸者, 窘速慾苦, 志不得遂. 旣與余相見, 則歡然如舊識, 嗟乎, 余何以得此於二君哉? 洪君於中國之書, 無所不讀, 金君談理學, 喜論理學, 喜談理學, 具篤祁論, 顧性篤落, 具屬者氣象, 不可羈紲, 趣若不同而交相善也. 余旣欽洪君之爲人, 而愛之甚. | 力闇養虛堂記曰: 丙戌之春, 余遊京師, 交二異人焉, 曰金君養虛洪君湛軒, 二君者朝鮮人也. 思一友中國之士, 隨貢使來, 輩下居三閱月矣. 卒落落無所遇, 又出人必谷寸者, 窘速慾苦, 志不得遂. 旣與余相見, 則歡然如舊識, 嗟乎, 余何以得此於二君哉? 洪君於中國之書, 無所不讀, 金君談理學, 喜論理學, 喜談理學, 具篤祁論, 顧性篤落, 具屬者氣象, 不可羈紲, 趣若不同而交相善也. 余旣欽洪君之爲人, 而愛之甚. 金君嘗作詩, 又愛之甚. |

| | | |
|---|---|---|
| 又愛之甚焉, 金君嘗作詩, 於漢魏盛唐諸家, 心摹手追, 風格遒健, 而書亦俊爽可喜. 每過余邸舍, 則對席操管, 落紙如飛, 日盡數十紙以爲常. 性頗嗜酒, 以格於邦禁, 不自禁, 又洪君或勸訶之, 時時暫飮, 一日, 余與之飮酒甚歡, 猶時時釂洪君之或未見之士云. 夫天下號爲朋友衆矣, 則必曰家傑洪君之或未見之士云. 夫天下號爲朋友衆矣, 則必曰家合者以述, 而心弗能善, 心弗能善, 每以不言之故, 流爲比匪之小人, 而不自知其非. 若金君之於洪君, 又多乎哉? 余語金君, "子胡不仕?" 金君則慨然太息曰: "子知吾之所以號養虛者乎? 吾國俗重門閥, 庸庸者或不難得高位, 而後之冑, 得美官甚易, 日年幾五十老矣, 弗見焉. 吾故世宦之冑, 得美官甚易, 日年幾五十老矣, 弗見焉. 吾故甘自伏匿, 以窮其身, 蓋有所不爲也. 夫吾心猶太虛, 而以浮雲視富貴, 囂囂然樂也. 時吟一篇也. 時頃一壺也. 陶陶然若有所得也. 吾知養吾虛闋而已. 欲强嬾日傲所居之, 此吾所以爲號者也. 夫洪君不作詩, 退隱田間, 又惡飮酒, 疑與金君異. 然其身不樂仕進, 其志亦與金君之志. 乃今知其跡若不相合, 而心成性命之交也. 亦借其迹共遠在異國, 而余不獲一登金君然陶陶然於其間也. 與金君嚚嚚然陶陶然於其間也. 於其將歸, 書以爲贈, 海外之士, 有同志如洪君者, 可共覽觀焉." | 焉. 金君嘗作詩, 於漢魏盛唐諸家, 心摹手追, 風格遒健, 而書亦俊爽可喜. 每過余邸舍, 則對席操管, 落紙如飛, 日盡數十紙以爲常. 性頗嗜酒, 以格於邦禁, 不自禁, 又洪君或勸訶之, 時時暫飮, 一日, 余與之飮酒甚歡, 猶時時釂洪君之或未見之士云. 夫天下號爲朋友衆矣, 則必曰家合者以述, 而心弗能善, 心弗能善, 每以不言之故, 流爲比匪之小人, 而不自知其非. 若金君之於洪君, 又多乎哉? 余問金君, "子胡不仕?" 金君慨然太息曰: "子亦知吾之所以號養虛者乎? 吾國俗重門閥, 庸庸者或不難得高位, 而後之冑, 得美官甚易, 日年幾五十老矣, 弗見焉. 吾故甘自伏匿, 以窮其身, 蓋有所不爲也. 夫吾心猶太虛, 而以浮雲視富貴, 囂囂然樂也. 時吟一篇也. 時頃一壺也. 陶陶然若有所得也. 吾知養吾虛闋而已. 欲强嬾日傲所居之, 此吾所以爲號者也. 夫洪君不作詩, 退隱田間, 又惡飮酒, 疑與金君異. 然其身不樂仕進, 其志亦與金君之志. 乃今知其跡若不相合, 而心成性命之交也. 亦借其迹共遠在異國, 而余不獲一登金君然陶陶然於其間也. 與金君嚚嚚然陶陶然於其間也. 於其將歸, 書以爲贈, 海外之士, 有同志如洪君者, 可共覽觀焉. | 家, 心摹手追, 風格遒健, 而書亦俊爽可喜. 每過余邸舍, 則對席操管, 落紙如飛, 日盡數十紙以爲常. 性頗嗜酒, 以格於邦禁, 不自禁, 又洪君或勸訶之, 則以爲不可, 以爲不可, 日, 余强之飮, 則吓舌搖手, 以爲不可, 日, 余强之飮酒甚歡, 猶時時釂洪君之或未見之士云. 夫天下號爲朋友衆矣, 則必曰家合者以述, 而心弗能善, 心弗能善, 每以不言, 是故正人正言, 而朋友之道, 遂不可行, 每以不言之故, 流爲比匪之小人, 而不自知其非. 若金君之於洪君, 又多乎哉? 余問語金君, "子胡不仕?" 金君慨然太息曰: "子亦知吾之所以號養虛者乎? 吾國俗重門閥, 庸庸者或不難得高位, 而後之冑, 得美官甚易, 日年幾五十老矣, 弗見焉. 吾故甘自伏匿, 以窮其身, 蓋有所不爲也. 夫吾心猶太虛, 而以浮雲視富貴, 囂囂然樂也. 時吟一篇也. 時頃一壺也. 陶陶然若有所得也. 吾知養吾虛闋而已. 欲强嬾日傲所居之, 此吾所以爲號者也. 夫洪君不作詩, 退隱田間, 又惡飮酒, 疑與金君異. 然其身不樂仕進, 其志亦與金君之志. 乃今知其跡若不相合, 而心成性命之交也. 亦借其迹共遠在異國, 而余不獲一登金君然陶陶然於其間也. 與金君嚚嚚然陶陶然於其間也. 於其將歸, 書以爲贈, 海外之士, 有同志如洪君者, 可共覽觀焉. (『中朝學士書翰』12) |
| 復以空帖二冊委作. | | |
| 書曰: 承拜手翰, 讚承傷心. 此呈二帖, 購置已有日, 而終拙以奉搔之難, 不敢遠請. 承水乐, 殊愧細 | | |

홍대용(洪大容) 필담(筆談) 자료집(資料集)

| | | | | |
|---|---|---|---|---|
| | 備, 不敢遽請. ⓒ目見金兄帖子, ⓓ然表示, ⓔ以冒沒附呈. ⓕ目見金兄帖子而忙也, ⓖ以草大字一幅一 ⓗ字②, ⓘ畫雖好看, 費功⑤得耳. ⓙ亦⓴曰. 日晚⓵晚不能長語. ⓛ⓬不宣⓭⓮足下. | ⓐ納伸回. 力圖書曰: 來敎具悉一切, 兩帖當卽日爲之以報命也. 行期姑未定而忙也, 以草大字一幅一字, 畫雖好看, 費功多得耳. 無妨. 畫雖好看, 費功多得耳. 日晚不能長語. 不宣. | 伸回. 力圖書曰: 來敎具悉一切, 兩帖當卽日爲之以報命也. 行期姑未定, 得更接顔色, 不勝厚幸. 不一. | 來敎具悉一切, 兩帖當卽日爲之以報命也. 行期姑未定, 得更接顔色, 不勝厚幸. 率比奉復希亮. 不一. (『洪湛軒上尺牘』, <附鐵橋答湛軒書> 13) |
| | | 二十三日. | 二十三日. | |
| | 門禁始解, 與平仲促飯而出, 至則閣有客在座, ⓞ通之, ⓟⓠ言闊有客在座, 正逡巡不敢遽 進, 與平仲相議還歸, 不欲貽其疑 摸. | 門禁始解, 與平仲促飯而出, 至則閣有客在座, 不欲貽其疑 進, 與平仲相議還歸, 不欲貽其疑摸. | 門禁始解, 與平仲往, 有客在座, 逡巡不欲遽進. | |
| | 少頃, 蘭公⑥出⑦門, 握手歡迎請入去. | 少頃, 蘭公走出金門, 握手歡迎請入去. | 蘭公出門歡迎曰: '不妨.' | |
| | 余辭曰: '有客⑧不敢進去.' | 余辭曰: '有客不敢進去.' | | |
| | 蘭公曰: '不妨不⑨.' | 蘭公曰: '不妨不妨.' | | |
| | 遂同入內門, 力閣又出迎, 相携就坐. | 遂同入內門, 力閣又出迎, 相携就坐. | 遂同人則又閣又爲相携就坐. | |
| | 見⑩炕上下, 生綃新畫四五幅及書峽堆散. | 見炕上下, 生綃新畫四五幅及書峽堆散. | 見炕上, 有綃畫幾幅及書峽堆散. | |
| | 余⑪笑曰: ⓫事⓬多⓭, 急索⓮⓯欲畫⓰⓵? ⓲心⓳遑⓴? ⓱不是不⓼.' | 時蘭公有忙色: '數日不得一見, 相念甚苦.' | | |
| 2/23 | 蘭公有忙色, 急索⑫書畫何⑬, ⑭⑮⑯? ⑰不是? | | | |
| | ⑱笑⑲曰: '數日不得一見, 相念甚苦.' | | | |
| | 又曰: '昨日, 陸解元到京, 弟以吾輩唱和 訂交之事, 一詳言之, 並出詩札相示. 渠聞 之, 悵恨到京之遲, 不得訂交. 卽于燈下, 作畫 五幅及札一通, 擬呈三大人及二兄. 其人高雅 絶世, 同在此間, 可以相會, 如何?' | 又曰: '昨日, 陸解元到京, 弟卽以吾輩唱和 訂交之事, 一詳言之, 並出詩札相示. 渠聞 之, 悵恨到京之遲, 不得訂交. 卽于燈下, 作畫 五幅及札一通, 擬呈三大人及二兄. 其人高雅 絶世, 同在此間, 可以相會, 如何?' | 蘭公有忙色曰: '昨日, 陸解元到京, 弟以吾輩 訂交唱和事, 一一詳言之, 並出詩札相示. 渠聞 之, 悵恨到京之遠, 不得訂交. 卽于燈下, 作畫 五幅及札一通, 擬呈三大人及二兄. 其人高雅 絶世, 同在此間, 可以相會, 如何?' | |
| | 余曰: '此作蓮花詩⑳者陸先生耶?' | 余曰: '此作蓮花詩者陸先生耶?' | 余曰: '此作蓮花詩者陸先生耶?' | |
| | 蘭公喜曰: '然.' | 蘭公喜曰: '然.' | 蘭公喜曰: '然.' | |
| | 余曰: '見其詩, 願見而不可得, 天幸近臨, 豈 非吾輩之厚緣?' | 余曰: '見其詩, 願見而不可得, 天幸近臨, 豈 非吾輩之厚緣?' | 余曰: '見其詩, 願見而不可得, 天幸近臨, 豈 非吾輩之厚緣?' | |

| | | |
|---|---|---|
| 力闇曰: '此公吾輩所仰重者, 其人品學術, 足爲吾輩師法.' 乃以其書示之. 書曰: 陸飛啓. 此行自恨來遲, 不及一親言論風采, 入門未及他語, 力闇秋庚, 卽出諸公手跡長篇短頁, 縱橫几案, 鼇鼇不休, 幷出諸公手跡長篇短頁, 縱橫几案, 觸目琳琅, 應接不暇. 力闇秋庚, 又如談龍門佳遊種種, 夾敍事狀議論, 佪倒俳舞, 莫可言狀. 聞諸公使事有緒, 將次鈗道, 形格勢阻, 俗務斜纏, 漫無條理, 恐終無見理也. 但生不以朋友爲命, 況値海上異出, 而飛又勿到此間, 俗務斜纏, 漫無條理, 恐終無見理也. 但生不以朋友爲命, 況値海上異人, 且不止一人? 飛終身抱不解之坵矣. 腸熱如火, 用絹五幅, 燃燭寫之意, 無可發泄. 聊代羌雁. 晝意, 時淚下已三鼓, 工拙不足言, 但此時端筆揮灑, 不特忘日間車馬之勞, 幷不覺更漏之促, 其心可想矣. 人生可合, 定是有緣有數, 不可勉強. 然安知今日之不會, 非他日相見之根? 安知此生不會, 再世不大會乎? 見後相思與不見相思, 同一無窮, 而不見之離別之苦, 省卻多少兒女之態, 正不必定以相見相見較優多也. 嘗之讀古人書, 古人豈可見之, 而向友之見之, 則如或見之. 弟使此生白首數千里外, 各各胸中有某名某姓其人, 則飛與諸公, 皆未任之古人也, 何幸如之? 拙稿五冊幷呈分諸公, 且多錯誤, 此飛臨行時忴刻也. 不特字贐潦草, 稿中有題自畵荷風竹露草堂圖, 祁進而敎之. 稿中有題自畵荷風竹露草堂圖, 祁進而敎之. 是飛獻廬, 不拘詩文, 能各賜一篇, 則拜旣良多, 有忠天嘲畵壁歌, 能各賜一篇, 感且不朽. 陸飛再拜啓. | 力闇曰: '此公吾輩所仰重者, 其人品學術, 足爲吾輩師法.' 乃以其書示之. 書曰: 陸飛啓. 此行自恨來遲, 不及一親言論風采, 入門未及他語, 力闇秋庚, 卽出諸公手跡長篇短頁, 縱橫几案, 鼇鼇不休, 幷出諸公手跡長篇短頁, 縱橫几案, 觸目琳琅, 應接不暇. 力闇秋庚, 兩宮幷用. 又如讀龍門佳遊種種, 夾敍事狀議論, 佪倒俳舞, 莫可言狀. 聞諸公使事有緒, 將次鈗道, 形格勢阻, 俗務斜纏, 漫無條理, 恐終無見理也. 但生不以朋友爲命, 況値海上異人, 且不止一人? 飛終身抱不解之坵矣. 腸熱如火, 用絹五幅, 燃燭寫之意, 無可發泄. 聊代羌雁. 晝意, 時淚下已三鼓, 工拙不足言, 但此時端筆揮灑, 不特忘日間車馬之勞, 幷不覺更漏之促, 其心可想矣. 人生可合, 定是有緣有數, 不可勉強. 然安知今日之不會, 非他日相見之根? 安知此生不會, 再世不大會乎? 見後相思與不見相思, 同一無窮, 而不見之離別之苦, 省卻多少兒女之態, 正不必定以相見不相見較優多也. 嘗之讀古人書, 古人豈可見之, 而向友之見之, 則如或見之. 弟使此生白首數千里外, 各各胸中有某名某姓其人, 則飛與諸公, 皆未任之古人也, 何幸如之? 拙稿五冊幷呈分諸公, 且多錯誤, 此飛臨行時忴刻也. 不特字贐潦草, 稿中有題自畵荷風竹露草堂圖, 祁進而敎之. 稿中有題自畵荷風竹露草堂圖, 祁進而敎之. 是飛獻廬, 不拘詩文, 能各賜一篇, 則拜旣良多, 有忠天嘲畵壁歌, 能各賜一篇, 感且不朽. 陸飛再拜啓. | 陸飛啓. 此行自恨來遲, 不及一親言論風采, 入門未及他語, 力闇秋庚, 卽甫甫兄解駮客邸, 生平第一缺陷事也. 午後甫兄解駮客邸, 卽歷秋庚, 力闇秋庚, 幷出諸公手跡長篇短頁, 縱橫几案, 鼇鼇不休, 觸目琳琅, 應接不暇. 力闇秋庚, 兩宮幷用. 又如談龍門佳遊種種, 夾敍事狀議論, 佪倒俳舞, 莫可言狀. 聞諸公使事有緒, 將次鈗道, 形格勢阻, 俗務斜纏, 漫無條理, 恐終無見理也. 但生不以朋友爲命, 況値海上異人, 且不止一人? 飛終身抱不解之坵矣. 腸熱如火, 用絹五幅, 燃燭寫之意, 無可發泄. 聊代羌雁. 晝意, 時淚下已三鼓, 工拙不足言, 但此時端筆揮灑, 其心可想. 人生可合, 定是有緣有數, 不可勉強. 然安知今日之不會, 非他日相見之根? 安知此生不會, 再世不大會乎? 見後相思與不見相思, 同一無窮, 而不見之離別之苦, 省卻多少兒女之態, 正不必定以相見不相見較優多也. 嘗之讀古人書, 古人豈可見之, 而向友之見之, 則如或見之. 弟使此生白首數千里外, 各各胸中有某名某姓其人, 則飛與諸公, 皆未任之古人也, 何幸如之? 拙稿五冊幷呈分諸公, 且有較正, 其一切未妥處, 祁進而敎之. 稿中有題自畵荷風竹露草堂圖, 拜旣良多, 是飛獻廬, 不拘詩文, 能各賜一篇, 則拜旣良多, 有忠天嘲畵壁歌, 能各賜一篇. 丙戊三月二十二日五夜. (天涯知己書.) |

홍대용(洪大容) 필담(筆談) 자료집(資料集)

| | |
|---|---|
| 丙戌二月卄二日夜. | 丙戌二月卄二日夜. |
| 看畢. | 看畢. |
| ①曰: '②在⑬否?' ⑭⑮曰: '⑯⑰⑱⑲⑳.' ㉑⑮㉒曰: '㉓㉔㉕㉖㉗⑪㉘?' ㉙⑮⑧曰: '㉚㉛㉜?' | |
| 平仲大喜曰: '弟等當趨拜.' | 平仲大喜曰: '弟等當趨拜.' |
| 蘭公曰: '何必進去?' 卽走出. | 蘭公曰: '何必進去?' 卽走出. |
| 余與平仲, 隨⑧出未及門, 陸解元已掀簾而入矣. | 余與平仲, 出未及門, 陸解元已掀簾而入矣. |
| 爲人軀榦短少, 而肥面白晳, 風儀偉然, 一⑧向吾輩㉝微笑, ⑧卽⑨肅揖致敬. | 爲人軀榦短少, 而肥面白晳, 風儀偉然. 向吾輩微笑, 擧手而揖, 余肅揖致敬. |
| 解元以手扶策之, 至⑧炕下讓登. | 解元以手扶策之, 至炕下讓登. |
| 力闇曰: '都係至好, 遠客上坐.' | 力闇曰: '都係至好, 遠客上坐.' |
| 平仲曰: '同爲客也, 何擇遠近? 只以年齒爲先.' | 平仲曰: '同爲客也, 何擇遠近? 只以年齒爲先.' |
| ㉞曰: ⑧乃⑮擊㉟, ⑯客㊱主後, ⑰中國之⑱. | |
| 余謂平仲曰: '且徇俗, 不必以虛禮相拘.' | 余謂平仲: '且徇俗, 不必以虛禮相拘.' |
| 余遂與平仲, 先登負壁而坐于卓之左右, 解元坐于余之下, 蘭公坐于平仲之下, 力闇別以椅子, 當㉟炕而坐. | 余遂與平仲, 先登負壁, 坐于卓之左右, 解元坐于余之下, 蘭公坐于平仲之下, 力闇別以椅子, 當炕而坐. |
| 余曰: '仰聲久矣, 幸此承顏, 驚喜之極. 弟蒙謬愛, 愧無以仰答.' | 余曰: '仰聲久矣, 幸此承顏, 驚喜之極. 弟蒙謬愛, 愧無以仰答.' |
| 平仲曰: '海隅賤生, 偶入中國, 獲拜二友, 遂爲知己之㊲. 頃覽瓊篇, ㊳吾㊴之㊵, 願一見之, 不意今日瞻望雅儀, 此必有神鬼之助也.' | 平仲曰: '海隅賤生, 偶入中國, 獲拜二友, 遂爲知己. 頃覽瓊篇, 願一見之, 不意今日瞻望雅儀, 此必有神鬼之助也.' |
| 解元曰: '昨日一到, 卽傾倒欲狂. 自分不得相見, 得見實屬非常之幸.' | 解元曰: '昨日一到, 卽傾倒欲狂. 自分不得相見, 得見實屬非常之幸.' |
| ㊶⑧⑮㊷⑮曰: ⑯⑨⑱⑩曰, ㊸⑧㊹, | |

余曰: '吾輩歸期, 決以初一, 不料其遷就若是, 歸心如箭, 宜其爲欝. 惟以更會二兄, 尙有餘期爲幸. 今又獲拜陸先生, 是天與之便.'

解元曰: '昨力闇秋㢊, 極道理學大儒, 願爲弟子忽此稱呼, 鄙棄我耶.'

余曰: '今承盛敎, 非我棄長者, 長者棄我也.'

諸人皆笑.

解元曰: '如此, 便斜纏世故不了矣, 竟訂文何如?'

余曰: '敢不唯命?'

解元曰: '我年四十八, 金公貴庚多少?'

平仲曰: '四十九.'

解元曰: '吾兄也.'

平仲曰: '不敢辭也.'

解元又問余曰: '貴庚多少?'

余曰: '三十六.'

解元曰: '然則吾弟也.'

余笑曰: '亦不敢辭.'

諸人皆笑.

余曰: '此會實千古奇緣.'

陸解元, 字起潛, 號篠飮.

起潛曰: '力闇與我等, 雖人名場, 木無榮慕.

| | | |
|---|---|---|
| 今日便是此生絶大遭逢，誠如所言．' ㊀㊥㊤㊨㊣㊤㊨㊤㊤㊦㊦曰：'㊀㊤㊤㊥㊦㊤㊦㊤㊦㊦，龜㊦㊦，南㊤㊥㊤㊦㊥㊦㊤，㊤㊦㊦㊦㊦㊤．'㊤㊤又笑．| 今日便是此生絶大遭逢，誠如所言．' | 今日便是此生絶大遭逢，誠如所言．' |
| 余曰：'陸丈開懷，善笑一接，可見長者風．㊤㊤㊤㊤㊤㊦㊤㊤㊤㊦㊤．| 余曰：'陸丈開懷，善笑一接，可見長者風．| 余曰：'陸丈開懷，善笑一接，可見長者風．|
| 蘭公曰：'善笑乃陸丈家學．' | 蘭公曰：'善笑乃陸丈家學．' | |
| ㊤㊤曰：'㊦㊤㊤㊤㊤㊤㊤㊤，㊤㊤㊤㊤㊦㊤㊤言㊤，㊤㊤㊤㊤，㊤㊤㊦㊤㊤㊤．㊤㊦㊤㊤㊦㊤㊤．'㊤㊤㊤㊤㊤㊤㊤㊤之㊤．| | |
| 起潛曰：'人世難逢開口笑，見諸公，不得不笑．' | 起潛曰：'人世難逢開口笑，見諸公，不得不笑．' | 起潛曰：'人世難逢開口笑，見諸公，不得不笑．' |
| ㊤公曰：'㊤㊤㊤㊤，㊦㊤㊤㊤㊤㊤㊤之㊤㊤．' | | |
| 余曰：'金兄龜心大談，絶無東國氣味，此可爲兄輩所取．' | 余曰：'金兄龜心大談，絶無東國氣味，此可爲兄輩所取．' | 余曰：'金兄龜心大談，絶無東國氣味，此可爲兄輩所取．' |
| 起潛笑而指龜心大談四字曰：'是我輩．' | 起潛笑而指龜心大談四字曰：'是我輩．' | |
| 力闇以詩稿五冊絹畫五幅示我輩曰：'陸兄詩稿，姿三大人三本，二兄分頷一本．其五幅絹畫亦如之．' | 力闇以詩稿五冊絹畫五幅示我輩曰：'陸兄詩稿，姿三大人三本，二兄分頷一本．其五幅絹畫亦如之．' | 力闇以詩稿五冊絹畫五幅示我輩曰：'陸兄詩稿，姿三大人三本，二兄分頷一本．其五幅絹畫亦如之．' |
| 蘭公展其畫而示之，皆水墨蘭草，筆畫雄偉． | 蘭公展其畫而示之，皆水墨蘭草，筆畫雄偉． | 蘭公展其畫而示之，皆水墨蘭草，筆畫雄偉． |
| 蘭公指二幅畫曰：'此潑布，此雲氣．' | 蘭公指二幅畫曰：'此潑布，此雲氣．' | 蘭公指二幅畫曰：'此潑布，此雲氣．' |
| 盖奇壯也． | 盖奇壯也． | |
| 力闇曰：'此皆昨夜燈下所畫，至三更始畢．' | 力闇曰：'此皆昨夜燈下所畫，至三更始畢．' | 力闇曰：'此皆昨夜燈下所畫，至三更始畢．' |
| 余看畢曰：'謹當頷歸，若奉主璧，只恨踈拙無以贊揚．此是遊藝之一端，亦或竊其能事，知者觀其心畫，外或窺其人，宜不足爲盛德之能事，知者觀其心畫，外問朱先生安否，昔未時，域外問朱先生安否，傳者至今笑之．如是則外國有尊仰之者，盖有光於君子．節以傳之海東，佇見他日有間陸先生安否也．' | 余看畢曰：'謹當頷歸，若奉主璧，只恨踈拙無以贊揚．此是遊藝之一端，亦或竊其能事，知者觀其心畫，外問朱先生安否，昔未時，域外問朱先生安否，傳者至今笑之．如是則外國有尊仰之者，盖有光於君子．節以傳之海東，佇見他日有間陸先生安否也．' | 余看畢曰：'謹當頷歸，若奉主璧，只恨踈拙無以贊揚．此是遊藝之一端，亦或竊其能事，知者觀其心畫，外問朱先生安否，昔未時，域外問朱先生安否，傳者至今笑之．如是則外國有尊仰之者，盖有光於君子．節以傳之海東，佇見他日有間陸先生安否也．' |
| 起潛曰：'小道僅供遊戲，何足爲輕重？雕蟲篆刻，壯夫不爲，徒取笑耳．如海東，亦須此覆醬瓿則可矣．' | 起潛曰：'小道僅供遊戲，何足爲輕重？雕蟲篆刻，壯夫不爲，徒取笑耳．如海東，亦須此覆醬瓿則可矣．' | 起潛曰：'小道僅供遊戲，何足爲輕重？雕蟲篆刻，壯夫不爲，徒取笑耳．如海東，亦須此覆醬瓿則可矣．' |

余與平仲，看其詩稿。

起潛曰：'拙稿，此時不必看，且談．'

平仲曰：'弟於凡事，庸陋極矣．今於篇篇，不敢辭聞一知十也．'

起潛曰：'昨讀大作，豪逸眞切，蘇長公之流也．拜服拜服．'

平仲曰：'不敢．何其過奬之若是也?'

起潛指其詩稿中忠天翰詩曰：'忠天翰，是里社中祀，祀神是隋唐時越國公汪華，後殿畫壁，是先會祖手蹟．乙諸公不拘詩文寵光，當勒石不朽．'

力闇曰：'洪兄不喜作詩，竟懇其作騷體數韻何如? 洪兄騷體，不減屈末也．'

起潛曰：'屈子忠愛，亦是道學．'

余曰：'謹與金兄歸，而圖之於行前．但平生於著述，拙謙無雙，恐不及搆出耳．'

余曰：'願聞壁畫是何物，先生平日行跡略示之，兼以寓尊仰之意．'

起潛曰：'壁畫是諸天神佛，今已模糊，不復可辨．先會祖諱翰，字少微，號雪醉道人，値明季隱於畫，壽亦不長，別無見于時．畫名全今人口，但質木甚多．拙詩中已具大略．尊仰之意不敢當．但以我輩相遇之情作原起，及見拙詩，有此題云云可失．西湖爲吾杭名勝，諸兄定必神注，或以此作波瀾何如?'

平仲曰：'弟在東國，聞丙湖名勝，神往者已久，而每歎無路一見，破此宿願．何幸今日，遇闇蘭二兄，披襟瀉懷，已至忘形．所謂丙湖十景，風斯所任下，志氣暢快，其樂無窮，雖不見錢塘，亦無所恨．又得陸兄於二兄之座，天下豈有如此樂事? 但筆不如舌，當瀉意仰副，而今米大國，猶不能傾寫所蘊，是可恨也．所示事，或能全其拙而諿矣．以兄之故，弟之醜陋，若非兄畫，秋毫不能掩，作天下愚弄之人，此所謂靡君之之醜陋，作天下愚弄之人，此所

| | | | |
|---|---|---|---|
| 謂驥君之故, 胡爲乎泥中者也.' 諸人皆笑. | 故, 胡爲乎泥中者也.' 諸人皆笑. | | |
| 力闇⑱其家有荷風竹露草堂, 前植叢篠, 後一大池, 過種芙蓉, 籤袟縱橫, 此公偃仰其中, 享盡人間淸福, 不可不乞一語以題其草堂.' | 力闇曰: '其家有荷風竹露草堂, 前植叢篠, 後一大池, 過種芙蓉, 簽袟縱橫, 此公偃仰其中, 享盡人間淸福, 不可不乞一語以題其草堂.' | | 力闇曰: '陸起潛家有荷風竹露草堂, 前植叢篠, 後一大池, 過種芙蓉, 簽袟縱橫, 此公偃仰其中, 享盡人間淸福, 一語題卹堂.' (『鐵橋話』, 閒話 35) |
| 起潛曰: '三大人亦望我乞言可乎?' | 起潛曰: '三大人亦望我乞言可乎?' | | |
| 余曰: '當⑲致盛意.' | 余曰: '當致盛意.' | | |
| 起潛謂余曰: '聞兄宗朱, 我則陸學, 奈何?' | 起潛謂余曰: '陸先生之學, 非陸學而何?' | | |
| 諸人大笑. | 諸人大笑. | | |
| 曰: '陸丈是象山之後耶?' | 余曰: '陸丈是象山之後耶?' | | |
| 曰: '不然.' | 曰: '不然.' | | |
| 力闇曰: '前日書贈尊德性二語, 終身佩服.' | 力闇曰: '前日書贈尊德性二語, 終身佩服.' | | |
| 起潛曰: '此是正論, 原不當分爲二.' | 起潛曰: '此是正論, 原不當分爲二.' | | |
| 余曰: '鄙書是己陳蒭狗, 何足爲奇? 不當分二之敎, 恐是不易之論.' | 余曰: '鄙書是己陳蒭狗, 何足爲奇? 不當分二之敎, 恐是不易之論.' | | |
| 余又曰: '弟於二兄, 妄有贈別語數十字, 方在懷中, 兼以請敎於陸丈, 可乎?' | 余又曰: '弟於二兄, 妄有贈別語數十字, 方在懷中, 兼以請敎於陸丈, 可乎?' | | |

| | | | |
|---|---|---|---|
| 起潛曰: '文文不休, 何耶? 始終見棄耶?' | 起潛曰: '文文不休, 何耶? 始終見棄耶?' | 起潛曰: '文文不休, 何也? 始終見棄耶?' | |
| 余曰: '年長十二, 非丈耶? 是乃兄事之也.' | 余曰: '年長十二, 非丈耶? 是乃兄事之也.' | 余曰: '年丈十二, 非丈耶? 是乃兄事之也.' | |
| 起潛曰: '我國不然, 丈尊於兄, 後竟稱足.' | 起潛曰: '我國不然, 丈尊於兄, 後竟稱足.' | 起潛曰: '我國不然, 丈尊於兄, 後竟稱兄.' | |
| 余曰: '東俗, 不文始稱兄, 恐各從其俗⑩.' | 余曰: '東俗, 不文始稱兄, 恐各從其俗.' | 余曰: '東俗, 不文始稱兄, 恐各從其俗.' | |
| 余讀⑩⑩⑩請見贈語云⑩⑩⑩⑩, 起潛諸樓中而與之, 余出諸樓中而與之. | 力闇請見贈語, 余出諸樓中而與之, 起潛展讀之. | 力闇請見贈語, 余出諸樓中而與之, 起潛展讀之. | |
| 其贈蘭公曰: 仁者之別, 必贈以言. 余何敢當? 雖然, 吾輩將生死別矣, 其無可言乎? 太上修德而安人, 其次善道而立敎, 最下者著書而圖不朽, 外此者求利達而已. 苟求利達而已, 亦將何所不至哉? 任有時乎爲祭, 亦有時乎爲恥. 立乎人之本朝, 而志不任乎三代之禮樂, 是爲谷悅也, 是爲當且貴也. 此而不知恥, 其難與言矣. 有高才能文章, 而無德以將之, 或贏得薄倖名, 或陷爲輕薄子. 若足乎, 才不可恃, 而德不可緩也. 非篤敬, 無以養心, 非威重, 無以善學. 道遠, 凡我同志, 奈何不敬? | 其贈蘭公曰: 仁者之別, 必贈以言. 余何敢當? 雖然, 吾輩將生死別矣, 其無可言乎? 太上修德而安人, 其次善道而立敎, 最下者著書而圖不朽, 外此者求利達而已. 苟求利達而已, 亦將何所不至哉? 任有時乎爲祭, 亦有時乎爲恥. 立乎人之本朝, 而志不任乎三代之禮樂, 是爲谷悅也, 是爲當且貴也. 此而不知恥, 其難與言矣. 有高才能文章, 而無德以將之, 或贏得薄倖名, 或陷爲輕薄子. 若足乎, 才不可恃, 而德不可緩也. 非篤敬, 無以養心, 非威重, 無以善學. 道遠, 凡我同志, 奈何不敬? | 其贈蘭公曰: 仁者之別, 必贈以言. 余何敢當? 雖然, 吾輩將生死別矣, 其無可言乎? 太上修德而安人, 其次善道而立敎, 最下者著書而圖不朽, 外此者求利達而已. 苟求利達而已, 亦將何所不至哉? 任有時乎爲祭, 亦有時乎爲恥. 立乎人之本朝, 而志不任乎三代之禮樂, 是爲谷悅也, 是爲當且貴也. 此而不知恥, 其難與言矣. 有高才能文章, 而無德以將之, 或贏得薄倖名, 或陷爲輕薄子. 若足乎, 才不可恃, 而德不可緩也. 非篤敬, 無以養心, 非威重, 無以善學. 道遠, 凡我同志, 奈何不敬? | |
| ⑩嗚, 善惡萌於中, 而吉凶著於外. 如欲進德而修業, 蓋亦反求諸己而已矣. | 嗚呼, 善惡萌於中, 而吉凶著於外. 如欲進德而修業, 蓋亦反求諸己而已矣. | 嗚呼, 善惡萌于中, 而吉凶著于外. 如欲進德而修業, 蓋亦反求諸己而已矣. (贈秋庫庫＞ | |
| 起潛看畢曰: '爲⑫一張與我, 作座右銘, 必要.' | 起潛看畢曰: '爲一張與我, 作座右銘, 必要.' | 起潛看畢曰: '寫一張與我, 不恃其文之似而已.' | |
| 又曰: '竟是正蒙, 不恃其文之似而已.' | 又曰: '竟是正蒙, 不恃其文之似而已.' | 又曰: '竟是正蒙力闇語曰: 作座右銘, 常目.' | |
| 又讀贈力闇語曰: 維杭有山, 可採可茹. 維杭有水, 可灌可漁. 文武之道, 布在方冊, 可卷而舒. 子弟從之, 可以終吾生. 曩哉, 優哉遊哉, 可以終吾生. 夫道一則專, 專則靜, 靜則明生焉, 明生焉而物乃照矣. 止水明鑑, 體之立也, 開物成務, 用之達也. 專於體者, 佛氏之逃空也, 專於用者, 俗儒之趨利也. 朱子後孔子也, 微夫子, 吾誰與歸? 雖然, 依樣採句同者安也, 强意立異者殆也. | 又讀贈力闇語曰: 維杭有山, 可採可茹. 維杭有水, 可灌可漁. 文武之道, 布在方冊, 可卷而舒. 子弟從之, 可以終吾生. 曩哉, 優哉遊哉, 可以終吾生. 夫道一則專, 專則靜, 靜則明生焉, 明生焉而物乃照矣. 止水明鑑, 體之立也, 開物成務, 用之達也. 專於體者, 佛氏之逃空也, 專於用者, 俗儒之趨利也. 朱子後孔子也, 微夫子, 吾誰與歸? 雖然, 依樣採句同者安也, 强意立異者殆也. | 文讀贈力闇語曰: 維杭有山, 可採可茹. 可灌可漁. 文武之道, 布在方冊, 子弟從之, 可以終吾生. 維杭有水, 可卷而舒. 明生焉而觀厥成, 優哉遊哉, 可以終生. 夫道一則專, 專則靜, 靜則明生焉, 明生焉而物乃照矣. 止水明鑑, 體之立也, 開物成務, 用之達也. 專於體者, 佛氏之逃空也, 專於用者, 俗儒之趨利也. 朱子後孔子也, 微夫子, 吾誰與歸? 雖然, 依樣採句同者安也, 强意立異者殆也. | |

| | | | |
|---|---|---|---|
| 揆苟同者反也, 强意立異者敗也. | 苟同者反也, 强意立異者敗也. | 苟同者反也, 强意立異者敗也. | 丙戌仲春東海韃客奉處嚴鐵橋先生.<br>(「洪高士尺牘」, <贈鐵橋>) |
| 看畢, 力闇喜色溢於貌, 以隷字書于簡面曰: '謹奉先生臨別贈言, 垂示後棣, 永以爲寶.' | 看畢, 力闇喜色溢於貌, 以隷字書于簡面曰: '謹奉先生臨別贈言, 垂示後棣, 永以爲寶.' | 看畢, 力闇喜色溢於貌, 以隷字書于簡面曰: '謹奉先生臨別贈言, 垂示後棣, 永以爲寶.' | 進奉作贈別言, 力闇看畢, 以隷字書于簡面曰:<br>'垂示後棣, 永以爲寶.<br>仍曰: '謹以作終身箴之佩. 但見贈蘭兄語, 深切者明, 不特爲蘭兄對症之藥, 弟亦爲讀之棣 |
| 蘭公憮然, 須臾看之, 更看之, 少頃曰: '大訓, 眞乃對症之藥, 當終身敬佩.' | 蘭公憮然, 須臾看少頃曰: '大訓, 眞乃對症之藥, 當終身敬佩.' | 蘭公憮然, 須臾看少頃曰: '大訓, 眞乃對症之藥, 當終身敬佩.' | 然. 更望作一小幅, 庶幾進盆, 粘之座右, 更望者明, 庶幾進盆, 重吾兄手蹟, 則拜兄之賜多矣.'<br>(『鐵橋話』, 實話 17) |
| 余於二兄, 愛之切故望之深, 義在納誨, 不敢爲遊辭讚嘆, 其義則有稽, 辛勿以人廢言.' | 余曰: '弟於二兄, 愛之切故望之深, 義在納誨, 不敢爲遊辭讚嘆, 其義則有稽, 辛勿以人廢言.' | 余曰: '弟於二兄, 愛之切故望之深, 義在納誨, 不敢爲遊辭讚嘆, 其義則有稽, 辛勿以人廢言.' | |
| 力闇曰: 弟謹以作終身箴紋之佩. 但見贈蘭兄語, 深切者明, 不特爲蘭兄對症之藥, 而弟亦永讀之棣然. 更望作一小幅, 不必佳紙, 但重吾兄手蹟, 俾得粘之座右, 觸目警心, 念玆在玆, 庶幾稍有進盆, 則弟亦頗於威於威有欠.' | 力闇曰: '弟謹以作終身箴紋之佩. 但見贈蘭兄語, 深切者明, 不特爲蘭兄對症之藥, 而弟亦永讀之棣然. 更望作一小幅, 不必佳紙, 但重吾兄手蹟, 俾得粘之座右, 觸目警心, 念玆在玆, 庶幾稍有進盆, 重二字有欠.' | 力闇曰: '弟謹以作終身箴紋之佩. 但見贈蘭兄語, 深切者明, 不特爲蘭兄對症之藥, 而弟亦永讀之棣然. 更望作一小幅, 不必佳紙, 但重吾兄手蹟, 俾得粘之座右, 觸目警心, 念玆在玆, 庶幾稍有進盆, 重二字有欠.' | |
| 余笑而不答. | | | |
| 又曰: '古云有諸己而後求諸人. 若是則己所不能者, 終不可以責之於友乎? 請諸兄明敎之.' | 余曰: '古云有諸己而後求諸人. 若是則己所不能者, 終不可以責之於友乎? 請諸兄明敎之.' | 余曰: '古云有諸己而後求諸人. 若是則己所不能者, 終不可以責之於友乎? 請諸兄明敎之.' | |
| 蘭公曰: '歲規見古人之誼. 但必繼以謙辭, 則猶涉世情也.' | 蘭公曰: '歲規見古人之誼. 但必繼以謙辭, 則猶涉世情也.' | 蘭公曰: '歲規見古人之誼. 但必繼以謙辭, 則猶涉世情也.' | |
| 余曰: '此是泛論道理.' | 余曰: '此是泛論道理.' | 余曰: '此是泛論道理.' | |
| 力闇曰: '卽使誠如尊敎, 則亦當不以人廢言, 況以兄之誠中形外者耶?' | 力闇曰: '卽使誠如尊敎, 則亦當不以人廢言, 況以兄之誠中形外者耶?' | 力闇曰: '卽使誠如尊敎, 則亦當不以人廢言, 況以兄之誠中形外者耶?' | |
| 余曰: '有諸己求諸人, 恐與責善相將之義, 並行而不悖. 若以己不能, 而終不以責諸友, 則不幾於交相瑜乎? 恐責乎人而己亦因此而自勉, 乃不悖於古義, 未知如何.' | 余曰: '有諸己求諸人, 恐與責善相將之義, 並行而不悖. 若以己不能, 而終不以責諸友, 則不幾於交相瑜乎? 恐責乎人而己亦因此而自勉, 乃不悖於古義, 未知如何.' | 余曰: '有諸己求諸人, 恐與責善相將之義, 並行而不悖. 若以己不能, 而終不以責諸友, 則不幾於交相瑜乎? 恐責乎人而己亦因此而自勉, 乃不悖於古義, 未知如何.' | |
| 力闇曰: '今時能以古義相勉者蓋寡矣. 卽無諸己而能作爾語者亦少. 吾兄自以爲無諸己而責諸人, 弟則以爲固有諸己而求諸人者也. 此後不必多謙.' | 力闇曰: '今時能以古義相勉者蓋寡矣. 卽無諸己而能作爾語者亦少. 吾兄自以爲無諸己而責諸人, 弟則以爲固有諸己而求諸人者也. 此後不必多謙.' | 力闇曰: '今時能以古義相勉者蓋寡矣. 卽無諸己而能作爾語者亦少. 吾兄自以爲無諸己而責諸人, 弟則以爲固有諸己而求諸人者也. 此後不必多謙.' | |
| 起潛曰: '摠是責善二字盡之, 原不必論有無.' | 起潛曰: '摠是責善二字盡之, 原不必論有無.' | 起潛曰: '摠是責善二字盡之, 原不必論有無.' | |

平仲有詩曰:
金玉其人錦繡腸, 西湖秀氣見潘郎. 公車一擧
聲名早, 客舘初迎坐應有助, 只
隣佳會未能長. 不生作別常怏怏, 今日同君灑
夕陽.

平仲曰: '此乃別潘兄之詩, 辛賜批敎也.'

蘭公曰: '詩與情, 俱合人涕泗, 然首四句, 未免過褒.'

起潛笑曰: '今公見女子, 亦作女子態耶?'

蓋以蘭公貌類婦人也.

諸人皆大笑.

力闇曰: '此二紙係他人仰蔡法書, 不拘幾字, 隨意一揮應之, 欲書尊名.'

平仲曰: '是何敎也? 弟筆醜陋, 只可裹餅而已.'

言未畢, 兩中人又苦請不已, 余亦勸之.

平仲乃以半行, 各書唐詩一絶, 皆稱好不已.

平仲曰: '不能遵命, 自媿以善書, 恣意揮灑, 人間又有如此狂率者乎? 二兄過足使愚弟, 盡露馬脚, 而少不惜焉, 還爲慨然.'

蘭公大笑曰: '正欲使兄如此, 以供笑謔耳.'

力闇曰: '弟以爲張長史不是過也.'

蘭公又戱曰: '敎云馬脚, 吾兄妙腕, 乃與驥足爭能耶?'

平仲曰: '馬脚二字之妄發甘受焉.'

蘭公曰: '兄作書有追風逐電之勢, 馬脚二字, 乃絶妙話語, 非妄語也.'

平仲謂力闇曰: '頃惠養虛記, 可謂鄉地作金石聲. 然東方邦禁至嚴, 酒之一字, 不但深藏於國中矣. 旣受吾兄之文字, 初不行於國中, 以爲傳寶, 亦欲誇耀人目, 與知者道. 此乃傳人情之常也, 未知諸人⊙⊙將奈何?'

力闇曰: '然則另撰一篇, 譯却酒字耶? 酒亦何必諱? 『論語』言酒不一, 然則孔子非耶?'

平仲曰: '嗜酒之酒字, 不必改, 飮酒之酒, 決不可, 少去模棱而不顯言之也.'

力闇曰: '文章波瀾, 不無假借. 若去飮逢高趣, 頗少興致, 今早, 陸兄亦獨賞此段, 去之, 似減風味矣.'

起潛曰: '不言邦禁, 但以近止酒爲言, 何如?'

平仲曰: '止酒二字, 非老實矣.'

起潛曰: '然則無可如何矣.'

力闇曰: '金兄嗜酒, 而邦禁如此之嚴, 何以過日耶?'

平仲曰: '生不如死矣.'

起潛大笑曰: '酒鬼.'

一座大笑.

力闇曰: '傷哉傷哉, 速死投生中國爲幸.'

蘭公曰: '若生中國, 宜生于浙江. 有紹興酒, 日日可飮.'

起潛又曰: '我亦欲東遊, 如此, 我以海東爲白蓮社矣.'

力闇曰: '金兄必優簪酒飮者, 吾將出首, 故以記文揚其惡耳.'

諸人皆笑.

蘭公曰: '前日弟札云, 只用管仲之器, 今日謂用管仲, 如何?'

平仲曰: '非但管仲之器, 雖蠡管之用, 無可奈何.'

又曰: '拘於邦禁, 自挫風味, 可悲矣.'

起潛曰: '洪兄涓滴不沾口耶?'

余曰: '素不飲, 非徒守禁.'

起潛曰: '然則並非惡人飲耶?'

余笑曰: '我自不飲, 何可惡人飲酒? 直惡不顧邦禁者耳.'

諸人皆笑.

起潛曰: '作孼孽者, 未自獨醒.'

蘭公曰: '今日潛飲如何?'

平仲曰: '洪兄每戒之, 故洪兄在坐, 不敢言酒, 今日則洪兄亦無奈我何矣.'

起潛曰: '燕會何以爲歡?'

余曰: '十餘年間, 國內存恤, 故禁酒甚嚴. 但此終非永禁之物, 故嗜之者, 亦多潛飲, 蓋以其罪不至於死也. 燕會則無敢公然用之, 以此時象蕭索, 少樂世風味. 然無可奈何矣.'

起潛曰: '近來水豐稔有年否?'

余曰: '近年不甚凶歉, 而以禁之已久, 姑不變舊耳.'

余又曰: '今日之會, 無酒, 不可以爲歡? 雖有邦禁, 既在疆域之外, 亦或有從權之道. 於金兄, 則雖不必勸之飲, 亦不欲挽而沮之矣.'

又笑曰: '酒鬼易驅人, 如合一醉酸餘則幸矣.'

諸人皆笑.

起潛曰: '如此, 許之飲矣. 飲後見三大人, 無以妨否?'

余曰: '有天下奇會, 當以天下奇事應之, 何可執一論也?'

蘭公曰: '歡伯至矣, 請停筆墨.'
遂設蔬果及肉湯數器于卓, 各置小鍾于前, 僕人煖酒而斟之.
時有客至, 余起而飲下, 皆挽而止之, 客卽就坐.
蘭公曰: '此山西韓兄, 聞二兄故來訪.'
力闇曰: '此山西友, 亦是會試同寓者.'
余略以語叙寒暄.
其人驚謂力闇曰: '他也會說我們的話.'
力闇有答語, 繋言字同而音異, 土話之不同, 彼我一也.

起潛曰: '金兄能飲幾何而醉?'
余曰: '他戶頗寬, 但數鍾亦醉, 多發狂言.'
平仲曰: '其狂不可及.'
起潛曰: '次公不飲而狂, 何必酒?'
平仲曰: '不飲而狂, 飲後反不狂矣.'
起潛曰: '海東昔日酒何濃類耶? 亦如紅毛燒酒類耶?'
余曰: '東方多稻米, 故酒亦稱美, 紅露諸種, 俱有其稱. 桂釀酒者甚烈, 嗜飲多傷人.'
平仲曰: '大抵東國之酒峻烈, 倍勝於中國.'
起潛曰: '近來交趾桂, 眞者絶貴. 海東所作牛

| | |
|---|---|
| 海東所作牛皮膏及滿心丸, 是眞交趾桂耶? | 皮膏及滿心丸, 是眞交趾桂耶? |
| 余曰: '肉桂則絕已久矣. 但以皮之厚者代之, 皆買於京市, 其眞假何以知之?' | 余曰: '肉桂則絕已久矣. 但以皮之厚者代之, 皆買於京市, 其眞假何以知之?' |
| 起潛曰: '皮厚者, 此間不重, 摠以肉厚爲貴.' | 起潛曰: '皮厚者, 此間不重, 摠以肉厚爲貴.' |
| 余曰: '南邊尙有眞肉桂耶?' | 余曰: '南邊尙有眞肉桂耶?' |
| 起潛曰: '眞者竟難得. 皮厚之桂, 此間治疾, 斷不敢用. 是以用亦甚少, 以眞者引火歸源, 假者發火. 東國所用, 旣非眞肉桂, 用之不發火耶?' | 起潛曰: '眞者竟難得. 皮厚之桂, 此間治疾, 斷不敢用. 是以用亦甚少, 以眞者引火歸源, 假者發火. 東國所用, 旣非眞肉桂, 用之不發火耶?' |
| 余曰: '雖無形現之言, 安知其無潛滋暗長耶?' | 余曰: '雖無形現之言, 安知其無潛滋暗長耶?' |
| 起潛曰: '東國藥料, 俱購自中國? 亦別有土産?' | 起潛曰: '東國藥料, 俱購自中國? 亦別有土産?' |
| 余曰: '出自土産, 可是十之爲六七.' | 余曰: '出自土産, 可是十之爲六七.' |
| 起潛曰: '航海行幾日? 不以爲苦耶?' | 起潛曰: '航海行幾日? 不以爲苦耶?' |
| 平仲曰: '前朝則遵東路矣, 故航海矣. 今則只渡鴨江, 大抵去京爲三千七百里矣.' | 平仲曰: '前朝則遵東路矣, 故航海矣. 今則只渡鴨江, 大抵去京爲三千七百里矣.' |
| 起潛曰: '去邊東幾許?' | 起潛曰: '去邊東幾許?' |
| 余曰: '五百餘里.' | 余曰: '五百餘里.' |
| 起潛曰: '東國藏書, 前朝實錄以及野史, 頗備否?' | 起潛曰: '東國藏書, 前朝實錄以及野史, 頗備否?' |
| 余曰: '明史及木末等書, 多有出去者, 野史亦或有之.' | 余曰: '明史及木末等書, 多有出去者, 野史亦或有之.' |
| 此時各以小鍾, 隨飮隨酌. | 此時各以小鍾, 隨飮隨酌. |
| 蘭公親執一鍾, 勸余曰: '請飮三杯. 不敢多勸.' | 蘭公親執一鍾, 置余前而勸余曰: '請飮三杯. 不敢多勸.' |
| 余曰: '弟則素不飮矣, 不必强之. 且但識酒中趣, 何必杯中物?' | 余曰: '弟則素不飮矣, 不必强之. 且但識酒中趣, 何必杯中物?' |

| | | |
|---|---|---|
| 起潛曰: '我代飮.' | 起潛曰: '我代飮.' | |
| 諸人皆笑. | 諸人皆笑. | |
| 平仲曰: '欲代洪兄, 是欲倍飮也. 吾與洪陸兄同來, 欲奪陸兄, 今日之政耳.' | 平仲曰: '欲代洪兄, 是欲倍飮也. 吾與洪陸兄同來, 欲奪陸兄, 今日之政耳.' | |
| 起潛曰: '然則我幷代金兄, 如何?' | 起潛曰: '然則我幷代金兄, 如何?' | |
| 滿座皆絕倒. | 滿座皆絕倒. | |
| 余呼茶, 每諸人飮酒, 必呼茶代之曰: '以茶代酒, 弟之風流, 掃地盡矣.' | 余呼茶, 每諸人飮酒, 必呼茶代之曰: '以茶代酒, 弟之風流, 掃地盡矣.' | |
| 皆笑. | 皆笑. | |
| 起潛曰: '兄衣巾面俱開, 亦是前明制耶?' | 起潛曰: '兄衣巾面俱開, 亦是前明制耶?' | |
| 余曰: '此乃戎服, 似是明制, 而不敢負言. 官者朝服及士子道袍, 大抵襲明制耳.' | 余曰: '此乃戎服, 似是明制, 而不敢負言. 官者朝服及士子道袍, 大抵襲明制耳.' | |
| 起潛曰: '句讀問⑩小破⑭, 何⑫此⑬遂⑮文⑯回?' 余曰: '有⑰賣者⑱, 自⑲來者⑳, 竊㉑有得㉒㉓由, ㉔不㉕及㉖也.'仲曰: '如⑤用慶, 得⑥用㉙⑧.' 起潛曰: '不敢當㉗. ⑨俩⑩.' | | 力闇曰: '小序決不可廢, 朱子於詩註, 貫多路駁, 不敢從同也. 弟年十二三時, 讚至葛草詩註, 葛葉方盛, 而有黃鳥鳴于其上比, 不覺大笑. 此詩三句, 一段妻而嚯嚯, 則黃鳥自鳴于讚木之上耳, 于葛葉何預?' 此雖其細已甚, 然亦見其非出於朱子之手矣. 又八月剝棗十月穫稻二句, 朱子音襲爲走叶, 稻爲徒口反, 而不知襲俗一飯酒壽一韻, 則欲叶韻, 不容讀若祆壽乎? 經中莒切多誤, 不可枚擧. 此決爲朱子門人手筆, 或晩年未定之本, 非如學庸語孟之爲鐵板注脚也. 必以其爲朱子, 而如手足之不能護, 自明迄今, 大儒代有, 皆以爲漢人去古未遠, 不容朱子一人起而廢之. 凡屬鄭衛之詩, 槩指爲經弄之詩, 而不知鄭衛之淫奔, 其音也而非其詩. 此類辨甚多. (『籌橋稿』, 演話) |
| 力闇㉚余曰: '前日書久未答, 終當有以報之. 小序決不可廢, 朱子於詩註, 實多踰駁, 不敢從同也.' | 力闇曰: '前日書久未答, 終當有以報之. 小序決不可廢, 朱子於詩註, 實多踰駁, 不敢從同也.' | |
| 蘭公曰: '朱子廢小序, 多本鄭漁仲.' | 蘭公曰: '朱子廢小序, 多本鄭漁仲.' | |
| 余曰: '漁仲誰也?' | 余曰: '漁仲誰也?' | |
| 蘭公曰: '名樵, 號夾漈, 閩人, 有『通志』.' | 蘭公曰: '名樵, 號夾漈, 閩人, 有『通志』.' | |
| 余曰: '弟則於小序, 非敢蹈襲前言, 非敢掩護朱子. 看其言, 儘無據, 幸兄詳示以破蒙.' | 余曰: '弟則於小序, 非敢蹈襲前言, 非敢掩護朱子. 看其言, 儘無據, 幸兄詳示以破蒙.' | |
| 起潛曰: '老弟宗朱極是. 然廢小序, 必不能强解也.' | 起潛曰: '老弟宗朱極是. 然廢小序, 必不能强解也.' | |
| 蘭公曰: '卽如白駒之詩, 嘉客猶逍遙也, 朱子註云逍遙, 果是耶?' | 蘭公曰: '卽如白駒之詩, 嘉客猶逍遙也, 朱子註云逍遙, 果是耶?' | |
| 余曰: '訓詁諒有餘憾, 然不掩其大體之好.' | 余曰: '訓詁諒有餘憾, 然不掩其大體之好.' | |
| 起潛曰: '此事甚少, 然此類甚多, 卽以小序論, | 起潛曰: '此事甚少, 然此類甚多, 卽以小序論, | |

之, 馬端臨試未, 不遺餘力, 其言甚辨. 以鄙意論之, 小序去古不遠, 似有所本. 古人師授, 一脉相傳, 如高嘗韓三家, 各有所本, 其實分道揚鑣, 當時存之, 學者俱不廢. 此不特見古人尊經, 亦足信以傳疑以傳疑之意, 而朱子斷以己意, 始廢小序, 其實他處宗小序頗多. 獨丁鄭子爲衡, 則摟鄭聲淫一語, 遂并置爲淫詩. 聲淫非詩淫也, 如以爲淫, 如以辨之矣. 譬之父兄之詩, 本以敎人. 譬之父兄師長, 欲敎人以不淫, 乃臚列其人其事, 以爲未也如是之淫, 淫者之語亦是之語如是其情, 則己不復成壯話矣. 雖童僕, 亦應笑之, 曾謂聖人而如是乎? 且卽以淫詩, 則不特伯叔君子與狂童狂且, 一例無別, 而旣見君子等云, 亦不反不特古士誘之且舒而兌云云, 異於後世詞曲所謂桑落斜谷箸等等者, 而必以爲被文王之化, 鄒意朱子注書甚多, 或未可通矣. 則有小序無小序, 或不足爲朱子輕重可以已不可通矣, 則有小序無小序, 或不足爲朱子輕重可耳.'

蘭公曰: '朱子詩註, 多云未詳, 又卽木詩, 略添一二虛字. 便算是註. 如必以朱子自注者, 恐欲宗未而又有采于未也.'

又曰: '甫有喬木之注云, 非復前日之可求矣. 試問前日之可求, 有何別耶?'

又曰: '朱子無不是者, 詩註恐出門人之作.'

力閣曰: '弟年十二三時, 讀至葛覃詩注, 葛葉方盛, 而有黃鳥鳴于其上也, 不覺大笑. 此詩三句一段, 萋萋叶喈喈, 則黃鳥自鳴于灌木之上耳, 于葛葉何預? 此雖其細已甚, 然亦見其非出於朱子之手矣. 此語從來無人說及, 只鄙人以爲不然耳. 又八月剝棗十月穫稻二句, 朱子以音裒爲走叶, 稻爲徒口反, 而不知棗稻不可讀若淋壽乎? 酒壽一韻, 卽欲叶韻, 則泗壽獨不可讀若淋壽乎? 此如學庸語孟之護頭目, 逐經中當切多誤, 不可枚擧. 非如學庸語孟之護頭目, 遂筆, 或晚年未定之本, 非如學庸語孟之護頭目, 而如手足之爲鐵頭也. 決以其爲朱子, 而如手足之爲鐵頭也. 注疏也, 必以其爲朱子, 而如手足之爲鐵頭也.'

| | | |
|---|---|---|
| 如手足之護頭目, 遂無一語之敢議, 亦過矣. 自明迄今, 大儒代有, 大儒未了, 皆尊小序, 不容朱子一人起而廢之. 鑿指爲淫奔之詩, 之詩, 鑿指爲淫奔之詩, 其音也而非詩也. 此類辨人不知鄭衛之淫者, 其音也而非詩也. 此類辨甚多, 一時不能記憶, 惟高明詳察. | 無一語之敢議, 亦過矣. 自明迄今, 大儒代有, 皆尊小序, 不容朱子一人起而廢之. 凡屬鄭衛之淫者, 人不知鄭衛之淫之詩, 而不知鄭衛之淫者, 其音也而非詩也. 此類辨甚多, 一時不能記憶, 惟高明詳察. | |
| 余曰: '此不可以口舌爭, 講究而詳覽諸敎, 或有安見, 當以奉復也.' | 余曰: '此不可以口舌爭, 講究而詳覽諸敎, 或有安見, 當以奉復也.' | |
| 皆曰: '善.' | 皆曰: '善.' | |
| 平仲曰: '東國(東國)、自國(自國會之語)、後於(二) 一(兒)之(理解)、如此(三)字(也)?' 起潛曰: '儒(儒會)、何(何謂)?' 余曰: '魚(魚)和(會) 自(自) 相(相)中(中)之(之)意.' 余大笑. 起潛曰: '於此, 不用吾飮, 惡乎用吾飮?' 余曰: '我(我會自) 飮(飮)、 大(大)人(人)知(知)之(之), 如(如)此(此) 而(而) 我(我) 自(自) 用(用) 乎(乎) 安(安) 矣(矣).' 余曰: '(何謂之)?' 起潛曰: '(虚(虚)而(而)不(不)知(知)也.'' | | |
| 龜圃曰: '待酒不來, 先請詩.' | 此時酒行, 已餘十鍾矣. | 此時酒行, 已餘十鍾矣. |
| 平仲曰: '好好, 如詩不成, 罰依金谷酒數.' | 平仲發詩令分韻. | 平仲發詩令分韻. |
| 起潛曰: '我願罰.' | 余曰: '弟不能詩, 且不飮酒者, 不必入於詩令.' | 余曰: '弟不能詩, 且不飮酒者, 不必入於詩令.' |
| 力闇曰: '罰只三杯, 不許多飮.' | 平仲見起潛飮酒曰: '豪哉.' | 平仲見起潛飮酒曰: '豪哉.' |
| 起潛笑曰: '一犯, 再犯, 三犯.' | 起潛曰: '於此, 不用吾飮, 惡乎用吾飮?' | 起潛曰: '於此, 不用吾飮, 惡乎用吾飮?' |
| 皆大笑. | | |
| 蘭公曰: '詩成酒盡, 恨如之何?' | 待酒不來, 先請詩. | |
| | 平仲曰: '好好. 如詩不成, 罰依金谷酒數.' | |
| | 起潛曰: '我願罰.' | |
| | 力闇曰: '罰只三杯, 不許多飮.' | |
| | 起潛笑曰: '一犯, 再犯, 三犯.' | |
| | 皆笑. | |
| | 蘭公曰: '詩成酒盡, 恨如之何?' | |

| | |
|---|---|
| 仲曰: '吾兄醉否, 時時敏捷, 深味安.' 又筆曰: '彼率酒之武, 時時可以饗我矣.' 鄭公曰: '飽也.' 仲曰: '倦之乎, 令公何以飽?' 力閣曰: '大醉不可.' 又筆曰: '何又面色通中, 見之謹酒.' 蘭公曰: '有時與得, 色與不敢也.' 平仲曰: '詩與何, 所醉異安.' 蘭公曰: '縱春上口閣飽品之千曰: "謹與中國飽品之千何安.' | 諸人皆以小鍾, 獨於平仲, 以大椀勸之. |
| 諸人皆以小鍾, 獨於平仲, 以大椀勸之. | 平仲不辭, 一飲而盡. |
| 平仲不辭, 一飲而盡. | 起潛曰: '太速.' |
| 起潛曰: '太速.' | 余曰: '東方飲法, 自來如此, 不如中國之約謹.' |
| 余曰: '東方飲法, 自來如此, 不如中國之約謹.' | 起潛曰: '一飲而盡甚易, 能不出而吐之否?' |
| 起潛曰: '一飲而盡甚易, 能不出而吐之否?' | |
| 又曰: '我亦飮一豪, 力車不知而可惡.' | |
| 二人大笑. | |
| 時, 以大椀滿斟而進之, 起潛亦一飲而盡曰: '何如?' | 時, 以大椀滿斟而進之, 起潛亦一飲而盡曰: '何如?' |
| 余曰: '將與之角勝耶?' | 余曰: '將與之角勝耶?' |
| 起潛曰: '爲歡耳. 今日之飲, 吾生平亦不多得也.' | 起潛曰: '爲歡耳. 今日之飲, 吾生平亦不多得也.' |
| 平仲打閣于起潛之諳, 拊起潛之背曰: '吾在東方, 營其獨醉, 鮮與人飲酒樂矣. 今日與兄霍相樂, 非但吾霍之有光, 抑兄輩之勝事.' | 平仲打閣于起潛之諳, 拊起潛之背曰: '吾在東方, 營其獨醉, 鮮與人飲酒樂矣. 今日與兄霍相樂, 非但吾霍之有光, 抑兄輩之勝事.' |
| 諸人皆笑. | 諸人皆笑. |
| 平仲曰: '顧侯在坐, 令人不樂.' | 平仲曰: '顧侯在坐, 令人不樂.' |
| 力閣曰: '何謂?' | 力閣曰: '何所指耶?' |
| 平仲曰: '顧雅, 性嚴不喜飲酒.' | 平仲曰: '顧雅, 性嚴不飲酒.' |
| 力閣笑曰: '湛軒可謂時中之聖矣.' | 力閣笑曰: '湛軒可謂時中之聖矣.' |

| | | |
|---|---|---|
| 時, 諸人皆醉矣, 不必與之辯. | 時, 諸人皆醉矣, 不必與之辯. | |
| 故余亦笑曰: '聖則吾不能.' | 故余亦笑曰: '聖則吾不能.' | |
| 起潛指時中云曰: '太過.' | 起潛指時中云曰: '太過.' | |
| 又曰: '賢者任聖人之世, 其仲弓夫子之流歟.' | 又曰: '賢者任聖人之世, 其仲弓夫子之流歟.' | |
| 余亦笑而不答. | 余亦笑而不語. | |
| 平仲謂起潛曰: '俄謂吾兄與弟, 懋期相沕, 今乃大覺兄不如我也. 我則不動聲色, 而大器自來, 兄則多般威喝, 而大器之以德以政, 於此判矣. | 平仲謂起潛曰: '俄謂吾兄與弟, 懋期相沕, 今乃大覺兄不如我也. 我則不動聲色, 而大器自來, 兄則多般威喝, 而大器之以德以政, 於此判矣. | |
| 起潛曰: '如此則東國中國之羊.' | 起潛曰: '此東國中國之別也.' | |
| 起潛曰: '偶然耳.' | 平仲曰: '如此則東國中國之羊.' | |
| 平仲曰: '君子以德化人, 吾兄以威制之.' | 起潛曰: '偶然耳.' | |
| 起潛笑曰: '齊之以刑, 不如道之以德.' | 平仲曰: '君子以德化人, 吾兄以威制之.' | |
| 平仲熟視韓生曰: '懋期向好? 但豪飲耳.' | 起潛笑曰: '齊之以刑, 不如道之以德.' | |
| 韓生笑曰: '懋期向好? 但豪飲耳.' | 平仲熟視韓生曰: '觀此兄, 亦好懋期也.' | |
| 力闇曰: '若懋期不好, 則京師之人如牛毛, 弟亦不相與之矣, 而彼亦安能望見顏色奔走若渴耶?' | 韓生笑曰: '懋期向好? 但豪飲耳.' | |
| 一座皆笑. | 力闇曰: '若懋期不好, 則京師之人如牛毛, 弟亦不相與之矣, 而彼亦安能望見顏色奔走若渴耶?' | |
| | 一座皆笑. | |
| 平仲謂力闇曰: '見君之杯, 可謂翺翔于蓬嵩之間矣. 何必用管仲之禮?' | 平仲謂力闇曰: '見君之杯, 可謂翺翔于蓬嵩之間矣. 何必用管仲之禮?' | 平仲謂力闇曰: '見君之杯, 可謂翺翔于蓬嵩之間, 何必用管仲之禮.' |
| 力闇笑曰: '我子管仲, 有何愛? 愛見齊桓一口吞.' | 力闇笑曰: '我子管仲, 有何愛? 愛見齊桓一口吞.' | 力闇笑曰: '我子管仲, 有何愛? 愛見齊桓一口吞.' |
| 盖取桓公之名小白也. | 盖取桓公之名白也. | 盖取吾浩然之氣, 其為器也, 塞于天地之間. |
| 起潛曰: '我善養吾浩然之氣, 其為器也, 塞于天地之間.' | 起潛曰: '我善養吾浩然之氣, 其為器也, 塞于天地之間.' | 起潛曰: '我善養吾浩然之氣, 其為器也, 塞子天地之間.' |
| 力闇曰: '我囘只求早發, 不願晚成.' | 力闇曰: '我只求早發, 不願晚成.' | 力闇曰: '我只求早發, 不願晚成.' |
| 盖取大器晚成之語. | 盖取大器晚成之語耳. | 平仲曰: '我則能大能小, 所謂君子不器.' |
| 平仲曰: '我則能大能小, 所謂君子不器也.' | 平仲曰: '我則能大能小, 所謂君子不器也.' | 又曰: '雖無聖人語, 所謂君子不及亂.' |
| | | 仍曰: '正聲何泄泄?' |
| | | 力闇曰: '邪語向茫茫.' |

起潛曰: '狂語不須刪, 此樂可忘死. 小大亦不拘, 能器吾許汝.'

平仲曰: '所以吾不器, 君則爭大小.'

起潛曰: '大小且莫爭, 只要不亂好. 聖人學一牛, 止無量罷了.'

力闇曰: '樂極.'

平仲曰: '此樂莫爲醒者傳.'

起潛曰: '聖人惟酒無量不及亂, 卽此, 便是聖人. 此事幷不由勉强, 故云天縱.'

平仲曰: '雖無聖人語, 我本不及亂.'

又曰: '正聲何泞泞?'

力闇曰: '邪話方衮衮.'

蘭公繼曰: '酒氣實任香, 力老殊荒唐.'

時, 又以燒酒繼之.

平仲曰: '味雖至好, 而雜飮之, 則及其歸宿, 迷於稅駕矣, 幸二兄恕之也.'

諸人不聽, 强勸不已.

力闇蘭公, 十餘鍾後, 不復飮.

韓生已不勝而逃席.

椎起潛與平仲, 痛飮不已.

起潛益豪放, 平仲已闇矣.

諸人解衣盤礴, 勞若無人, 一言之發, 滿座皆笑.

起潛曰: '今日不意竟有如此快聚, 昨日之晝, 便如夢中語矣. 始信天下事不可以意逆也, 任天而動, 必有得意處, 何如?'

余笑曰: '萬事分皆定, 浮生空自忙.'

此時平仲頗不省事.

余言丁諸人, 請愛人以德, 逐輟去杯酌.

平仲曰: '樂已極矣, 更以請誨嘉言, 以畢共樂, 如何?'

(『鐵橋話』, 閒話 36)

蘭公曰: '曲終奏雅.'

平仲曰: '余亦談者, 安知其必保其終也?'

起潛曰: '所謂口頭禪.'

平仲曰: '余非口頭禪, 終不免於斯世之鄕愿耳.'

力闇曰: '鄕愿, 卽村夫別名.'

平仲曰: '鄕愿, 德之賊, 而今日不可無王霸幷用矣.'

又曰: '陸兄之字, 醉不能記, 亦可自反也, 更示也.'

起潛笑曰: '勿爲醒者傳.'

起潛曰: '子靜於尊德性居多, 朱却於道問學居多, 未意如是矣.'

蘭公曰: '儘之言德.'

起潛又曰: '陸之學, 亦有足否?'

余曰: '朱子之所畏也.'

起潛曰: '朱陸分尊德性道問學, 原未朱子後人, 務尊朱而攻陸未嘗, 必無如此門戶見解.'

又曰: '朱陸分尊德性道問學, 原未朱子後人, 務尊朱而攻陸, 必無如此門戶見解.'

余曰: '愚未見陸集, 未知其學之淺深, 不敢妄論. 惟朱子之學, 則竊以爲中正無偏, 眞是孔孟正脉. 子靜如眞有差異, 則後學之公論, 無恠其推其擯斥. 但名爲宗朱者, 多偏於問學, 終歸於訓詁末技, 反不如宗陸之用功於內, 猶有所得也. 此最可畏耳.'

起潛曰: '我不知學, 於二家之學, 亦井未深究. 但看後世宗朱宗陸, 紛紛議論, 全是血氣, 而陸之後爲陽明, 其事功炫赫, 絶非空虛之事, 而人必訊之爲禪, 其不爲禪者, 乃知無所表見, 以外之事功, 而驗中之所得, 良知亦未可盡非也. 得兄言之, 當有以反復也.'

余曰: '歸而思之, 當有以反復也.'

平仲曰: "弟則不知朱學陸學爲何如, 而惟以人孝出恭愛君如父, 爲一大公案. 大抵聖道之爲宗, 雖得其中, 而未流之失傳, 得其皮膚, 各自爲岐, 皆不能超然遠觀矣. 弟在東夷, 頗學古聖書, 自不無慨慷之意耳."

力闇始見平仲爲末陸云語曰: "金兄亦思講學耶? 恐不足當洪兄詞乐."

蓋日前, 余以平仲之誤解謹獨, 謂之大錯, 力闇盖以此歎之也.

蘭公曰: "金兄不講學, 而所言已得聖賢下手處, 虛談性命, 誠何益也?"

平仲曰: "兄安能識余不講學也? 弟則已自許到聖域矣, 舜何人? 我何人?"

一座皆大笑.

力闇指到聖域云曰: "美哉美哉."

平仲又曰: "人之善惡, 惟在一心而已. 天性, 人皆所賦也, 而一飮子爲善惡, 吾則得其善而已."

一座又笑.

力闇指推任一心云云曰: "此陸學也."

又大笑.

平仲又曰: "前言皆戲耳. 大抵人無私飮, 則百善皆明, 人有私飮, 而專以文字相掩護, 則相對未及深識, 而分手之後, 自有百世公論. 兄必後思我而無及矣, 雖無及矣, 亦奈何?"

一座又大笑.

力闇又曰: "我亦云然."

又大笑.

蘭公謂平仲曰: "金兄何不日日過我一飮?"

起潛亦曰: "明日過我飮乎?"

平仲曰: "雖飮一日百過, 何敢辭? 或不無傾貰之患耶?"

起潛曰: "又作客氣語, 公始不可與飮者."

| | | |
|---|---|---|
| 平仲曰: '弟何客氣? 終有所未妥. 若無累於吾友, 則弟何辭也?' | 平仲曰: '弟何客氣? 終有所未妥. 若無累於吾友, 則弟何辭也?' | |
| 蘭公曰: '先生若有頻來飮, 俗子相擾, 不足憂.' | 蘭公曰: '先生若有頻來飮, 俗子相擾, 不足憂.' | |
| 是時, 不仲脫帽解帶, 攘臂揮筆, 語無頭●緖. | 是時, 不仲脫帽解帶, 攘臂揮筆, 話無頭緖. | 是時, 不仲脫帽解帶, 攘臂揮筆, 話無頭緖. |
| 余果次催歸, 而反以戲言加之, 略不關聽. | 余果次催歸, 而反以戲言加之, 略不關聽. | 余果次催歸, 而反以戲言加之, 略不關聽. |
| 余以窮事關心, 默坐不能言笑. | 余以窮事關心, 默坐不能言笑. | 余以窮事關心, 默坐不能言笑. |
| 力闇曰: '純粹以精, 洪兄是也.' | 力闇曰: '此文具耳, 似不必屑屑爾.' | 力闇曰: '純粹以精, 洪兄是也.' |
| 蘭公曰: '時中之聖.' | | 蘭公曰: '時中之聖.' |
| 余皆笑而不答. | | 余皆笑而不答. |
| 起潛知余催歸, 謂余曰: '老弟太不達情, 何如是急也?' | 起潛知余催歸, 謂余曰: '老弟太不達情, 何如是急也?' | 起潛知余催歸, 謂余曰: '老弟太不達情, 何如是急也?' |
| 時, 德裕已雇車, 待于門外, 日已晚矣. | 時, 德裕已雇車, 待于門外, 日已晚矣. | 時, 德裕已雇車, 待于門外, 日已晚矣. |
| 余曰: '去未, 皆有闕由處, 且金兄醉矣, 尤難當俟後期.' | 余曰: '去未, 皆有闕由處, 且金兄醉矣, 尤難久坐.' | 余曰: '去未, 皆有闕由處, 且金兄醉矣, 尤難久坐.' |
| 余遂下炕, 着履而立, 挽不仲, 使之戴笠而出. | | |
| 不仲不省, 與起潛對卓闇草. | | |
| 余曰: '太晚. 吾輩生事可慮, 請止酬酢.' 請勿●他止●● | 余曰: '太晚. 吾輩生事可慮, 請止酬酢.' | |
| 起潛亦笑而不應. | 起潛亦笑而不應. | |
| 不得已, 與力闇蘭公, 少坐于椅上, 收拾餘飮詩稿絹畫及談草. | 不得已, 與力闇蘭公, 少坐于椅上, 收拾餘飮詩稿絹畫及談草. | 遂收餘條飮詩稿絹畫及談草. |
| 力闇指贐蘭公語, 更書一帖云云: '此事許之否?' | 力闇指贐蘭公語, 更書一帖云云: '此事許之否?' | |
| 余笑曰: '此文具耳, 似不必屑屑爾.' | 余笑曰: '此文具耳, 似不必屑屑爾.' | |
| 力闇又懇請不已. | 力闇又懇請不已. | |
| 蘭公向余有言, 余不能解聽, 乃●書卓上曰: '盛德君子.' 金●詩●, 乃●書卓等. | 蘭公向余有言, 余不能解聽, 乃書卓上曰: '盛德君子.' | 蘭公向余有言, 余未解聽, 蘭公書卓上曰: '盛德君子.' |
| 余曰: '謂誰?' | 余曰: '謂誰?' | |
| 蘭公笑而指余. | 蘭公笑而指余. | |
| 余曰: '兄輩愚弄人如倡優可乎?' | 余曰: '兄輩愚弄人如倡優可乎?' | 余曰: '兄之愚弄人如是?' |
| 蘭公掉頭曰: '不是不是.' | 蘭公掉頭曰: '不是不是.' | 蘭公掉頭曰: '不是不是.' |

| | | 乾淨衕筆談 | 乾淨衕筆談 | 其他 |
|---|---|---|---|---|
| 2/24 | 구분 | | | |
| | 又書曰: '賢者.' | | 又書曰: '賢者.' | |
| | 余又掉頭. | | 余色頗不平. | |
| | 蘭公又書曰: '然則金足狂者, 兄捐者.' | | 又書曰: '然則金足狂, 兄足捐.' | |
| | 余笑曰: '也罷了.' | | 又書曰: '也罷了.' | |
| | 兩生皆笑. | | 一座大笑. | |
| | 余扶平仲而出, 兩中又@@起體@, 與起體@亦@起體@, @中@@樓手的@, 金送于門, 又相笑❶❷ @, @❷●飮❶與@如雷. | | 余扶平仲而出, 兩君與起着, 送于門, 又相笑諧, 歡聲如雷. | |
| | 時, 店內觀者頗多, 莫不大笑. | | 時, 店內觀者頗多, 莫不大笑. | |
| | 余❷而第❷, 請❸人❷❸❷去, 扶平仲, 登車而歸. | | 余扶平仲登車, 或以歸臥, 勿與人接. | |
| | 路上戒平仲, 下車後低頭擁心, 直歸臥房, 稱病睡着. | | | |
| | 入舘, 季父與上副使, 會坐炕外. | | 余入季父炕, 適兩使會坐. | |
| | 余具告之故, 且出詩畫及副使, 皆笑異之. | | 余具告之故, 且出詩畫, 皆笑異之. | |
| | 余曰平仲先歸, 少頃忽出來, 語無倫次, 副使覺之. | | 平仲少頃出來, 語無倫次, 副使覺之. | |
| | 副使卽扶平仲, 歸卽以實狀告之. | | | |
| | 副使甚以爲非, 且責余曰: '君非愛人以德也.' | | 謂余曰: '君非愛人以德.' | |
| | 余謝曰: '誠如尊敎. 但今日之事, 實可以常理論之.' | | 余謝曰: '誠如尊敎. 但今日之事, 不可以常理論之.' | |
| | 季父與上使, 亦笑❷而解之. | | 副使還笑, 無語. | |
| | ❶❷書❷❸❷詩❷各❶, ❷❷❷❷起忘❷❷得❷(一)命器以❷贈. | | | |
| | | 二十四日, 送俘, 以花箋一束·墨五笏·扇三把與條飮. 書曰: | 二十四日. 與條飮書曰: | |
| | | 大容再拜上條飮先生足下. 客十年前, 當登科甲踐, 遇爲筝命術者, 以爲鄙運於丙戌乃大亨. 未云: '余才拙矣, 業疎矣, 且航驛扶揶, 榮途, 科甲榮途, 非余志也. 衒者言: 不堪隨世俯仰, 不受命, 不受命之命也. '運者天之命也, 不受命, 必有奇禍以反之. | 大容再拜上條飮先生足下. 客十年前, 當登科甲踐, 遇爲筝命術者, 以爲鄙運於丙戌乃大亨. 未云: '余才拙矣, 業疎矣, 且航驛扶揶, 榮途, 科甲榮途, 非余志也. 衒者言: 不堪隨世俯仰, 不受命之命也. '運者天之命也, 不受命, 必有奇禍以反之. 不 | |

然, 有大快樂事, 亦可以當之." 其雖諾諾, 而殊不以爲信然. 及其隨貢使入大中國也, 忽恩術者言大快樂事者, 非癌語也. 乃渡江以西, 山川罷廳, 風沙接天, 酒市飯店, 人物甫蠱, 且數千里馳驅之勞, 滿目悲酸, 如醉如噎, 以爲術者所謂奇禍者, 或可以當之. 及其遭逢二兄, 披肝瀝膽, 訂文丁寧, 則所謂合禍名, 亦或有可觀者焉. 復變爲快樂, 以爲左道小技, 獲拜吾儕飮食二兄, 亦足以變吾落落之氣, 呈露于盃樽談善笑. 有德有信. 於是乎變然大悟, 以爲術者之意, 果如術者之言, 斯敏. 使我沒於甲辰榮海之間, 是亦可哀也已, 曷足出頭沒於名埸臣海之間, 是亦可哀也已, 曷足爲大快樂事耶?

嗚呼, 昨日之事, 快哉樂哉, 所謂奇禍, 此可以議之矣. 所謂科甲, 從此而可以魚相忘於江湖矣. 雖然, 窮程有限, 別離之苦, 有足以腐心而裂腸, 則謂之奇禍也, 亦近之, 奈何奈何? 因此而鑄有諸焉. 頃於兩兄, 得文與詩, 將以貢飾荒廬, 下國顓生, 榮幸極矣. 但其渾儀之制, 頗費心力, 願得大匠一言, 以重其事. 今幸遇吾老兄, 當世大匠, 非老兄而誰哉?

日濫承謬愛, 昨日以一揮魘之勞, 而終孤此望也.

謹呈其記事小草, 此是在東國時草成, 其中想多全不了解處, 忙未點改, 諒之. 其亭廬之制, 頃於二兄, 略有記送, 取覽望也. 不備.

其籠水閣渾天儀記事曰:

歲己卯秋, 自錦城作瑞石之遊, 歷訪羅石塘景績子同福勿染亭下. 石塘, 南國之奇士, 隱居好古, 年已七十餘. 見其手造候鐘, 出於西土遺法, 而制作精緻, 有足以奪天功者. 余奇其才思之巧, 與之語移時, 如龍尾恒升水庫水磨之類, 靡不硏究. 倶得其妙. 終言: '幾何之術, 參以西學, 仰觀俯思, 始數歲而略有闕疑補缺, 參以西法, 不能辨功役之費以成其志云.' 成法, 家貧無力, 不能辨功役之費以成其志云.'

蓋渾天之制, 余亦嘗有意焉, 而未得其要. 陶山退翁之作, 華陽尤門之制, 皆褱瑣略, 無足啓人意. 於是喜石塘之有才, 能大其用, 而使古聖人法象, 將復傳於世焉, 遂致石塘于錦城府中, 廣費財力, 傍招巧匠, 再閱年而畧成. 但其度數, 頗有錯誤, 器物或多冗碎, 乃以己意, 捨煩就簡, 務合乾象, 又取陜鍾之制, 而頗加增損, 互激牙輪, 使之日夜隨天運轉, 各得其度, 又閱年而畢焉. 石塘之門人, 有安生處仁者, 其精思巧手, 深得石塘之學焉, 是役也, 名物度數, 槩出於石塘公之意, 而制作之巧, 多成於安生之手也.

其制爲內外兩層. 居外者, 鍊鐵爲三環相結, 如六合之制, 其平置者爲地平, 下承以十字機, 規周表二十四位及四時日道長短, 居內者, 其橫立三環, 如三辰天宿軸而貫之, 南北設軸而貫之, 其橫立一環, 表周天宿度, 是爲赤道, 別設一環, 爲三百六十五牙, 斜置儀內, 是爲黃道. 上付太陽員象, 使日移一牙, 爲一百一十四牙, 置之黃道之內, 上付太陰員象, 亦設機, 使日移四牙, 右旋二十八日强而一周天, 所以星之昏中, 月之晦朔弦望, 於是乎可考. 中置平鐵板, 刻山河捻圖, 所以象地之在中也.

內儀之外, 中北極而設一環, 爲三百五十九牙, 別設機輪於儀之北, 置小長軸, 設十五小牙輪於其端, 納于北極之環, 以奉轉之, 三辰運行之妙, 專任於是焉. 地板之外, 置一環, 周表分刻, 隨太陽而考其時, 機輪之上, 有報刻之鐘.

內儀之上, 始將以銅絲結網, 懸珠而象星宿, 則三辰之員象, 可以全備, 而以大涉玆權, 姑闕之, 別設一儀兩層, 如原制糊紙, 虛中而正圓, 中分之, 合于內儀之上而固其縫, 成鷄卵之形, 上圓周天星宿及黃赤日月之道, 其北極之環, 自轉之法, 十字之機, 皆同原儀, 此制離無日月之眞象, 而星宿度數, 粲然可考, 又原儀之所不及也.

渾儀旣成, 輸置之湖庄, 堂室臨陋, 日未可藝而污之, 乃於齋舍之南, 新鑿方沼, 引氷灌之, 中築園島, 上建小閣, 幷兩儀及新得西洋候鐘而藏之. 取老杜日月籠中鳥, 乾坤水上萍之句, 而命名共閣, 曰籠水閣. 沼有蓮有魚, 傍植松菊雜卉, 齋含茅簷竹檻, 飄然在其北, 頗有幽居勝賞云爾.

共與力闇蘭公書曰:
昨日或醉以酒, 或飽以德, 陶陶焉囂囂焉, 歸來充然如有得也. 嗚呼, 安得脫灑世故, 打破嫌疑, 長與諸兄, 擕手曳杖, 逍遙於古松流水之間哉?

陸兄書, 來時忙擾, 落在賁所, 旣未詳玩, 全不記得, 終有餘結, 幸卽披付, 如或亡失, 亦望轉懇, 更書一本以惠, 如何?

前呈空帖, 如聞得陸兄染毫則尤妙. 但此種種奉煩, 始合人波於奔命, 甚悚. 此則終未免於細心也世情也, 氣質之難化, 有如是夫. 不宣.

怀回.

篠飮答書曰:
飛頃首上湛軒老弟先生足下. 飛淪落不偶遇, 與人相稱, 自問, 百無一能, 久已無志名途. 去夏六月, 始爲師長峻迫, 朋友督告, 乃以白腹應試, 不意倖售, 此行隨例詒借, 亦並無餘橐. 何幸得遇二公, 傾倒平生, 未有之奇. 是去秋之望外, 皆爲今日萍合作緣. 天欲爲我等, 相隔數千里之人, 聯絡湊合, 至費如許經營, 天於我輩厚矣. 卽使別後, 他人單生, 不易安冀之事, 使飛比後所得之事, 他人單生, 不易安冀之事, 雖有巫祝, 必不願遭奇禍盡如此, 則甘心受之, 未識尊意然否? 八景仰鏡, 爲我繪護也. 渾儀事, 當竭力爲之, 客酌洛之, 力闇得觀大略, 渾儀事, 當竭力爲之, 客酌洛之, 力闇相委. 但間學後薄, 飛坐井中, 不足仰鏡, 旣号秋庫以應. 但間學後薄, 飛坐井中, 不足仰鏡, 製作, 不貴其荒陋可耳. 承賜多品, 謝謝. 謝謝. 昨作書, 今附穀上, 撥入足荷. 惘惘之懷, 二十六

| | | |
|---|---|---|
| | 日繪盡. 不載.<br>蘭公答書曰:<br>昨讒館後, 萬安爲念. 頃札來, 見渾儀制度, 可謂心羅列宿名. 所謂羅生, 亦復奇人. 其人未審能詩否? 如有所作, 乞示一二首, 相思稍慰.<br>如何? 廿六之期不遠, 相思稍慰. | 日繪盡. 不載.<br>蘭公答書曰:<br>昨讒館後, 萬安爲念. 頃札來, 見渾儀制度, 可謂心羅列宿名. 所謂羅生, 亦復奇人. 其人未審能詩否? 如有所作, 乞示數首, 以備記載, 如何? 廿六之期不遠, 相思稍慰. |
| | | 食後, 三行者往太學, 余與平仲, 亦隨往. |
| | | 助敎張姓, 亦浙江人也. |
| | | 副使問: '浙省解元陸飛, 何如人也?' |
| | | 張曰: '同鄕, 未曾見也. 其人善丹靑.' |
| | | 副使曰: '以丹靑著名, 則文學不甚優耶?' |
| | | 張曰: '不然. 丹靑卽其餘事耳.' |
| | 二十五日.<br>送伻. | 二十五日. |
| 2/25 | 與篠飮書曰:<br>昨承覆翰, 雙擎奉讀, 仰認至誼. 顧此非薄, 金增悚感. 五幅畫意, 漏下三皷, 雖其才高手熟, 餘力恢恢, 而數千里擾頓, 忘倦至此, 竊念其念於仁民, 誠篤懇惻, 求之古人, 亦亦罕覯. 惜乎, 如弟愚無足以當此意也. 至於相見相思之平, 抑揚反覆, 語愈深而意愈切, 以老兄之豪峻淸通, 於世情庸瑣, 宜無足以經於心者, 而獨於此, 纒綿繾綣, 擺脫不得, 此豈故爲? 實令人求其說而不得也.<br>受非常之賜於人者, 當以非常之報應之, 顧余侘傺, 將何以爲報哉? 只有中心藏之, 佩服嘉訓, 庶不爲大奸慝人, 以辱吾老兄知人之明而已. 覆翰中頭辭云云, 益見老兄所安之在彼也. 此而所樂之不在彼也. 不如足見則此雖海外陋夷, 亦何足以望風承奉, 榮其證交, 不勝鳴感. 記文, 幸此俯諾, 都在明日就叙. 不宣. | 與篠飮書曰:<br>昨承覆翰, 雙擎奉讀, 仰認至誼. 顧此非薄, 金增悚感. 五幅畫意, 漏下三皷, 雖其才高手熟, 餘力恢恢, 而數千里擾頓, 忘倦至此, 竊念其念於仁民, 誠篤懇惻, 求之古人, 亦亦罕覯. 惜乎, 如弟愚無足以當此意也. 至於相見相思之平, 抑揚反覆, 語愈深而意愈切, 以老兄之豪峻淸通, 於世情庸瑣, 宜無足以經於心者, 而獨於此, 纒綿繾綣, 擺脫不得, 此豈故爲? 實令人求其說而不得也.<br>受非常之賜於人者, 當以非常之報應之, 顧余侘傺, 將何以爲報哉? 只有中心藏之, 佩服嘉訓, 庶不爲大奸慝人, 以辱吾老兄知人之明而已. 覆翰中頭辭云云, 益見老兄所安之在彼也. 此而所樂之不在彼也. 不如足見則此雖海外陋夷, 亦何足以望風承奉, 榮其證交, 不勝鳴感. 記文, 幸此俯諾, 都在明日就叙. 不宣. |

| | | 2/26 |
|---|---|---|
| 與蘭公力闇書曰:<br>羅生儘是奇士, 志尚昭朗, 不特才思之巧而已. 特其詩文, 無一記得以傳大方, 可歎. 當其同事渾儀, 年已七十餘矣, 儀成而卽病死. 說者謂渾儀爲名之祟, 可見良工之苦心矣. 明當就叙, 都在默會.<br>伴回.<br>篠飮答書曰:<br>琴手教拜悉. 種種札尾數語, 入骨當鎸之心版, 入肯當盡矣. 知己天涯, 無以踰此. 感感. 頃承諸公厚貺, 却之不恭, 謹手跪領, 此刻緣他出, 以致久稽. 使者忽忽, 不暇酬謝, 懇各爲我致謝. 明日容當另作肅覆鳴謝. 所托渾儀記, 已有草創. 羅君當叙入, 稍志景仰也. 率覆. 不備.<br>二十六日.<br>與平仲早食, 待門開卽出, 至則篠飮力闇出迎, 皆笑容可掬, 入就坐.<br>余曰: "蘭兄何以不任?"<br>力闇曰: "他夜宿他處未還."<br>起潛卽起去.<br>力闇曰: "篠飮此文, 昨已告成. 因夜間睡不着, 復加改竄, 此刻另脫稿耳."<br>余曰: "弟等初一當起身, 再來未可必, 今日恐是長別. 潘兄如不可早歸, 豈不悵惜?"<br>力闇指指長別云云曰: "此句不忍看."<br>又曰: "潘兄原說昨日必歸, 至晚忽來覆云, 要待明日看來. 今日渠知二兄之早歸, 萬無不早歸之理, 而此刻未至, 殊爲訝異."<br>又曰: "湛軒來書, 纏綿排惻, 意味無窮, 而弟等大約塵務倥傯之時, 以致奉答之書, 多不得長, 只因俸僕在前, 立刻寫就, 卒不得一從容時候, 以盡生平之懷, 如何?" | 與蘭公力闇書曰:<br>羅生儘是奇士, 志尚昭朗, 不特才思之巧而已. 特其詩文, 無一記得以傳大方, 可歎. 當其同事渾儀, 年已七十餘矣, 儀成而卽病死. 說者謂渾儀爲名之祟, 可見良工之苦心矣. 明當就叙, 都在默會.<br><br>篠飮答書曰:<br>琴手教拜悉. 種種札尾數語, 入肯當鎸之心版, 入骨當盡矣. 知己天涯, 無以踰此. 感感. 頃承諸公厚貺, 却之不恭, 謹手跪領, 此刻緣他出, 以致久稽. 使者忽忽, 不暇酬謝, 懇各爲我致謝. 明日容當另作肅覆鳴謝. 所托渾儀記, 已有草創. 羅君當叙入, 稍志景仰也. 率覆. 不備.<br>二十六日.<br>與平仲早食, 待門開卽出, 至則篠飮力闇出迎, 皆笑容可掬, 入就坐.<br>余曰: "蘭兄何以不任?"<br>力闇曰: "他夜宿他處未還."<br>起潛卽起去.<br>力闇曰: "篠飮此文, 昨已告成. 因夜間睡不着, 復加改竄, 此刻另脫稿耳."<br>余曰: "弟等初一當起身, 再來未可必, 今日恐是長別. 潘兄如不可早歸, 豈不悵惜?"<br>力闇指指長別云云曰: "此句不忍看."<br>又曰: "潘兄原說昨日必歸, 至晚忽來覆云, 要待明日看來. 今日渠知二兄之早歸, 萬無不早歸之理, 而此刻未至, 殊爲訝異."<br>又曰: "湛軒來書, 纏綿排惻, 意味無窮, 而弟等大約塵務倥傯之時, 以致奉答之書, 多不得長, 只因俸僕在前, 立刻寫就, 卒不得一從容時候, 以盡生平之懷." | |

余曰: '甚好.'

篠飮以記草示之, 略有商確之語.

余曰: '此儀不用激水之制, 而記以水爲言, 雖若失實, 木制旣用激水, 以此說去, 亦似無妨.'

起潛曰: '然則運之若何?'

余曰: '記事中已略及之. 此卽自鳴鍾牙輪互激之制, 比激水, 甚簡要.'

起潛乃於其下, 更添數十字, 略云: '不待水而運之, 妙合天道, 執主張是云云.'

余曰: '此以記之本體言之, 則當備叙其事實及儀之機軸, 今此文大抵脫畧, 切非專以激水言, 以此終之, 似近突兀. 且言水一段, 頓失生氣, 不必添之也.'

起潛又盡去水一段, 而以牙輪云終之曰: '旣非激水, 終未免失實.'

余曰: '此等文體, 亦當有之. 且言水一段, 文氣甚健, 棄之可惜.'

起潛頷之.

余謂力闇曰: '謹訴鄙襟. 弟於兄, 欽仰非不切, 不敢爲一毫讚歎語, 乃將以友道自處也. 惟兄於弟, 多以不倫之語加之, 如兩中純粹等字, 此何等題目, 而遽以此稱之? 是兄不是相處以友, 乃以此爲眼前一玩戲之物, 此豈所望於吾兄者耶? 且騷體不滅屈宋云者, 君子樞機之發, 不當若是率爾也, 如何?'

力闇曰: '任弟眼中心中, 只覺得吾兄無一毫欠缺, 事事恰好, 故不覺以時中二字歎之, 而其實合此二字, 古未魯加于孔子, 則爲不倫矣, 而其實時中, 亦有大小, 此時吾兄事事適宜, 亦何不可謂之時中字? 屈宋云云, 此實中心之語, 樞機云云, 謹奉教.'

又曰: '水祇是習氣未除耳, 今聞命矣.'

余曰: '輖柔是闊頗, 何可以此論人? 若兄不以爲玩戲, 則是溺於人而阿所好也. 且知之過, 知之闇,

不及, 均非知己. 又有一言, 見人之好處, 只當中心藏之而已, 對論胥爲面諛, 恐淪胥爲面諛, 如何?'

力闇曰: '卽如向許金兄飮酒一事, 可謂不激不隨. 蓋吾兄自處, 則壁立千仞, 而又不強人從我, 展轉思之, 實是可愛可敬. 如弟不出于中心而爲面諛, 卽非人類矣. 若云中心類之, 則弟之淺露, 所謂不落若其口出, 而今面後, 亦不敢爲已甚之言矣.'

又曰: '老兄事事, 總有分寸, 弟不覺又要面諛.'

余曰: '不免金兄飮酒, 弟實愧不能愛人以德. 兄言如是, 豈不及易地而思之乎?'

余謂力闇曰: '蘭兄爲人甚可愛. 但其人少壽法. 好色甚, 兄有隨事提掇, 勿令至浪蕩也.'

力闇曰: '誠如兄言. 目其擧止, 飄忽可慨.'

又曰: '前兄一長札, 淋漓感慨, 借爲潘兄所藏, 不得時時捧讀. 悲哉, 相逢如此好人, 不得長聚.'

頃之, 蘭公始歸.

'官人扶余上炕曰: '外國貴客, 何可如此?'
余謝不敢起而坐.
官人與起簪, 坐于北壁, 對炕相與語.
蘭公問曰: '兩日來起居如何? 二兄眠食極勝否?'
余答曰: '都好.'
余問力闇曰: '那一位老爺誰也?'
力闇曰: '此蘭公繼父戶部筆帖式.'
余曰: '繼父, 東俗無此稱, 未知何意.'
又曰: '中國謂之拜乾.'
蘭公見之微笑而不以爲怪曰: '此弟之父執, 姓巴滿洲人.

力闇笑曰: '陳良之徒陳公相, 今之蘭公也.'

蘭公亦笑.

余曰: 浙東與浙江異耶?

力闇曰: '中隔錢塘江, 浙西之人文秀, 浙東之人剛厚.'

余曰: 威將軍防倭處, 是浙東耶?

力闇曰: '此浙西寧波, 對海面, 卽嘉興之乍浦. 其時有湖宗憲督師.'

余曰: 萬曆東征, 專賴浙兵.'

飯至, 置大卓子炕下, 各以椅子環坐而吃之.

余與不仲, 同奠一椀而餕.

巴姓起至炕前, 披見吾輩筆談.

力闇以繼父云云及萬曆東征云云所書者, 藏去不使之見.

巴又別去, 三人皆送之門.

起潛見力闇語此俗極鄙云云, 塗抹之曰 '恐其人見之, 難以爲楷.'

起潛謂平仲曰: '日前醉得如何?'

平仲曰: '不禁逸興, 大醉而歸, 獲罪於大人. 今若復飮, 是永作戒法之人. 今日幸勿勸我一杯酒.'

力闇曰: '不可不飮. 但弟等已立定限制, 決不多勸, 老兄致醉可耳. 只許用管仲之器.'

余曰: '亦必以三觴爲限.'

力闇笑之.

又曰: '或五六杯.'

平仲曰: '奈何萬里之外, 逢此三友, 不能擔萬一之憂, 而今將分手, 永作平生之別, 此將奈何?'

時, 有一人送書來.

| | | |
|---|---|---|
| | 力闇見之, 示吾崋曰: '一介侄兒, 解餉末京, 他是兩淮鹽運司經歷雇使, 卽裁答以送.' 平仲見之噴噴曰: '兄之札翰, 絶世之寶也.' 力闇曰: '摠恨所書未盡所僕.' 平仲曰: '太學助敎張元觀先生知之乎?' 皆曰: '不知.' 力闇曰: '何時相識者?' 平仲曰: '大人爲見太學, 弟亦陪去, 仍相逢.' 力闇曰: '不期而會耶?' 平仲曰: '弟昨日爲見此人而去, 洪兄再昨見, 弟昨見.' 力闇曰: '然則洪兄, 何以前日去?' 平仲曰: '亦浙江溫州人.' 力闇曰: '宜其不知也. 弊省十一府, 杭·嘉興·湖州·寧波·紹興·金華·衢州·嚴州·溫州·台州·處州. 杭·嘉湖, 謂之下三府, 其地多秀民. 寧紹等, 謂之上八府, 其地多山, 風俗椎魯. 今則寧紹, 亦多人物, 而其餘六府, 則人物少矣. 今則謂之上六府云.' 蘭公曰: '杭州且無人物, 何論他方?' 擲筆冷笑而去. 蘭公曰: '昨在北城, 聞國朝大冠之制, 謹以奉示. 太宗文皇帝時, 有儒臣巴克什達海庫爾鏡, 奏請從漢人之制, 太宗諭曰: 衣大神, 非胖不納諫, 試爲比喩, 如遇漢習, 寬衣大袖, 將待人割肉而後食乎? 如遇勇土, 立着不回頭, 上陣不動搖, 諸事便怠習, 少淳朴, 失禮度, 子孫當畫念之. 是以我朝聖聖相傳, 不效漢人衣制也.' 余曰: '巴克什達海庫爾鏡, 三人名耶?' 蘭公曰: '巴克什, 此云大儒, 滿語稱大儒曰巴克什. 達海庫爾鏡, 二人名. 達海稱神人, 此作滿洲字者, 年二十一早死.' | 力闇曰: '弊省十一府, 杭·嘉興·湖州·寧波·紹興·金華·衢州·嚴州·溫州·台州·處州. 杭·嘉湖, 謂之下三府, 其地多秀民. 寧紹等, 謂之上八府, 其地多山, 風俗椎魯. 今則寧紹, 亦多人物, 而其餘六府, 則人物少矣. 今則謂之上六府.' (『鐵橋話』, 閒話 37) | |

余曰: '今日泛論二人之見何如?'

蘭公曰: '司馬公改新法可見. 且此爲國家長久計, 無奈何矣.'

余曰: '義理不如是. 且朝聞道夕死可矣.'

蘭公見卽裂破之, 少頃, 曰: '朝聞道一語, 解頤復捧心也.'

又曰: '俄書太冠事, 此實鐵中語.

余曰: '舜, 東夷之人也. 文王, 西夷之人也. 王侯將相, 寧有種乎? 苟可以奉天時而安斷民, 此天下之義主也. 本朝入關以後, 卽不流敗, 到今百有餘年, 其治道可謂盛矣. 惟體樂名物, 一邊充王之舊, 則天下何論之, 庶可以無憾, 亦可以有辭於後世矣. 兄如以作官, 此箇義理, 上告下布, 申明二人之言, 以卒天下, 吾輩與有榮矣.'

蘭公思爲人而沒世矣.'

余曰: '看兄有達像, 故弟於膾言, 已及此意. 三代禮樂, 卽二人之言也, 或已見詠否?'

蘭公曰: '恐言之無金.'

余曰: '爲吾之所當爲而已, 成敗非所論也.'

蘭公曰: '不敢忘. 然未必爲官也.'

蘭公又曰: '館中可以去瓷別否?'

余曰: '此事商量水多矣, 終恐於兄輩有妨, 故不敢請耳.'

蘭公曰: '前日可一去, 何以此後便不可再去那? 初一, 弟輩有俗事, 不能出那外, 故深恨作此問耳.'

余曰: '非不欲奉邃, 亦或有道, 拘於衙門, 所以不敢復爲此計也.'

又曰: '弟輩再去相別, 亦或有道, 大人以耳目之故, 決不可去別, 皆深致根怨, 尤以未見陸文爲深恨耳.'

平仲曰: '廿九, 大擬發行, 洪兄初一之言, 未及知之耳.'

余曰: "二十九, 是頒宴之日, 方欲宴後即發, 而未可必耳."

蘭公曰: "俗事可奈何?"

余曰: "兄輩出郭, 不以爲妨耶?"

蘭公曰: "初一則勢必不能, 二十九或可耳."

力闇曰: "初一, 我等之座師錢大人, 傳諭于是日, 黎明齊集, 率頭同人, 謁見大老師, 此亦舊例. 所謂大老師者, 老師之老師也."

余曰: "錢大人誰也?"

力闇曰: "錢大昕, 日講起居注, '官翰林侍講學士."

平仲曰: "無論初一與二十九, 我等今日相別, 乃永訣也."

力闇卽蹙掉頭而途抹永訣二字.

平仲曰: "非伯弟輩, 金大人必欲更逢三兄, 今早欲往崇文塔下, 與三友相逢敍話, 先送弟告此意. 若蒙肯可, 忽走佈以相報爲計矣. 今日風勢不佳, 且未知兄輩之意, 未免中止."

力闇曰: "金大人僑寓何處?"

蘭公曰: "崇文塔在何處?"

平仲曰: "在天壇之東, 距此不遠."

蘭公曰: "看人多則不妨, 弟輩水作者看, 如何?"

平仲曰: "異國之人到處, 觀者如堵耳."

蘭公笑曰: "如觀聖人然."

力闇曰: "二十九日, 旣是賜宴, 則所餘者只兩日耳, 不知何時可以行之."

平仲曰: "若知兄輩不以爲難, 則明日亦可耳."

力闇曰: "若丁早晨, 紉往會面, 則以多少時候爲期."

余曰: "此事講後, 當商量奉聞耳."

起潛曰: '近日鄕人來者甚多, 俗事爲劇則甚忙, 恐今日之叙, 不可再得. 至於出郊之遊, 甚得耳目. 且旣不得一語, 亦何必爲之? 今日若得一見洪永訣, 卽今日作永訣, 不必遲疑.'

又曰: '今日之事, 飮行卽行.'

平仲曰: '今日則風勢如此, 大人輩不得出耳.'

平仲謂力闇曰: '養虛記多酒字, 改之則幸矣.'

力闇曰: '此刻憒因多冗, 片刻不得寧靜, 容於晚儉暇, 卽當改耳.'

平仲曰: '弟行在二十九日, 其前能有隙耶?'

力闇曰: '此日事務猥多, 同鄕人陸續都到, 可謂紛紛應酬煩擾之極. 貧子夜間枕上, 才得搆思, 竟過酒字處, 盡去之耶?'

平仲曰: '何必盡獻? 但在卽今飮酒之酒字, 可也.'

力闇曰: '當如敎. 但其中有一句云, 猶時持耀洪君之或未見之也. 此句極得意, 刪去可惜.'

平仲曰: '不顧洪友之德, 雖可惜, 其句弟之酒字, 不限有傷於歸後耶?'

蘭公曰: '二兄如爲東朝上相, 先勸腸大舖.'

又曰: '酒本暢懷, 而旣冒邦禁, 又拘友嗔, 飮暢而深苦.'

平仲笑曰: '如是首尾之畏, 而業塔不能斷去, 名敎中自有樂地云名, 果是眞言. 然而今當好酒場, 無遂扶活林, 則雖施恩欲使節飮, 在武行者之無三不過望, 干載酒令, 亦誰禁之? 今將永別矣, 吾四人不可無詩, 而洪兄之無詩, 必欲終日打話. 然則談話之間, 亦以詩乎?'

力闇曰: '詩與話原不兩妨, 一面作詩, 一面談話.'

起潛曰: '能者並行不妨, 不能者, 詩則不談, 談則不詩.'

平仲曰: '今將永別, 吾四人不可無詩, 而洪兄必欲終日打話. 然則談話之間, 亦以詩乎?'

力闇曰: '詩與話原不兩妨, 一面作詩, 一面談話.'

起潛曰: '能者並行不妨, 不能者, 詩則不談, 談則不詩.'

平仲謂力闇曰: '先出題.'

力闇曰: '城南禹盧話別, 分韻如何?'

平仲曰: '洪友見識超邁, 而故不作詩可憎, 罰之如何?'

力闇曰: '將何罰之?'

余笑曰: '請行遣于東海上.'

皆大笑.

力闇謂平仲曰: '覓韻先成, 而弟等奉次, 如何?'

平仲曰: '兄飮歸弟於極愚妄, 何也?'

力闇曰: '然則如何分韻?'

平仲曰: '如向日例, 四人各出一韻.'

力闇曰: '請書一字.'

平仲書行字, 起潛書坡字.

力闇書鑾字曰: '五律耶?'

平仲曰: '若洪兄呼之, 則可成七律, 而洪兄之意, 姑未可知.'

余曰: '人各有短長, 使弟談經論學, 則或有寸長, 可以奉陪終日, 詩則實不能也. 顧諸君, 何必強之以其所短耶?'

又曰: '不飮酒, 不作詩, 弟之平生所恨, 而於今日則尤甚焉. 天下無詩與酒則已, 旣有詩與酒, 則遇今日之會, 不飮今日之酒, 不作今日之詩, 是成何等頑蠢耶?'

諸人皆笑.

又曰: '詩者, 誠人事之不可闕者. 如伊川之不作詩, 恐亦大拘, 不若朱子之地負海涵也. 況無伊川之德, 而又欲之而不能者耶?'

蘭公曰: '兄乃不作詩, 不必多言.'

余曰: '頃敎小序云云, 略有奉答, 而詩令方嚴, 恐作殺風景.'

諸人皆笑.

蘭公曰: '小序亦詩事.'

余曰: '朱不嫺於文字, 所答太涉支離. 且遣辭之際, 頗有觸犯. 然亦貧問之, 不得不爾.'

起潛曰: '辨名必求其明.'

余乃出而示之.

起潛與諸人讀之. 曰:

陽明, 間世豪傑之士也. 愚嘗讀其書, 心服其人, 以爲九原可作. 必爲之執鞭矣. 其良知之學, 亦足窮高極深, 卓有實得, 非後世能言之士所可彷彿也. 曰陽明, 何嘗無道問學之功哉? 求道而不道學問, 是日不識丁者, 靜坐瞑心, 可以爲聖爲賢, 豈有是理? 貴陽明以事專德性, 亦非原情定罪之論矣. 惟其言太高功太簡, 可望而不可親. 憺自喜, 皷弄光景, 怳惚如空中之樓閣, 可喜而不可學.

其末流之弊, 必將好逕欲速, 倒行逆施, 淪胥爲慈嶺, 而不自覺也. 若其事功之炫赫, 乃其實有得之餘波.

雖然, 此何足爲陽明之能事? 陽明平日與門人言, 未嘗不斥藩事. 其微意可見. 今若以此而爭陽明, 則使陽明有知, 恐不許之以我也. 曰謂: 人必武之爲禪, 而其不爲禪者, 乃絕無表見云, 則陽明以後, 名爲朱學. 其謂之能實見得而明庶物者, 恐無陽明之對手. 若以事功而言, 則後世儒者, 多窮而獨善. 雖有才具, 將安所施乎? 曰義理, 人人得而言之, 但問其言之是非可也. 其人之淺深, 不必論也. 如孔門五尺之童, 羞稱五霸, 豈其五尺之童, 皆似五霸耶?

以詩註爲非而成於朱子, 則此其於詩義之得失, 其文辭辨理, 明白渾融, 如禹之治水, 行其所無事者, 未知朱子以後有可以爲此者乎? 曰潛籍師名, 以售己書, 此其惡甚於穿窬, 朱門末學, 大義雖乖,

子, 卽當世之大儒也. 其經書集註, 非推及門者知之, 天下讀書者, 家傳而世守之, 其昭昭乎有目共矣. 設有奸鬼之輩, 雖欲忘托而欺世, 其可得乎? 此則必不然之理也. 如果以詩註爲非, 則直斥之朱子之誤解, 豈非光明直截乎? 何必掩瓦苟且, 陽扶陰抑, 先病我心術耶?

馬端臨書, 未曾見之, 不敢爲說, 而以朱子駁小序爲非尊經, 則凡於諸註, 皆可云然, 何獨小序耶? 且朱子旣以奮說爲非, 則只目成一說, 思以曉世而傳後而已, 其奮說亦未嘗炎之裂之, 以售己說之行于世, 則傳信傳疑之公義, 於朱子, 有何所損乎?

小序之去古未遠, 似有所本, 愚見始亦如是. 及其得小序而讀之, 則適見其附會穿鑿, 全沒意義, 然後乃以爲朱子之功, 於詩最爲大也. 此則彼此皆先入, 雖欲合己從人, 不可取必於立談之間也.

聲淫非詩淫, 昔人之辨, 亦未嘗見. 但其俗經則其聲淫, 其聲淫則其詩亦淫矣, 此必然之理也. 況古所謂詩者, 皆詞曲也, 彼之管弦, 合奏而齊唱, 則聲與詩之分而二之, 恐亦未安.

若謂夫子刪詩, 詩不可引以爲說. 如春秋經世之書, 夫子說也, 而亦善惡恶存. 中有主而善觀之, 則何莫非教也. 日國風十五, 淫詩過半, 雖如小序之强爲之說, 終恐說不去也.

伯叔君子與狂童狂且, 一例無別云, 則恐此爲淫詩之證. 其謔浪笑傲抑揚調戲之狀, 眞箇有聲畫也.

野有死麕, 明是淫辭. 愚鶖嘗疑集註之近於附會, 正與尊意不謀而同矣. 但鄭風, 變風也, 猶不可以參以於悄悄冥冥, 正風也? 尊說乃此之於悄悄冥冥, 而闕以名南, 其爲朱註之誤則得矣, 其於夫子刪詩之義, 何哉?

葛覃章云, 三句一句, 吾東水如是看. 但以黃鳥之鳴于其上, 而不覺大笑, 則豈以其字作戛葉看耶? 集丁灌木, 經文自在, 若以爲鳴於葛葉之上, 則童子亦知其非矣。朱子雖有誤解, 豈其背經若是之甚乎? 鄙見則莫葉施之, 而灌木爲高, 鳴丁葛葉之上乎? 且此詩, 既以葛爲主, 故解之如此, 此等處, 不以辭害義, 而活看之, 可矣。

裴裕仲韻, 東國字學無傳, 愚亦未解, 不敢强爲之說。以經中苦切多誤, 謂之晩年未定之論, 則此實不易之言。但決之以門人手筆, 則不敢聞命, 已有前說矣。

無一語之敢議云云, 此繼愿字云也, 朱子之畞也。過失二字, 亦其太恕矣。但古人云, 不敢自信而信其師, 亦不可邊以已意作爲鐵板, 而實斥其說, 不少顧藉也。

其多云未詳, 略添虛字云云, 鄙見則多云未詳, 乃朱註之不可及處。夫生乎數百年之後, 而解千數百年之書, 欲其句句無疑, 得乎? 此雖以同公之才藝, 孔子之天縱, 必不可及矣。與其强解而附會, 曷若傳疑而歸之未詳乎? 此則盛見恐誤矣。若以略添虛字爲非, 則註中釋興詩, 多以矣字二字, 點經說去, 豈非謂此等處耶? 愚則嘗以此爲朱子之善於註釋, 而仰而歎之, 人見之不同, 類如此矣。孔子非善於釋經者乎? 其於蒸民詩曰, 有物必有則, 民之秉彝也, 故好是懿德。試看此釋, 有何實字乎? 添一二虛字, 其義亦有不明者乎?

詩註之疑誤, 於鄙見, 亦不勝其多。且於大旨, 直斷以爲朱人作者, 亦不敢信得及矣。但依其言而讀之, 於文甚順, 於義無害, 則亦無聊以諷誦之。慈感之, 要益於已而已。如是則直謂之朱子詩, 可矣。其於詩人之本義, 或得或失, 則愚誠駑外之, 而不論, 亦可矣。惟於小序, 何矣非善, 爲朱子之釋經。爲其最得意處, 而推易之斷以爲占, 詩之端去小序, 及聞兄輩之論, 不覺爽然而自失矣。

| | | |
|---|---|---|
| 看畢. | 看畢. | |
| 蘭公曰: '小序, 原不可廢. 若以詩註, 謂非門人手筆, 則欲護朱子, 而反以累朱子也.' | 蘭公曰: '小序, 原不可廢. 若以詩註, 謂非門人手筆, 則欲護朱子, 而反以累朱子也.' | |
| 余笑而不答. | 余笑而不答. | |
| 力闇見蘭公話卽曰: '童子佩觿, 小序謂譏衛惠公之詩, 朱子非之, 何也?' | 力闇曰: '童子佩觿, 小序謂譏衛惠公之詩, 朱子非之, 何也?' | 時, 蘭公言小序不可廢.<br>力闇曰: '童子佩觿, 小序謂譏衛惠公之詩, 朱子非之, 何也?'<br>(『鐵橋話』, 實話 15) |
| 又曰: '辨語甚當. 椎小序事, 不敢苟同.'[力闇持余書, 走炕下大草, 與起潛聚首讀之, 任任擎卓高聲, 喜色溢發, 幾至手舞足蹈. 蘭公從背後, 胡亂讀之, 疾来'作此語, 佩觿謊之, 蘭公亦歡笑, 無幾微色.] | 又曰: '辨語甚當. 椎小序事, 不敢苟同.' | |
| 余曰: '何可苟同也? 但彼此虚心更詳之, 可也. 椎尊經學古之義, 宜汲汲乎其大同也, 至於文義之出入, 雖終身不合, 亦何傷乎? 言言而求其合, 事事而求其同, 友道之大病, 而交道之不能保其終也.' | 余曰: '何可苟同也? 但彼此虚心更詳之, 可也. 椎尊經學古之義, 宜汲汲乎其大同也, 至於文義之出入, 雖終身不合, 亦何傷乎? 言言而求其合, 事事而求其同, 友道之大病, 而交道之不能保其終也.' | |
| 力闇蹉甚. | 力闇蹉甚. | |
| | 此時, 酬酢頗多, 而皆不能記. | |
| | 起潛任椅上, 方草語. | |
| | 余曰: '日暮道遠, 此事本難齊一, 姑合之如何?' | |
| | 力闇傳語于起潛. | |
| | 起潛曰: '少待之, 當略略奉答.' | |
| | 是時, 韓生入來而大醉, 一手持錢, 一手:'自琉璃廠買眼鏡而来.' | |
| | 擧止甚鄙俚, 見余論小序語, 任任以手指打圈曰: '好好.' | |
| | 實則全無頭緒, 諸人顯有苦之之色. | |
| | 韓生謂余曰: '願得尊筆法, 塵壁萬慕. 雖然, 先賜尊筆, 得以歸诸鄙邦.' | |
| | 余笑曰: '某不善書.' | |
| | 韓生笑曰: '某是筆也, 無以應命, 奈何?' | |

| | |
|---|---|
| | 余曰: '弟則善書耶?' |
| | 韓生大笑, 力闇亦笑, 韓生卽走出. |
| | 蘭公曰: '快哉快哉.' |
| | 余曰: '話不好, 何必爾爾?' |
| | 力闇曰: '此亦吾徒也, 不必與之繾綣.' |
| 起潛曰: | 起潛書畢示之, 余讀之曰: |
| '論陽明先生極是. 以朱子詩註, 不必附會出自門人, 亦極是. 事只論是非. 若朱子可非, 果其不是, 必不力護其說. 且無煩強爲解嘲, 歸過門人, 心術一言, 尤極正大, 心服心服. 至於詩註, 只就白文, 增一二字, 說詩本有此法, 引孟子蒸民云云, 亦極確. 其切韻一段, 亦無關理, 要不足爲朱子輕重, 不辨可也. 惟綾小序一節, 則于心實有不安, 不敢闇欸. 鄙意以舒而兒兒等話, 譬之悄悄冥冥潛潛等字, 不過是欲明說詩之道, 不以文害辭之意. 原非以此等語, 有涉淫褻也. 狂目狡童, 人皆知其非美名, 而君子云之, 則非美惡混稱. 出之他國則正, 出之鄭人卽淫, 必無此理. 且當日七子賦詩, 鷄鳴蔓草, 公然施之讌會, 不幾於自述其本國之惡俗, 而宣揚其醜乎? 至於淫奔如鴉奔, 則伯有末床笫之讒, 可見淫是有淫詩, 不可一例也. 惟有小序, 始覺當日所指何人, 所指何事, 雖不必一一盡確, 而傳信傳疑, 何可得一二. 如朱子之註鄭詩, 一則曰淫婦, 再則曰淫婦, 直可一筆寫去, 則古人說詩, 其他正風, 此好賢之詩, 此忠臣之詩, 此孝子之詩, 此好賢之詩, 其亦大易忽矣. 摠之小序不當廢, 其亦甚多, 正不必爲朱子護也.' | '論陽明先生極是. 以朱子詩註, 不必附會出自門人, 亦極是. 事只論是非. 若朱子可非, 果其不是, 必不力護其說. 且無煩強爲解嘲, 歸過門人, 心術一言, 尤極正大, 心服心服. 至於詩註, 只就白文, 增一二字, 說詩本有此法, 引孟子蒸民云云, 亦極確. 其切韻一段, 亦無關理, 要不足爲朱子輕重, 不辨可也. 惟綾小序一節, 則于心實有不安, 不敢闇欸. 鄙意以舒而兒兒等話, 譬之悄悄冥冥潛潛等字, 不過是欲明說詩之道, 不以文害辭之意. 原非以此等語, 有涉淫褻也. 狂目狡童, 人皆知其非美名, 而君子云之, 則非美惡混稱. 出之他國則正, 出之鄭人卽淫, 必無此理. 且當日七子賦詩, 鷄鳴蔓草, 公然施之讌會, 不幾於自述其本國之惡俗, 而宣揚其醜乎? 至於淫奔如鴉奔, 則伯有末床笫之讒, 可見淫是有淫詩, 不可一例也. 惟有小序, 始覺當日所指何人, 所指何事, 雖不必一一盡確, 而傳信傳疑, 何可得一二. 如朱子之註鄭詩, 一則曰淫婦, 再則曰淫婦, 直可一筆寫去, 則古人說詩, 其他正風, 此好賢之詩, 此忠臣之詩, 此孝子之詩, 此好賢之詩, 其亦大易忽矣. 摠之小序不當廢, 其亦甚多, 正不必爲朱子護也.' |
| | 余曰: '東國, 知止有朱註, 未知其他. 弟之所陳, 亦豈敢自以爲不易之論耶? 至於小序, 一讀而棄之, 不復精究, 當於歸後, 更熟看之, 如有新得, 謹當筆之於書, 以俟反覆也.' |
| | 諸人皆有喜色. |

起潛曰: "我等亦當再細玩. 朱注淫婦等語, 亦不必細玩, 恐涉率爾."

余曰: "大抵看書, 最患先入爲主, 所以終身無覺悟之時, 此弟之所深以爲戒. 願諸兄, 亦於此加意焉."

起潛問國朝末入關時東方被兵事蹟.

余別以小紙, 書前後大槩, 幷及淸陰三學士李土龍事而示之.

諸人看畢, 皆欿然無語.

余卽裂去其紙, 蘭公卽以三學士姓名, 藏之篋中.

余問九王及龍馬二將事, 皆全然不知.

曰: "距京絕遠, 國初事皆不得知."

余笑曰: "反不如吾輩也."

諸人皆笑.

蓋實不知也, 非諱之也.

此時, 亦多酬酢, 而隨書隨裂, 故不能記.

蓋見余之脣鋒明氣色, 頗以爲難便, 此則其勢亦然矣.

此時, 蘭公以小紙書示, 隨卽呑而嚼之.

蓋首尾酬酢, 太半蘭公之語, 力閣只傍觀而已.

終曰: "好嚼字紙, 亦一罪過, 何如? 少書此等言之爲妙."

謂余曰: "東國亦講敬惜字紙那?"

余曰: "何物不可惜費, 況字紙是物之重者乎?"

力闇曰: "此間以狼籍字紙, 必遭天譴, 非愛惜之也."

余謂起潛曰: "老兄草堂閑居, 恒有何業?"

起潛曰: "筆耕心織."

余曰: "語簡而太奇."

起潛曰: "只有鳳城邊門人, 於交界處, 一年兩次貿易, 又築古塔近地人, 一水東國北邊交易, 比外無之.

起潛曰: "除我國京師寄書外, 尚有別處, 或客商可寄書否?"

余曰: "他處無通商之路, 只有登萊來蘇杭福建商舶, 早晚如遇杭居, 或有漂到, 當詳問其居住. 或是相近, 則可以寄書, 而何可必也?"

諸人皆笑.

此時, 平仲做出一篇文, 以贈諸人, 大意以驕字爲戒.

諸人見畢, 起潛曰: "不講學人員道學, 語語切實精確, 當奉作玉律金科. 但以我爲德人, 大謬, 是欲啓我以驕也."

平仲曰: "起潛成德之語, 實非大謬, 豈有起潛而驕人者哉? 然覽此言, 亦或不能無助也."

力闇曰: "金兄動輒豪遵之人, 而深心涉世之語, 復如此周到懇切, 賢者真不可測."

蘭公書于力闇語下曰: "成德之語."

即途抹之.

力闇曰: "蘭公多多客氣未除, 故其語亦廓落者多耳."

蘭公曰: "僕極真率, 乃云多客氣, 公真不知我者."

力闇曰: "真率人, 或不無客氣, 自古已然."

歸館, 復書慧三紙, 萬勿遺忘.

平仲曰: "旣已領會, 何必更書?"

力闇曰: "一時領會, 久亦易忘, 不若時時得睹手蹟之爲佳也."

平仲曰: "人雖至愚, 責人則明, 弟自顧其身, 無非爲病, 而言人之過, 則揚眉吐氣, 若使知弟之病, 人, 極可笑, 亦可砭也."

| | |
|---|---|
| | 蘭公曰: '教弟勤懲, 眞是良藥. 至於吾兄, 無他可議處, 惟是邊幅, 宜略修耳.' |
| | 力闇曰: '弟無可效忠于吾老兄, 惟稍靜細爲佳, 大抵豪爽人, 多踈忽.' |
| | 蘭公曰: '驕人乃不敢. 然輕忽人, 誠有之, 聞敎後, 當痛改也.' |
| | 此時, 陳肴果又進酒. |
| | 平仲略辭之, 連飮數杯, 余頗責其意, 諸人難不解其語, 皆會其意而笑. |
| | 起潛笑曰: '金兄不堪洪兄詞斥, 其嫵媚之態, 極可愛.' |
| | 起潛又曰: '此所以爲吾兄也.' |
| | 余曰: '酒債尤物.' |
| | 起潛曰: '飮食男女, 聖人不禁.' |
| | 余曰: '金兄來時, 約以不飮爲期, 到此, 不禁其嗜性, 所以謂之尤物. 他前日幾至生事, 切勿更勸也.' |
| | 起潛笑曰: '酒是先生饌, 女爲君子儒.' |
| | 時, 蘭公脫上衣, 盥漱于前, 服飾極其鮮華, 深洗極其修潔. |
| | 余謂蘭公曰: '兄多婦人嫵媚之態, 少丈豪品落之氣, 有另戒之.' |
| | 蘭公曰: '誠如君言.' |
| | 余曰: '兄前日多作好色語, 頃已奉效, 然實欽其難.' |
| | 蘭公曰: '生不未嘗二色, 然敢以爲難.' |
| | 余曰: '孰不以爲難? 只用心於寡之又寡而已.' |
| | 平仲曰: '弟嘗言人慾之至莫與至哀, 雖明君嚴父, 所可勸沮. 人之好色, 非由人之獨不知取, 難可靜而得之矣. 只知好色之必死, 捨非外人之所可勸沮也.' |
| | 蘭公大笑曰: '妙論. 好色者, 死且不畏, 況其他乎?' |

| | |
|---|---|
| | 平仲曰: '直或蘭也, 善說蘭也, 如是而志固, 則可到聖域矣.' |
| | 蘭公曰: '得二兄之敎, 如五更之鐘, 夢者欲覺也.' |
| | 平仲曰: '月落星微放五鼓聲, 春風搖蕩門前柳之時, 亦覺得耶?' |
| | 蘭公大笑, 打闔于春風之句曰: '奈何?' |
| 蘭公曰: '血氣未定, 情欲失宜, 此最是病. 幸不素未嘗有所遇耳. 此後益當戒之, 然難自信也.' | 又曰: '人道無他說, 惟嘗聞過而能改之者, 終得之, 自足已見, 其歸於小人而已.' |
| 余曰: '人道無他說, 惟嘗聞過而能改之者, 終得之, 自足已見, 其歸於小人而已.' | 余曰: '極是.' |
| 蘭公曰: '極是.' | 蘭公曰: '爲此言者, 亦其聞過也, 其心之善, 終不若聞譽之樂, 恐我亦終不免爲小人也.' |
| 余曰: '爲此言者, 亦其聞過也, 其心之善, 終不若聞譽之樂, 恐我亦終不免爲小人也.' | 蘭公曰: '此切實爲己之學之語, 兄見不可及也. 弟好人譽而聞過亦凜然, 但少頃卽忘, 此最大病.' |
| 蘭公曰: '此切實爲己之學之語, 兄見不可及也. 弟好人譽而聞過亦凜然, 但少頃卽忘, 此最大病.' | 余曰: '此眞切內省之語矣.' |
| 余曰: '此眞切內省之語.' | |
| 蘭公曰: '弟生平無他過惡, 便是慢易人, 擧動輕忽, 及好色耳. 聞敎復當痛, 自改悔也, 好色大難.' | |
| 余曰: '難則難矣, 任之則當信難?' | |
| 蘭公曰: '任則何敢? 制則信難.' | |
| 力闇曰: '弟則有一病, 達心而憍. 有所惡于人, 微諷之而使之自悟也, 不悟則使矣. 有所欲于人, 微露之而使之自解也, 不解則使矣. 處于胸中, 自生荊棘, 而彼方泄泄然, 處于無事之天也, 苦極苦極. 以此思君子擧動, 固不貴于激烈, 亦無取于蓄縮也. 此將以何術救之?' | 力闇曰: '弟則有一病, 達心而憍. 有所惡于人, 微諷之而使之自悟也, 不悟則使矣. 有所欲于人, 微露之而使之自解也, 不解則使矣. 處于胸中, 自生荊棘, 而彼方泄泄然, 處于無事之天也, 苦極苦極. 以此思君子擧動, 固不貴于激烈, 亦無取于蓄縮也. 此將以何術救之?' |
| 余曰: '只易懇懇二字, 改以兩己字, 如何? 窮自厚而薄責於人, 無住而不自得焉.' | 余曰: '只易懇懇二字, 改以兩己字, 如何? 窮自厚而薄責於人, 無住而不自得焉.' |
| 力闇卽以兩己字改書而甚喜曰: '學必講而後明, 安得吾湛軒者, 朝夕爲之監史哉? 今當終古不 | 力闇卽以兩己字改書而甚喜曰: '學必講而後明, 安得吾湛軒者, 朝夕爲之監史哉? 今當終 |

| | 復見之, 爲之一慟.' | 古不復見之, 爲之一慟.'<br>(『鐵橋話』, 『實話 16) |
|---|---|---|
| 復見之, 爲之一慟.' | 平仲曰: '舅去後, 局於偏邦, 僚僚無開懷處, 不如不逢數鐵橋.'<br>蘭公笑曰: '不逢潘蘭公, 如何?'<br>平仲曰: '蘭公崇懷, 坦蕩貢率, 超世之士也. 獨擧閣兄, 無乃年記之居中於陸潘兩閒耶?'<br>蘭公笑曰: '戱之耳.'<br>又曰: '金兄歸後, 當作何事?'<br>平仲曰: '自當作擧業而已.'<br>蘭公曰: '尙應作擧耶? 可以不仕否? 家不貧否?'<br>平仲曰: '不仕者, 豈作擧業? 不貧者, 又豈有白首應擧者耶?'<br>力闇曰: '苦極.'<br>蘭公曰: '令郞若干年?'<br>平仲曰: '無矣.'<br>力闇曰: '老嫂年若干?'<br>平仲曰: '卯盆.'<br>力闇曰: '太苦極.'<br>平仲曰: '有妄.'<br>力闇曰: '然則不貧.'<br>余笑曰: '金兄兩無佳人.'<br>蘭公曰: '致窮之由.'<br>余曰: '非也. 欲以免窮, 而終不免.'<br>平仲曰: '苦極之話, 於我太高, 不敢當. 醜極鄙極庸極陋極, 集千古可惡之字, 都揣於吾身矣.'<br>力闇笑曰: '摠而言之, 通極.'<br>蘭公笑曰: '可笑之極.'<br>又曰: '家貧無子, 亦欲應擧, 悲哉!' | |
| | 此時各至續續, 諸人皆更更替替應酬. | |

| | |
|---|---|
| 余謂起潛曰: '荷風竹露草堂詩, 尋稿不見, 此何也?' | 余謂起潛曰: '荷風竹露草堂詩, 不使見將, 何也?' |
| 起潛曰: '我寫詩出來.' | 起潛曰: '當有奉覽.' |
| 卽書以示, 其詩曰: | 卽寫出來, 其詩曰: |
| 我年未三十, 生理常苦艱. 始識爲口忙, 已壓行路難. 老親年七十, 無以具盤餐. 出愧負米樂, 入酌奉檄歡. 空餘旅合夢, 兀兀戀鄕關. 貪士爲孤雲, 何能栖舊山. 荏苒逾十載, 風樹名悲噓. 凡几息短翮, 破屋三楹餘. 前庭植葵菽, 後軒面芙渠. 其旁有隙地, 稍足時菱疏. 雖稱吾廬陋, 但惜非故居. 豈不願富貴, 蹭蹬命固殊. 丁寧屬兒子, 且俊事詩書. | 我年未三十, 生理常苦艱. 始識爲口忙, 已壓行路難. 老親年七十, 無以具盤餐. 出愧負米樂, 入酌奉檄歡. 空餘旅合夢, 兀兀戀鄕關. 貪士爲孤雲, 何能栖舊山. 荏苒逾十載, 風樹名悲噓. 凡几息短翮, 破屋三楹餘. 前庭植葵菽, 後軒面芙渠. 其旁有隙地, 稍足時菱疏. 雖稱吾廬陋, 但惜非故居. 豈不願富貴, 蹭蹬命固殊. 丁寧屬兒子, 且俊事詩書. |
| | 其下題荷風竹露草堂圖. |
| 余看畢曰: '陶柳詩格, 蘇米筆法.' | 余看畢曰: '陶柳詩格, 蘇米筆法.' |
| 起潛笑. | 起潛笑. |
| | 不仲曰: '陸弟只與友訖來託去, 置弟於相忘, 不無小嫌.' |
| | 起潛大笑. |
| 蘭公曰: '聞奉勅海東, 皆用滿人, 果然耶?' | 蘭公曰: '聞奉勅海東, 皆用滿人, 果然耶?' |
| 余曰: '聞漢人亦出去. 但令兄輩奉使來東, 其會面之非便, 十倍於今日, 從此永別之外, 無他策矣.' | 余曰: '令兄輩奉使來東, 其會面之非便, 十倍於今日, 從此永別之外, 無他策矣.' |
| 起潛曰: '如此尊大國耶? 抑妨閑木國耶?' | 起潛曰: '如此尊大國耶? 抑妨閑木國耶?' |
| 蘭公曰: '兩意俱存.' | 蘭公曰: '兩意俱存. 奉使者, 留館三四日卽歸, 無出外與閑官人與白身, 皆非公事, 不敢進.' |
| 此時又客來, 起潛出應之. | 此時又客來, 起潛出應之. |
| 蘭公曰: '如使者欲請見則如何?' | 蘭公曰: '如使者欲請見則如何?' |
| 余曰: '有通官, 必防塞.' | 余曰: '有通官, 必防塞.' |
| 蘭公曰: '若正使則如何?' | 蘭公曰: '若正使則如何?' |
| 余曰: '雖班荊於路次, 豈無一會期哉? 但弟不願此也.' | 余曰: '奉使之行, 權在通官, 前見亦多矣, 無奈他何矣. 雖然如此, 無論遠近, 欲班荊於路次, 豈無一會期哉? 但弟不願此也.' |

| | | |
|---|---|---|
| | 力闇指不願云曰: '此句未明.' | 力闇指不願云曰: '此句未明.' |
| | 余不答. | 余不答. |
| | 又曰 '此何意?' | 又曰 '此何意?' |
| | 余又笑而不言. | 余笑而不言. |
| | 蘭公曰: '畏國耶?' | 蘭公曰: '畏國耶?' |
| | 余曰: '非也.' | 余曰: '非也.' |
| | 力闇曰: '空然一見不如不見之意?' | 力闇曰: '空然一見不如不見之意?' |
| | 余又笑曰: '亦非也.' | 余曰: '亦非也.' |
| | 蘭公曰: '豈見天使, 必尊禮耶?' | 蘭公曰: '豈見天使, 必尊禮耶?' |
| | 余曰: '亦非也.' | 余曰: '亦非也.' |
| | 兩人頗疑之. | 兩人頗疑之. |
| | 蘭公曰: '弟輩欲東, 亦妄想耶?' | 蘭公曰: '弟輩欲東, 亦妄想耶?' |
| | 蘭公又出隱客. | 蘭公又出隱客. |
| | 力闇又向余問: '前語何意?' | 力闇又向余問: '前語何意?' |
| | 余曰: '只顧兄要作好人, 不要作好官.' | 余曰: '只顧兄要作好人, 不要作好官.' |
| | 力闇曰: '卽昨與陸兄札後語.' | 力闇曰: '卽昨與陸兄札後語.' |
| | 余曰: '然. 使兄苟容風塵, 出沒名場, 雖因此相逢, 只有見面之慰, 而大違期望之意. 弟之於吾兄, 實有比至情, 於蘭兄則恐言之無益, 不必貴之以所不可從耳. 是以贈蘭公話, 多從出世上說去.' | 余曰: '然. 使兄苟容風塵, 出沒名場, 雖因此相逢, 只有見面之慰, 而大違期望之意. 弟之於吾兄, 實有比至情, 於蘭兄則恐言之無益, 不必貴之以所不可從耳. 是以贈蘭公話, 多從出世上說去.' | 力闇謂湛軒曰: '與陸兄札語, 約無忘今日之言. 兄贈蘭兄前日之語, 弟欲吾兄再寫見贈, 作座右銘, 非泛話也, 好人好話, 好人好話, 可作針砭.' (『鐵橋話』, 實話 18) |
| | 力闇曰: '與陸兄札, 弟閱之, 甚爲感激. 方與陸兄對語, 約無忘今日之言. 兄贈蘭兄前日之語, 切中膏肓, 恐其病已痼, 不受藥耳.' | 力闇曰: '與陸兄札, 弟閱之, 甚爲感激. 方與陸兄對語, 約無忘今日之言. 兄贈蘭兄前日之語, 切中膏肓, 恐其病已痼, 不受藥耳.' | |
| | 又曰: '弟欲吾兄再寫小紙見贈, 作座右銘, 非泛話也. 好人好話, 好人好話, 可作針砭, 弟欲對之, 終身對之, 決不可以移贈末人之語, 以爲旣贈末人之談, 而終病悠泛之談, 而不爲此語. 如不爲此語, 弟爲悠泛之談, 而終病悠泛之談, 亦可, 或有他語, 尤感也. 弟寶肯受敎之人, 幸勿鄙棄. 只自愧土壤細流, 無可仰答高深耳.' | 又曰: '弟欲吾兄再寫小紙見贈, 作座右銘, 可作針砭, 弟欲對之, 終身對之, 決不可以移贈末人, 而以旣贈末人之語, 而終病悠泛之談, 亦感也, 或有他語, 尤感也. 弟肯受敎此人, 無可仰答此深耳.' | |
| | 余曰: '寫呈有何難事? 但吾兄終無貴切敎誨於我, 是以弟爲不虛受者耳.' | 余曰: '寫呈有何難事? 但吾兄終無貴切敎誨於我, 是以弟爲不虛受者耳.' | |

力闇曰: '此可立誓. 弟資質庸下, 其中實無所有, 何可虛而爲盈, 欲將何語仰酬耶? 卽有所言, 亦常談耳, 豈如吾兄之能爲弟輩頂門一針耶? 且弟等欠缺失處甚多, 不可不歲規以見古人風義, 而吾兄則但見其粹然無疵, 更將何語見規耶? 此固不必投桃報李也.'

余指資賓甫下云曰 '弟之才識, 高於兄耶?'

指虛而爲盈曰: '弟則實若虛耶?'

指常談云曰: '弟有何別語耶?'

指粹然無疵云曰: '此聖人然後能之. 且設合聖人, 亦豈可無歲規耶?'

又曰: '鄙夷我也, 不必多談.'

力闇曰: '前日已有言矣, 豈戲耶? 弟生平守不妄語戒, 雖不能盡然, 然亦何至浪發誓語耶? 若有誑言, 前程不吉, 非弟語耶?'

余曰: '於弟則恐不守戒者多矣.'

蘭公曰: '介而能和, 寬則得衆, 八字奉贈.'

力闇曰: '湛軒如內外不符, 言行不顧, 則弟亦無從知之矣.'

余曰: '弟實非過謙. 且金兄任此, 謂之惡小人則過矣, 但言實則然矣.'

蘭公駭詫, 謂不仲曰: '以君子謂惡小人, 金兄病心耶?'

余曰: '非也. 此以金立訂之言, 非金兄謂我小人也.'

皆笑.

力闇曰: '然則弟徒觀其表耳. 徒聞其言. 觀其表, 未窺其內, 聞其言, 未察其行, 則以爲粹然無疵也, 亦宜.'

蘭公又曰: '吾兄人品, 實是大儒. 弟不但不能知高深, 幷實于學問云云.'

書末畢, 余奪而塗抹之曰: '此等浮賓之言, 無益於彼此, 而徒取笑於人, 括囊可也.'

| | |
|---|---|
| 蘭公謂余曰: '愛吾廬幽居勝致, 根不一登共賞也.' | |
| 余笑曰: '兄輩雖欲一登, 恐縈海鼈之膝.' | 蘭公謂余曰: '愛吾廬幽居勝致, 根不一登共賞也.' |
| 蘭公大笑曰: '妙語.' | 余笑大曰: '兄輩雖欲一登, 恐縈海鼈之膝.' |
| | 蘭公大笑曰: '妙語.' |
| | 余又曰: '今將別矣, 請有一言. 吾輩偶然邂逅, 情投素合, 相詡以知己, 一朝星散, 永作生死之別. 其離襄之黯絕, 相許之藹膓, 不須言. 只各相物戒, 遂其善改其過, 他日音信, 彼此策改其意, 共用功之動慢, 所得之遠深, 雖欲掩之, 不可得也. 勤目踝者, 為無負友, 謂之負友, 初不用功, 無意所得者, 非吾徒也, 絕之可矣.' |
| | 蘭公曰: '弟恐作山巨源也. 弟實非其徒, 絕之如何?' |
| | 又曰: '人聞道德, 出見紛華, 奈何?' |
| | 力闇曰: '戰勝, 為學甚難, 癯者肥矣.' |
| 余謂力闇曰: '兄豈或有捐滞之病那?' | |
| 力闇曰: '自以為無之, 或他人見, 以為有之.' | |
| 又曰: '胸中亦時有拼遣不開處, 然能立時悔悟, 勉強自克, 但未純耳. 捐滞自以為無之.' | |
| 蘭公笑曰: '嚴兄有所不為, 便是其捐滞處. 立志甚堅, 是其捐滞處.' | |
| 力闇掉頭曰: '此過大語. 弟亦不受人, 撼要蓋棺論定耳, 焉知我後日不為小人?' | |
| 又曰: '弟所以必要二兄書見贈之語者, 為防閑此身此心之計耳. 夫豈二兄言善行, 古今不乏, 亦豈逢無之? 然以其近在眉睫, 意己忽略, 今遇二兄之為人, 又胸中盤結, 如此別絡, 雖使吾兄人品學衡, 不如此之美, 有可師法, 伸吾輩生, 而況吾兄之嘉言善行, 已難忘于單終身得以受用者乎? 嘗之無關緊要之字札, 猶思寶之終身, 而況諄切告戒其提面命之語那?' | 又曰: '弟所以必要二兄書見贈之語者, 為防閑此身此心之計耳. 夫豈二兄言善行, 古今不乏, 亦豈逢無之? 然以其近在眉睫, 意己忽略, 今遇二兄之為人, 又胸中盤結, 如此別絡, 雖使吾兄人品學衡, 不如此之美, 有可師法, 伸吾輩生, 而況吾兄之嘉言善行, 已難忘于單終身得以受用者乎? 嘗之無關緊要之字札, 猶思寶之終身, 而況諄切告戒其提面命之語那?' |
| 余曰: '敎意甚善. 惟愧吾輩內無實而外為大言, 受此過情之褒, 皆足自取也. 不以人廢言, 於盛' | 余曰: '敎意甚善. 惟愧吾輩內無實而外為大言, 受此過情之褒, 皆足自取也. 不以人廢言, 於盛 |

進軒問: '兄豈或有捐滞之病那?'
曰: '自以為無之, 或他人見, 以為有之. 胸中亦時有拼遣不時悔悟, 勉強自克, 但未純耳. 捐滞自以為無之.'
蘭公曰: '嚴兄有所不為, 便是其捐滞處.'
力闇掉頭曰: '此過大語. 弟亦不受人, 撼要蓋棺論定耳, 焉知我後日不為小人?' (『鐵橋話』, 實話 19)

| | | |
|---|---|---|
| 德則甚當矣. | 德則甚當矣. | |
| 余又曰: '承欲惠一畫. 辛勿復爲此等語. 弟之爲人, 想已知其大略矣. 其氣質有病, 可以針砭, 須盡意規斥, 俾觀省. 不等中人, 持此歸示, 不但以爲輕於許人, 情之褻, 則弟有過中人, 持此歸示, 無以自解, 辜負之. 此若有毫末飾讓, 顧此兄輕於許人之罪. 是如兄所謂前程不吉也. | 余又曰: '若復有過情之褒, 則弟於本土, 不等中人, 持此歸示, 不但以爲輕於許人, 情之褻, 則弟有過中人, 持此歸示, 無以自解, 辜負之. 此若有毫末飾讓, 顧此兄所謂前程不吉也. | |
| 余又曰: '陸老兄在外待客那?' | 余又曰: '陸老兄在外待客那?' | |
| 蘭公曰: '俗客優人, 陸郞不達時務耳.' | 蘭公曰: '俗客優人, 陸郞不達時務耳.' | 蘭公曰: '俗客優人, 陸郞不達時務.'[時, 陸起潛, 待客在外.] |
| 力闇曰: '亦不必謂之俗客. 渠豈知我輩事乎? 人各有所事事, 此亦彼之所有事也. 話不和不.' | 力闇曰: '亦不必謂之俗客. 渠豈知我輩事乎? 人各有所事事, 此亦彼之所有事也. 話不和不.' | 力闇曰: '亦不必謂之俗客. 渠豈知我輩事乎? 人各有所事事, 此亦彼之所有事也. 話不和不.' |
| 蘭公曰: '弟極不耐俗人, 胸中殊不和不. 此便是慢易處.' | 蘭公曰: '弟極不耐俗人, 胸中殊不和不. 此便是慢易處.' | 蘭公曰: '弟極不耐俗人, 胸中殊不和不. 此便是慢易處.' |
| 力闇曰: '然則何不改之?' | 力闇曰: '然則何不改之?' | 力闇曰: '然則何不改之?' (『鐵橋話』, 筆話 20) |
| 蘭公曰: '弟見俗人, 卽欲求睡, 更無他語. 若見二兄, 恨不能夜話達朝也.' | 蘭公曰: '弟見俗人, 卽欲求睡, 更無他語. 若見二兄, 恨不能夜話達朝也.' | |
| 余曰: '只恐吾兩人亦未免俗.' | 余曰: '只恐吾兩人亦未免俗.' | |
| 蘭公笑曰: '此語便佳.' | 蘭公笑曰: '此語便佳.' | |
| 起潛入來. | | |
| 余曰: '八九兩日, 諸兄俱當在寓?' | | |
| 起潛曰: '不必問我. 有事無事, 如得便來則來. 我或在萬與否, 均未可定. 但能得同一談, 卽是樂事. 卽如今日, 便大無味, 只一條肚腸, 爲此忽斷忽續, 會我亦可, 不會我亦可. 弟生平極纏綿, 情不可解處, 不用此法, 亦達論邊, 不期然而遇近.' | 起潛曰: '卽如今日, 便大無味, 只一條肚腸, 爲此忽斷忽續, 便大無味, 便不如一斷不續之爲愈. 八九兩日, 不會我亦可. 弟生平極纏綿, 情不可解處, 不用此法, 亦達論邊, 不期然而遇近.' | |
| | 又謂不仲曰: '金大人亦有扇?' | |
| | 不仲曰: '副大人有扇, 得條飮盡, 而不歌請矣.' | |
| | 起潛曰: '何也?' | |
| | 不仲曰: '不見面請畫, 有筆體貌故耳.' | |

起潛曰: '何人體貌? 若我之體貌, 不足顧惜也.'

平仲曰: '過達丈夫, 眞吾弱弟也.'

諸人皆大笑.

起潛曰: '觀此光景, 李公亦必有扇.'

弁笑曰: '三位皆有意, 而不敢誚, 日間費多少商量矣.'

蘭公曰: '三位大人, 皆洪兄之流也.'

平仲曰: '吾方欲受弟畫, 而洪潛之兄所請至至, 則力或不及, 是可悶念處也.'

蘭公曰: '君特不知起潛之兄能畫耳. 君則不能, 不足以為其家也.'

平仲曰: '吾亦起潛之兄也.'

蘭公曰: '陸丈以蓋世其家者.'

平仲曰: '丈夫瀾達無得, 當如靑天白日, 何用洪兄深心渉世, 內多城郛乎?'

蘭公塗抹之曰: '大錯.'

力闇笑曰: '養虛之所以為養虛也.'

此時, 人有客至, 起潛出去.

力闇曰: '弟所帶扇, 所謂張子元製, 此杭城第一扇. 天下馳名不二價, 最降上品, 以之遮烈日或蔽雨, 皆不變. 竹骨根, 根精緻. 但不如麗扇之製極為古雅.' (『鐵橋話』, 閒話 38)

蘭公曰: '洪兄為人武細心.'

湛軒曰: '心實大細, 終未免俗.'

力闇曰: '此亦深心涉世, 湛軒思涉世, 乃所以為俗.'

湛軒曰: '有不得不然者, 非俗也.'

力闇曰: '多有不必然而然者, 乃俗也.' (『鐵橋話』, 閒話 39)

力闇曰: '洪兄以弟心之人, 不肯以兄道自居, 金兄則肯以弟自居矣. 然此後來日兄, 年長者反曰弟, 豈可笑?' 此後

力闇曰: '有要語奉聞. 洪兄細心之人, 不肯以兄道自居, 金兄則肯以弟畜我矣. 然此後來往書札, 丁年少者則曰二兄, 年長者曰弟, 豈不住書札, 丁年少者則曰二兄, 年長者曰弟, 豈不

| | | |
|---|---|---|
| 望湛軒稱吾二人曰老弟. 湛軒笑曰: '世間豈有老弟?' 曰: '不必稱老弟, 稱賢弟何如?' (『鐵橋話』, 閒話 40) | | 不可笑? 此後望湛軒稱吾二人曰老弟. 若金兄之音稱吾爲老弟, 則不必屬矣.' 蘭公曰: '弟亦云然.' 余笑曰: '老弟, 恐前無此稱, 是陸兄之打乖耳. 世間豈有老弟耶?' 力闇曰: '不必稱老弟, 稱賢何如?' 又曰: '如前札所稱二兄字樣處, 今則曰兩賢弟, 此爲平允. 否則簒飲之年, 長吾十三歲, 而金兄則弟之, 而吾二人則兄之, 豈不悖乎?' 又曰: '養虛必自肯以兄道自居, 恐湛軒尙存客氣耳.' 余曰: '弟則心細, 且終有中外之別, 爲陸兄之弟則可也, 爲兩兄之兄, 則實不敢也.' 力闇低頭不語. 平仲曰: '聞王公大人, 有中外之別, 未聞士友之交, 亦有差等也. 然則有府民有縣民, 縣民不能序齒於府民, 而年多者反居末席耶? 洪友所論, 吾不知之矣.' 此時, 蘭公又以應客出去. 力闇不樂, 良久乃曰: '此不必如此細心. 獨不思吾兄前日有同胞何間之語?' 余無以對, 力闇意怠懇, 反有隕獲之色. 余乃曰: '當如賢弟之言.' 力闇喜見於色曰: '死且不朽.' 又曰: '我們南方, 最多結盟爲弟兄者. 然不特面輸耆笑而已, 有數年之間, 而道遇不相識者面矣. 此可笑也. 若吾輩今日之稱弟兄, 可以終身不再見面, 而海枯石爛, 永遠不渝. 不意同胞之外, 獲此良友, 中心之樂, 筆亦難盡, 樂極樂極.' |
| | | 力闇曰: '我們南方, 最多結盟爲弟兄者. 然不特面輸耆笑而已, 有數年之間, 而道遇不相識者矣. 若吾輩今日之稱弟兄, 可以終身不再見面, 而海枯石爛, 永遠不渝. 不意同胞之外, 獲此良友, 中心之樂, 樂極樂極.' 又漫書曰: '海枯石爛, 勿忘今日.' 仍忍淚鳴咽. |

| | |
|---|---|
| 余曰: '謬愛至此, 一感一悲, 更有何言?' | 余曰: '謬愛至此, 一感一悲, 更有何言?' |
| 力闇又證書曰: '海枯石爛, 勿忘今日.' | 力闇又證書曰: '海枯石爛, 勿忘今日.' |
| 時日已暮矣, 僕人促歸不已, 篠飮蘭公, 應客未歸. | 時日已暮矣, 僕人促歸不已, 篠飮蘭公, 應客未歸. |
| 余曰: '日晚告退, 無論某日, 當更來會面而去.' | 余曰: '日晚告退, 無論某日, 當更來會面而去.' |
| 力闇曰: '廿九日, 大人賜宴, 二兄得來無事否?' | 力闇曰: '廿九日, 大人賜宴, 二兄得來無事否?' |
| 余曰: '吾輩非正官, 不參宴.' | 余曰: '吾輩非正官, 不參宴.' |
| 力闇曰: '廿九二日, 暇可再來.' | 力闇曰: '廿九二日, 暇可再來.' |
| 大書慘極二字, 又無數打點於其下. | 大書慘極二字, 又無數打點於其下. |
| 此時, 力闇忍淚嗚咽, 慘黯無人色, 吾輩亦相顧, 悄然不自勝. | 此時, 力闇忍淚嗚咽, 慘黯無人色, 吾輩亦相顧, 悄然不自勝. |
| 平仲曰: '尙有留期, 猶以爲懷.' | 平仲曰: '尙有留期, 猶以爲懷.' |
| 力闇謂平仲曰: '書三紙之囑, 萬勿遺忘. 三紙如難, 或以一紙子後書, 寫贈力闇賢弟, 則兔歸弟矣. 我實負心, 非如蘭陷帶客案也.' | |
| 平仲許之. | |
| 力闇曰: '帖已盡矣, 摠是終歸一別兩字.' | 力闇曰: '千言萬語, 終歸一別兩字, 然奈此情何?' |
| 謂余曰: '千言盡矣, 八九日間當還耳.' | |
| 搦筆嗚咽. | |
| 余曰: '已矣, 無奈何, 莫作淒苦語.' | |
| 力闇曰: '此雖見道之言, 然奈此情何?' | |
| 僕人來言: '將有門閉之意.' | 僕人來, 又言: '將有門閉之意.' |
| 余與平仲起身曰: '日已晚矣, 八九兩日間更當來, 多少說不盡者, 都在書尺數幅.' | 余與平仲起身曰: '日已晚矣, 八九兩日間更當來, 多少說不盡者, 都在書尺數幅.' |
| 卽出至門, 篠飮蘭公來, 只相對慘沮而已. | 卽出至門, 篠飮蘭公來, 只相對慘沮而已. |
| 蘭公語曰: '念九再來.' | 蘭公語曰: '念九再來.' |
| 余曰: '念九必定再來會面.' | 余曰: '必定再來.' |
| 言畢而出, 至門內而別. | 言畢而出, 至門內而別. |
| 力闇涕出如雨, 以手指心而示之而已. | 力闇含淚攀愛, 以手指心而示之而已. |
| 雇車疾馳而歸. | |

(『鐵橋話』, 閒話 41)

| | |
|---|---|
| 二十七日. | 二十七日. |
| 送傔 | 作書送德裕. 其與篠飲書曰: |
| 昨緣客擾, 未得安承淸誨, 歸末怳恨, 如有所失. 夜來旅候萬安? | 昨緣客擾, 未得安承淸誨, 歸末怳恨, 如有所失. 夜來旅候萬安? |
| 行期已完決以初一, 晦日當進別. 如無大故, 幸俾暫接尊儀. | 行期已完決以初一, 晦日當進別. 如無大故, 幸俾暫接尊儀. |
| 兩日之奉, 終作千古之別, 歸後懷想愚型, 亦當依依, 不分明矣, 夫復何言? 不備. | 兩日之奉, 終作千古之別, 歸後懷想愚型, 黯然在心而已, 夫復何言? 不備. |
| 其與力闇書曰: | 其與力闇書曰: |
| 愚兄某頓首上力闇賢弟足下. 力闇之才之高學之邃, 乃吾之老師也, 力闇特以我一歲之長, 乃相慰以兄, 余果辭而不敢當, 盖其愛之深, 故欲其親之至也, 亦豈忍終辭乎? 從此而力闇吾弟也. 吾弟其勉之. 恢德量動問學, 無有作僞以節浮藻, 以果大德. 錫爾兄以光我, 我其受之, 永有辭於後人. 不宣. | 愚兄某頓首上力闇賢弟足下. 力闇之才之高學之邃, 乃吾之老師也, 力闇特以我一歲之長, 乃相慰以兄, 余果辭而不敢當, 盖其愛之深, 故欲其親之至也, 亦豈忍終辭乎? 從此而力闇吾弟也. 吾弟其勉之. 恢德量動問學, 無有作僞以節浮藻, 我其受之, 永有辭於後人. 不宣. |
| 其與蘭公書曰: | 其與蘭公書曰: |
| 終旦叙話, 暢敍無厭矣. 分手之懷, 愈切愈難, 甚矣, 人情之無厭也. 卄九, 計將暫任永別, 而分振之苦, 將何以爲斷耶? 不宣. | 書以代話, 暢敍極矣. 分手之懷, 愈切愈難, 其矣, 人情之無厭也. 卄九, 計將暫任永別, 而分振之苦, 將何以爲斷耶? 不宣. |
| 昨日臨歸歸酬酢, 蘭公始亦云然, 而及其約定, 則蘭公不與焉. 且蘭公終多客氣, 未必如力闇之出於中心. 故但於力闇稱兄焉. | 昨日臨歸歸酬酢, 蘭公始亦云然, 而及其約定, 則蘭公不與焉. 且蘭公終多客氣, 未必如力闇之出於中心. 嚴潘謙出外, 只有篠飲書. |
| 伴回. 篠飲書曰: | 伴回. 書曰: |
| 日昨木堂促膝, 作永日靜話, 以暢離緖, 而忽坐忽起, 客至續續, 悶絶悶絶. 二公去後, 益復惘惘. 然獨燭籠水閣記, 蓊勃之氣未下, 遂玆漆草. 今先呈上淮軒弟, 一見傾敍之態耳. | 日昨木堂促膝, 作永日靜話, 以暢離緖, 而忽坐忽起, 客至續續, 悶絶悶絶. 二公去後, 益復惘惘. 然獨燭籠水閣記, 蓊勃之氣未下, 遂玆漆草. 今先呈上淮軒弟, 一見傾敍之態耳. |
| 扇二把收到夜, 分當爲之, 金公詩軸, 拜謝. 先祖得此, 爲不朽矣. 當子採爲永寶. 闇秋二人, 如何可言? 當子採塔使, 不敢籍因望客塔未歸, 來札當留示. 卄九日能無俗客, 倘得暢叙, 否則仍作零星斷腸之語, 永終勝於不見也. | 金公詩軸, 拜謝. 先祖得此, 爲不朽矣, 感刻五內, 如何可言? 當子採爲永寶. 闇秋二人, 此時因望客塔未歸, 不敢籍使, 來札當留示. 卄九日能因無俗客, 倘得暢叙, 否則仍作零星斷腸之語, 永終勝於不見也. |

2/27

| 2/28 | | 其籠水閣記曰：<br>虞書：'任璇璣玉衡，以齊七政，'不言程工何人。不信程工於制作，類工於制作，漢書稱：'平子機術特妙，'是也。顧中星之候，唐虞迄周，已移午未，唐一行始定歲差，更益精密。我朝曆法，遠越前古，梯航萬國，博微算學，恒致自外洋。是則天道星志，固有專家，不得局之域中也。東國洪處士湛軒，於書無所不究，旁及藝術，妙析微塵。其國有羅景焦者，隱居同麗，遂於測候，門人安處仁，深究師傳，巧思無匹，二人者皆奇士也。湛軒皆訪致之，相與虛衷商確，損益舊制，三閱寒暑，為渾儀一器，為籠水閣一器，並所得西洋候鐘，藏於其居之籠水閣，朝夕以為觀玩。<br><br>蓋兩美必合，求之甚勤，而為之如此，其專日久也。夫羅與安，不得湛軒，無以發其奇，湛軒不得兩生，無以成巨制，而余非因湛軒隨貞之便，得以訂交客旅，且不知世有湛軒其人，又何由知羅與安？<br><br>是則天地固無奇而不彰，而不朽之業，其傳必遠，不特兩生之於湛軒，可以慶此生之遭，而余於三人者，均無憾也。抑余更有說焉，道妙於無形，凡器象於空虛無質，皆其貴，而運之者氣。儀妙於法天，勤於中者機，而運之者水。水之任天地也，盈則溢，淺則膠，直之則易盡，曲之則紆緩，而激焉則躍，防焉則止，皆非水之性也。儀之受水也，流而不竭，注而不息，順其自然，以任其機之內幹，此器之所以通於道也。余不習算學，不敢譚天，湛軒講性命之學久，其玩心高明，必有不泥於器數之末者。今日別去，曠隔異域，他日望風相憶，當有以勖我云。<br><br>二十八日。<br><br>送作。書曰：<br>昨承陸兄手覆，仰慰殊切，第以未見鐵，秋兩書為悵恨。夜未敘客候萬安？行期此迫，懷事惆悵，殊不覺歸鄉之可樂，良苦良苦。二幅簡覽可 | |

| | |
|---|---|
| 悉也. 草堂詩, 始擬露拙, 臨行多撓心, 終未成焉, 可謂拙而又拙也. 不宣. | 悉也. 草堂詩, 始擬露拙, 臨行多撓心, 終未成焉, 可謂拙而又拙也. 不宣. |
| 閣記, 極是完好. 且筆法尤妙, 坐令蓬蓽生輝. 孤陋之幸, 如何盡言? | 閣記, 極是完好. 且筆法尤妙, 坐令蓬蓽生輝. 孤陋之幸, 如何盡言? |
| | 其贈餞飮又曰: <br> 丙戌之春, 余隨貢使入中國, 得與鐵橋秋庵兩公遊甚懽. 一日入其門, 兩公不暇爲他語, 出五銷畵五冊詩稿一編長書, 而具道以故. 盖餞飮陞解元先生, 新自杭郡至, 閒吾輩狀, 乃敢不及飼, 席不及定, 惨獨而畵之, 盡竟而書之. 嗚呼, 先生之志則勤矣. 顧余何足以當此哉? 乃因二公, 請以弟子之體見焉, 欣然如舊識焉. 盖天之一得一失, 莫不有命焉. 今日之遇, 乃以筆代舌, 其亦奇矣. 話未午, 顧以語音不相通, 談諧難名. 先生指示其詩稿中忠公手澤也. 壁詩而言曰: '璧之畵, 乃吾曾祖少微公所賭畵也. 少微公隱居不仕, 常分一月, 半隱於酒, 半隱於畵, 以卒其身. 請吾弟一言.' 余再拜辭不敢, 乃斂焉而言曰: '天下有道, 賢者見焉, 不肖者隱焉. 天下無道, 不肖者見焉, 賢者隱焉. 若少微公之賢, 吾未嘗知其詳, 乃若其世, 則當明之矣. 當東林興齊之世, 任易之衆曰: 儉德避難, 不可榮以祿. 若少微吾德也, 其賢乎哉. 其酒也, 其畵也, 豈非吾目樂也. 將以儉吾德也, 繪綫不能施, 乃遠引, 逍遙于象外, 軒冕不相及, 卒爲亂世之完人, 豈至病目死, 而我冠博帶. 吾聞有德而不食者, 務解其條必有報. 今先生之賢曰才, 能繼其祖, 豈非賢敏? 亦豈非幸歟? 吾聞有積德百年, 當其將與之機南省, 聲望蔚然. 先生亦嘗豪於飮酒, 而工於繪事與. 雖然, 先生旣嘗此蔭, 豈以微公之所以隱也. 矣. 今先生乃乘此時而求見焉, 何也? 吾將以微公之隱此而卜天下之事見耶, 嗚呼, 先生以當世之不相侔, 異耶. |

| | |
|---|---|
| 其一簡贈力闇, 書贈蘭公語, 又題其下曰: | 與鐵橋書曰: |
| 甚矣, 鐵橋子之好學也. 聞一善如嗜欲. 然余將束歸, 與二君別, 各以言贈之, 此卽與秋庫言也. 鐵橋子以其言頗切直, 請余更書一幅, 將以兼貽之焉. 其可謂如嗜欲也已. 雖然, 此陳談也. 夫人皆能言之, 病不能行耳. 好之而能行之, 惡任其能言之? 是以好之而能行之, 好之也益切, 則其行之也益力. 如是則天下之言善善者, 皆將輕千里而至矣. 其勉之哉. | 甚矣, 鐵橋子之好學也. 聞一善如嗜欲. 然余將束歸, 與二君別, 各以言贈之, 此卽與秋庫言也. 鐵橋子以其言頗切直, 請余更書一幅, 此陳談之焉. 其可謂如嗜欲也已. 雖然, 好之而能行耳. 好之而能行之, 惡任其能言之? 是以好之而能行之, 好之也益切, 則其行之也益力. 如是則天下之言善善者, 皆將輕千里而至矣. 其勉之哉. |
| 仲回, 篆飮答書曰: | 仲回, 篆飮答書曰: |
| 飛隆. 日前收到未稿四把, 又自向南金陵書五握, 復得金陵書五握, 俱畫扇並係以詩, 草草塗抹, 不計工拙. 今幷呈去, 望分致之. 我輩此番相遇, 奇分不待言. 但相見之奇, 又不若未見者之相望相思爲更奇, 一以我爲兄, 一以我爲弟, 居然以我爲兄, 而於湛軒養虛, 養虛湛軒, 又時以學問相勗, 湛軒之講學功心術之分, 語語不朽, 尤足千古. 今日別去, 作此荒忽之綢繆, 豈非痴絶? | 飛隆. 日昨從自南客, 復得金陵書五握, 俱畫並係以詩, 草草塗抹, 不計工拙. 今幷呈送, 望分致之. 我輩此番相遇, 奇固不待言. 但相見之奇, 又不若未見者之相望相思爲更奇, 而於湛軒養虛, 一以我爲兄, 以此生比世, 生生死死, 不可再見之人, 作此荒忽之綢繆, 豈非痴絶? |
| 顧從來勢交利合多能, 不顧非笑, 亦往任千里投贈, 互相要結, 成一時之虛談. 今我輩以曠然兩隔, 彼此無求, 張一時之虛談. 不聲不名, 不可言說, 或見或不見, 而養虛湛軒, 并爲一腸, 午言午悲, 言語不朽, 問相助, 語語不朽, 尤足千古. 今日別去, 定當十倍尋常矣. | 顧從來勢交利合多能, 不顧非笑, 成一時之膠, 亦往任千里投贈, 互相要結, 成一時之膠. 今我輩以曠然兩隔, 彼此無求, 張一時之虛談. 無勢無利, 不聲不名, 并爲一腸, 午言午悲, 或見或不見, 而養虛湛軒, 又時以學問相勗, 湛軒之講學功心術之分, 語語不朽, 尤足千古. 今日別去, 定當十倍尋常矣. |
| 嗟呼嗟呼, 顧使車就道, 只隔一日, 不無整頓行囊, 諸須料理, 而我輩求客日夥, 絡繹不絶, 同志者見之, 方驚其奇, 或亦欲與聞高論, 而不知者, 必以我等爲驚遠怨近, 多生疑謗, 千別萬別, 終須一別, 割斷情腸, 竟不必再過小寫, 痛下稀喝, 以金剛慧劍, 作無窮之思, 爲記爲詩, 但覺異光滿至, 不能折言其妙, 弟昨夜詩畫扇, 則不止三鼓, 今早又有各敢言擾, 實不能不閑矣. 前向三大人札及今諸札, 俱 | 嗟乎, 顧使車就道, 只隔一日, 不無整頓行囊, 諸須料理, 而我輩求客日夥, 絡繹不絶, 同志者見之, 方驚其奇, 或亦欲與聞高論, 而不知者, 必以我等爲驚遠怨近, 多生疑謗, 千別萬別, 以金剛慧劍, 割斷情腸, 竟不必再過小寫, 痛下稀喝, 存此無窮之憾, 作無窮之思, 爲記爲詩, 盛使至此, 手書紛告, 爲記爲詩, 但覺異光滿至, 不能折言其妙, 弟昨夜詩畫扇, 則不止三鼓, 萬里知心, 不敢言擾, 惟有頂禮贊歎而已. 萬里三鼓, 定當十倍尋常矣. |

| | |
|---|---|
| 2/29 | 俱不及分報，想念其勞，不賣其慢也。紙鈍情長，萬千不盡，臨書黯然之至。<br>其四把扇，三大人及余泛東扇要畫者也。陵扇五把，分送于三大人及余與平仲也。<br>其與余東扇，有題詩曰：<br>參商萬古摠悠悠，飮語先看制淚流。此去莕書應不朽，莫敎容易寫離愁。<br>其金陵扇畫數叢竹，題詩曰：<br>得雨含斐然，着雪更淸絶。到老不改柯，中虛見高節。<br>力闇答書曰：<br>俗氛如喝，刻無寧晷，苦不可言。此時正在寫書道別，而盛使適至，感荷感荷。得仰琅華，使返忽遽，書旣未完，而帖畫亦有一幅未竟，尙容續緻。明晨更望，盛使一來，以悉種種耳。餘語具陸兄札，不贅。<br>蘭公答書曰：<br>日來起居極勝？念念。冊頁閱途，琴命殊甚，此刻叢維，不暇詳答，容另札奉白。不具。<br>僕人言："人客甚擾，艱辛答而來。"<br>蘭公冊頁亦不來。<br>吾輩明日將往相別矣，及見篠飮書，其勢然矣。<br>蓋試期不遠，事務甚煩，吾輩來往，彼此皆是不便，惟篠飮年最長，故能斷以義，兩人則蓋不忍發此言也。<br>二十九日。<br>億差晚則有客擾，又明將發行，故是日開門差早。<br>日未出，送僕人使之受書，兼請一僕同來，爲付謝之計。<br>僕人過午不來，乃先作書以待。<br>與篠飮書曰：<br>弟明發東歸，從此而不復見老兄之面矣。雖然，已獲老兄之心矣，豈不愈於終身見面而不獲心 |

者耶? 含笑登車, 無所根著矣. 承諭不必更來, 弟等實有此意, 迷於情根, 知進而不知退, 足見老兄不勝欽歎萬萬. 書問能盡? 只顧老兄, 德日益懋, 以幸吾道, 以慰遠懷, 無泥于小道, 統希默會. 昨役于科筵, 過日益莫, 不容百朋, 且味竹一節, 盍見諷誦之意, 敢不時省而自勉焉?

其與力闇書曰:
某容. 從此別矣, 書信不可以復通矣, 如之何勿悲? 今日始擬拯別, 昨承陸老兄書, 乃其厚之至悲之切, 而斷于邊事也, 奈何奈何? 朝爲弟暮爲途人, 市井輕薄兄事也, 此吾所甚懼焉. 一別終相忘焉, 有信而不見用, 乃相慮以送人也, 請與賢弟交勉焉. 有一事欲面告, 今已無及矣, 玆略仰布. 竊聞賢弟之鍮器, 長於容受, 而或短於禁忌, 好善固無己, 而疾惡或已甚, 見人之不善, 若不能物各付物者然. 幸須內省, 有則改之, 無則加勉也, 萬萬推祝, 德日新幸曰福.

其與蘭公書曰:
蘭公足下. 天生我輩, 分置之八千里外, 今辛因緣湊巧, 數十日之間, 樂亦極矣. 今將大歸, 亦復何恨乎?
惟蘭公自愛, 如不相忘, 辛勿以弟面而思我言也. 如有取也, 是何異於朝暮遇也? 且有一策, 人惟夢魂, 無遠近無嫌疑, 惟托此時會于枕邊, 亦可矣. 不宣.

書成而俯回.

力闇書曰:
弟誠再拜啓潗軒長兄足下. 昨以事他出, 手書遠貴, 未及裁答, 歉仄之至. 蒙許以兄事而以弟畜我, 古風高義, 甚幸甚幸. 訓辭深厚, 所以期我者, 至遠且大, 嘻歟不異凡兄. 敢不欽佩? 誠自幼失學, 六七歲人鄕塾, 稍長, 自待天資差不始知讀書, 然一意於科學之業. 又是根柢浮薄, 至不項鈍, 緝閱群書, 有同漁獵, 以至今思之, 未嘗不自傷也. 二十餘歲, 漸識義理, 好觀濂洛關閩之書, 始有志于聖賢之道. 然獨學寡聞, 孤陋寡聞, 出門伥伥, 頗乏同志. 加以志響不堅, 嗜欲難遏, 操存合亡, 午明午昧, 猶幸實非下愚, 時能悔悟自兌, 未至汩沒性靈. 然亦悠悠忽忽, 汔無所就. 廿九歲, 大病午載, 因困阨之中, 頗有所得. 故瀕死者再, 而此心烱烱, 覺得相有把握. 病後自造二句, 書于臥室云: '存心總似聞雷時, 處境常思斷氣時.' 又大書: '懲忿窒慾矯輕警惰' 八字於齋居, 以自警惕. 誠之用心, 蓋略有異乎世俗之士之爲者. 故時時將口點撿, 水無大愆, 提在心頭. 又生平過徇人情, 優柔能斷, 此心受病處不少. 誠交遊亦不乏矣, 求其能容止三字, 自點撿, 亦無大愆, 提在心頭. 又生平過徇人情, 優柔能斷, 此心受病處不少. 誠交遊亦不乏矣, 求其能講切究于此種學問以相輔有成者, 蓋寥寥焉. 今年籍科名, 來遊京師, 得與足下定交, 實見足下之學, 不但可以爲名師, 愛之重之, 而籍此以得交足下之爲大喜也.

足下每嫌誠稱許過情, 然誠非悠悠泛泛之子比也. 但知足下爲益丁固者不少耳. 誠威儀輕率, 而足下之方嚴, 實堪矜式也. 誠言辭躁妄, 勉而足下之愼默, 實堪師法也. 又承誨訓稠疊, 求之儕以好之必當行之, 斯爲無負. 此種氣誼, 此種寶貴, 豈易得耶? 且誠實知足下漫爲空言者, 卽使足下漫爲空言, 而字字如荒年之穀, 於誠身心, 有終身受用之處, 猶不敢以陳言棄之, 其爲寶貴言當出於萬里外終身不可再見之人, 實當反覆愛重之故, 而伸此愛重, 又當如何? 夫以賓實愛重之故, 而伸此言得以常目任之, 則吾之身心, 則吾之身心, 則己益矣. 吾益于身心, 而所以受仁之賜者, 非淺尠矣. 誠之所欲言于足下者, 雖累萬言不能盡, 昨使全時, 此書纔有數行, 睡時已五更會續寫, 俗事紛至沓來, 難以擺脫, 略盡區區. 此刻使至, 倉卒書完, 我輩方以聖賢豪傑相期, 無煩脅肩, 借別之語.

今思之, 未嘗不自傷也. 二十餘歲, 漸識義理, 好觀濂洛關閩之書, 始有志丁聖賢之道. 然獨學寡聞, 孤陋寡聞, 出門伥伥, 頗乏同志. 加以志響不堅, 嗜欲難遏, 操存合亡, 午明午昧, 猶幸實非下愚, 時能悔悟自兌, 未至汩沒性靈. 然亦悠悠忽忽, 汔無所就. 廿九歲, 大病午載, 而此心烱烱, 困阨之中, 頗有所得. 故瀕死者再, 而此心烱烱, 覺得相有把握. 病後自造二句, 書于臥室云: '存心總似聞雷時, 處境常思斷氣時.' 又大書: '懲忿窒慾矯輕警惰' 八字於齋居, 以自警惕. 誠之用心, 蓋略有異乎世俗之士之爲者. 故時時將口點撿, 水無大愆, 提在心頭. 又生平過徇人情, 優柔能斷, 此心受病處不少. 誠交遊亦不乏矣, 求其能講切究于此種學問以相輔有成者, 蓋寥寥焉. 今年籍科名, 來遊京師, 得與足下定交, 實見足下之學, 不但可以爲名師, 愛之重之, 而籍此以得交足下之爲大喜也.

足下每嫌誠稱許過情, 然誠非悠悠泛泛之子比也. 但知足下爲益丁固者不少耳. 誠威儀輕率, 而足下之方嚴, 實堪矜式也. 誠言辭躁妄, 勉而足下之愼默, 實堪師法也. 又承誨訓稠疊, 求之儕以好之必當行之, 斯爲無負. 此種氣誼, 此種寶貴, 豈易得耶? 且誠實知足下漫爲空言者, 卽使足下漫爲空言, 而字字如荒年之穀, 於誠身心, 有終身受用之處, 猶不敢以陳言棄之, 其爲寶貴言當出於萬里外終身不可再見之人, 實當反覆愛重之故, 而伸此愛重, 又當如何? 夫以賓實愛重之故, 而伸此言得以常目任之, 則吾之身心, 則吾之身心, 則己益矣. 吾益于身心, 而所以受仁之賜者, 非淺尠矣. 誠之所欲言于足下者, 雖累萬言不能盡, 昨使全時, 此書纔有數行, 睡時已五更會續寫, 俗事紛至沓來, 難以擺脫, 略盡區區. 此刻使至, 倉卒書完, 我輩方以聖賢豪傑相期, 無煩脅肩, 借別之語.

他日各有所成، 雖遠在萬里之外, 固不當朝暮接膝也, 否則即終日暮聚, 何爲乎? 然此亦傷心人, 聊以解嘲之語, 不必多云. 別後萬千, 惟知己默鑒而已. 臨風草草, 不備. 統希照覽.

蘭公書曰:
渡軒長兄足下, 愚弟嚴誠頓拜.

竟永別耶? 竟不得再晤耶? 蒼者天, 何其忍若是耶? 此生已休, 況他生耶? 肝腸何以欲斷未斷耶? 豈我輩之交誼未深而永別之苦猶未慘耶?

足下曾諭云: 異時各有所成, 皆無負知人之明, 雖永無見期, 不恨也. 然則交之深別之苦, 以視期之切望之至, 有重輕也. 使他日敗德喪行, 深負良友, 縱他日相對, 亦復何顏? 使他日底行立名, 無愧古人, 將破涕爲笑, 而又何生不遇, 亦復何恨? 天涯之人, 何必泣於交之深別之苦耶? 雖然, 交誼深也, 別誠苦也, 肝腸不斷, 將永明以後, 肝腸今日不斷, 明日必斷以後, 竟永不斷, 亦偶幸耳, 而可斷之道, 仍在也. 嗚呼, 復何言哉? 鴨江水急, 千萬珍重. 不具.

兩畫帖皆付來, 一則蘭公畫, 畫中有兩幅, 篠飮之筆也, 一帖皆力闇之作也.

僕人言: '篠飮强言若常, 渠亦看來, 不覺淚下云.' 力闇蘭公作書畢, 坐椅上相對傷感, 渠亦看來, 不覺淚下云.

蘭公之僕, 聞姓眼末, 余擧手問好而禮待之, 分飯與之喫.

書旣封置, 故略書數字于封上, 使唐姓納于襲中.

余給別扇一柄, 平仲給梢心一丸送之, 從此而絶矣.

歸路, 聞僕人言: '嘗任乾淨衕, 其僕人輩出示一帖, 帖中幷畫吾輩像, 皆酷肖, 倂見可知其爲誰末. 渠問其故, 則答云, 兩老爺作此, 爲歸後睹思之資云.'

## 편저자약력

**최식崔植**

성균관대학교에서 문학박사 학위를 받았으며, 경성대학교 한국한자연구소 HK+사업단 HK 연구교수를 거쳐 현재 공주대학교 한문교육과 부교수로 재직하고 있다. 최근에는 연행록과 한중 문화 교류를 중심으로 동아시아 학술과 문화의 교류 양상에 주목하여 연구 활동에 종사하고 있다.

### 홍대용(洪大容) 필담(筆談) 자료집(資料集)

| | |
|---|---|
| 인 쇄 | 2024년 2월 28일 |
| 발 행 | 2024년 2월 28일 |
| 편저자 | 최 식 |
| 발행인 | 임 경 호 |
| 발행처 | 국립공주대학교출판부 |
| | 충남 공주시 공주대학로 56 |
| | ☎ (041) 850-8752 |
| 인쇄처 | 도서출판 보성 |
| | ☎ (042) 673-1511 |
| ISBN | 979-11-86737-33-0 93720 |

정가 25,000원